Guia da Ópera

60 ÓPERAS CÉLEBRES
RESUMIDAS E COMENTADAS

GUIA DA ÓPERA

60 ÓPERAS CÉLEBRES RESUMIDAS E COMENTADAS

Edição e comentários de **JEANNE SUHAMY**

tradução de Paulo Neves

www.lpm.com.br

L&PM POCKET

Coleção **L&PM** Pocket, vol. 224

Título original: *Guide de l'Ópera*

Primeira edição na Coleção **L&PM** POCKET: abril de 2001
Esta reimpressão: dezembro de 2007

Capa: L&PM Editores sobre obra de anônimo do século XVIII
Revisão: Paulo Hebmuller

ISBN 978-85-254-1135-8

S947g	Suhamy, Jeanne Suhamy 　　Guia da Ópera / Jeanne Suhamy; tradução de Paulo Neves Fonseca. – Porto Alegre: L&PM, 2007. 　　256 p. ; 18 cm -- (Coleção L&PM Pocket) 　　1. Literatura óperas. 2. Música-óperas . I. Título. II. Série. 　　　　　　　　　　　　　CDU　822-293(036) 　　　　　　　　　　　　　　　　782.1(036)

Catalogação elaborada por Izabel A. Merlo, CRB 10/329.

© Marabout Belgique, 1992

Edição brasileira 1997
Todos os direitos desta edição reservados a L&PM Editores
Rua Comendador Coruja 314, loja 9 – Floresta – 90.220-180
Porto Alegre – RS – Brasil / Fone: 51.3225.5777 – Fax: 51.3221-5380

Pedidos & Depto. Comercial: vendas@lpm.com.br
Fale conosco: info@lpm.com.br
www.lpm.com.br

Impresso no Brasil
Primavera de 2007

Saliam cantand'al cielo.
Subamos ao céu cantando.

(Monteverdi, Orfeo)

Introdução

Aída, Fausto, Don Juan, O Barbeiro de Sevilha, Carmen, O Anel do Nibelungo, Boris Godunov, La Bohème, Porgy and Bess... Todo o mundo conhece esses títulos e sabe que eles designam grandes óperas do repertório internacional: sejam de origem italiana, francesa, alemã, russa ou americana, essas obras pertencem à cultura, à memória de todos nós. Quem não saberia cantarolar a marcha dos clarins de *Aída*, a canção de Carmen ("O amor é filho da Boêmia") ou a grande ária de Marguerite ("Ah, estou rindo de me ver tão bela nesse espelho")? Não talvez com a voz da Callas, mas ao menos com o entusiasmo da Castafiore...

Quanto a saber precisamente o que esses títulos encobrem... é outra coisa! O que se passa exatamente em *Aída*? Em que momento se situa a famosa "ária das jóias" em *Fausto*? Por que se pode dizer que *Don Juan* é "a ópera das óperas", e *O Barbeiro de Sevilha* a obra-prima da ópera bufa? Quanto tempo dura *O Anel do Nibelungo*? A que episódio da história da Rússia se refere *Boris Godunov*? O autor de *La Bohème* é Verdi ou Puccini? E qual é o lugar do jazz em *Porgy and Bess*?

Este livro, que apresenta sessenta óperas escolhidas entre as mais célebres e as mais representadas do mundo inteiro, responde a essas questões e a muitas outras. Cada ópera é situada em seu contexto e depois explicada. Após uma breve introdução sobre o compositor, a origem e a acolhida da ópera, vem o resumo do libreto, seguido da análise, que expõe os principais eixos de interesse: em particular, a ligação entre o libreto e a música, seu lugar na história da ópera, a estética de que ela procede, a influência que exerceu, os trechos mais célebres da partitura. Procuramos banir as palavras muito eruditas. No entanto, é difícil falar de música sem recorrer a uma linguagem específica. Para maior clareza, os termos técnicos são agrupados num glossário que será proveitoso consultar ao longo da leitura. Enfim, indicamos uma versão discográfica a fim de que os amadores, às vezes desorientados pela abundância das interpretações, disponham ao menos de uma referência.

Outrora prazer dos príncipes, a ópera foi por muito tempo o entretenimento distinto de uma elite social ou intelectual. Ainda hoje, é provável que só na Itália se ouça um encanador consertar um vazamento cantando a plenos pulmões a ária do Duque em *Rigoletto*: "La donna è mobile, qual piuma al viento..." (A mulher é volúvel como a pluma ao vento...). No entanto, graças ao rádio, à televisão, ao disco, ao videocassete e, recentemente, ao videodisco e ao DVD, a ópera populariza-se cada vez mais. O cinema, após ter, de certa maneira, destronado a ópera, contribui igualmente para essa democratização. Os filmes de Ingmar Bergman (*A Flauta Mágica*), de Joseph Losey (*Don Giovanni*), de Franco Zefirelli (*La Traviata*), para citar apenas os mais famosos, mostraram que a ópera nem sempre é uma cantora corpulenta de nariz adunco cujos vocalises ameaçam a todo momento romper as vidraças, mas em primeiro lugar uma história, personagens, uma atmosfera, emoções...

Não, a ópera não deve mais continuar a intimidar. É verdade que ela representa uma forma artística complexa e refinada, uma vez que procede de uma reunião de todas as artes: teatro, poesia, filosofia, música vocal e instrumental, técnicas da imagem e do espetáculo. Mas ela é feita sobretudo para encantar os ouvidos, os olhos, os espíritos e os corações. Assim, não temos outra ambição senão provocar a vontade de escutar essas óperas e ajudar a saborear plenamente a felicidade que elas podem proporcionar. Essa felicidade não requer necessariamente uma grande erudição, mas pode ser acrescida se dispuser de algumas referências. Possa este livro desempenhar seu papel de guia à maneira de Apolo com Orfeu, acompanhando seu filho para mostrar-lhe, entre as estrelas, o caminho da felicidade!

Como toda escolha, a nossa é discutível e eventualmente subjetiva. Retivemos as óperas consideradas mais populares: são em geral as mais belas. Às vezes, porém, fomos levados a dar lugar a uma ópera de qualidade medíocre mas de grande importância histórica, ou a sacrificar uma obra-prima ainda desconhecida do grande público.

TABELA DE ABREVIAÇÕES

sop - *soprano*
ms - *mezzo-soprano*
contr - *contralto*
t - *tenor*
br - *barítono*
b - *baixo*

Nota do Editor: O sinal (*) que acompanha o nome de algumas óperas citadas no decorrer deste livro, indica aquelas que estão entre as óperas descritas e comentadas neste livro.

ORFEO
ÓPERA ITALIANA DO SÉCULO XVII DE CLAUDIO
MONTEVERDI (1567-1643)

"Favola in musica" (lenda musicada) em um prólogo e cinco atos
Título original: *La Favola d'Orfeo* (A lenda de Orfeu)
Libreto italiano de Alessandro Striggio
estréia em 1607 na Corte de Mântua.

O COMPOSITOR - (*mestre da polifonia tradicional e criador da ópera moderna*) Claudio Monteverdi trabalhou durante mais de vinte anos a serviço da Corte de Mântua, depois em Veneza, como mestre-de-capela. Compôs sobretudo música religiosa (*As Vésperas*) e maravilhosos madrigais, que testemunham um domínio extraordinário da polifonia tradicional. Mas é também um dos promotores da monodia (canto a uma voz). Ao desenvolver esse novo estilo melódico, menos rígido, mais adaptado à expressão dramática, Monteverdi inaugurou uma nova era musical, a da ópera moderna.

Entre as dezoito óperas que escreveu, apenas três sobreviveram ao saque de Mântua ocorrido em 1630: *Orfeo*, *O Coroamento de Popéia* e *O Retorno de Ulisses à sua Pátria*. Da ópera *Ariana* resta um fragmento muito belo (a lamentação de Ariana).

ORIGEM E ACOLHIDA - Monteverdi pode ser considerado o criador da ópera. Entretanto, *Orfeo* deve a existência a *Euridice*! Foi Jacopo Peri que compôs a primeira ópera digna desse nome (falava-se então mais de "melodrama"), intitulada *Euridice*. Peri pertencia a um cenáculo de músicos, artistas e homens de letras que se constituíra em Florença em torno do conde Bardi del Vernio. Os membros da *camerata fiorentina* queriam reunir todas as artes (poesia, pintura, música, dança...) num espetáculo de "teatro total". Sonhavam restaurar a declamação lírica da tragédia grega antiga. Ora, o canto polifônico, que reinava desde a Idade Média, havia atingido tamanho grau de complexidade que não se compreendiam mais as palavras. Por isso os intelectuais florentinos resolveram substituir a polifonia pela monodia acompanhada, canto a uma voz sustentado por instrumentos. Inventaram uma espécie de recitação musical, que preservava a inteligibilidade do texto dramático ao mesmo tempo em que o revestia de uma beleza e de uma solenidade novas.

Em 1600, por ocasião do casamento de Maria de Médicis com o rei da França Henrique IV no palácio Pitti em Florença, o duque de Mântua, Vincent de Gonzague, assiste à representação da *Euridice* de Peri. Esse espetáculo vanguardista ilustra as teorias florentinas do *stilo rappresentativo* (estilo teatral) e do *recitar cantando* (falar cantando). Sete anos mais tarde, o duque encomenda a Monteverdi uma obra do mesmo tipo: assim nasce *Orfeo*, primeira obra-prima da arte lírica, cujo sucesso fez de seu autor o compositor italiano mais célebre de sua época.

RESUMO - (*fábula mitológica e alegórica*)

Prólogo: A Música (sop), espécie de quintessência alegórica das nove Musas, lembra a Vocação musical de Orfeo e anuncia a ação.

Ato I: Os pastores celebram por meio de cantos e danças o casamento de Orfeo (t ou bar) e Eurídice (sop).

Ato II: Uma mensageira (sop) anuncia que Eurídice está morta, mordida por uma serpente. Orfeo, atribulado, decide ir buscá-la no Inferno.

Ato III: Orfeo emprega todos os recursos de seu canto para comover o barqueiro do Inferno, Caronte (b); adormece-o e cruza o rio Estige.

Ato IV: Tocada pelo canto de Orfeo, Prosérpina (sop) obtém de seu esposo Plutão (b), rei dos Infernos, a ressurreição de Eurídice, com a condição de que Orfeo não a olhe antes de ter saído do reino das Sombras. Incapaz porém de resistir à tentação, Orfeo volta-se e perde-a novamente.

Ato V: Orfeo geme, desesperado. Apolo (t ou bar), seu pai, convida-o então a segui-lo até o Olimpo, onde poderá rever Eurídice entre as estrelas.

ANÁLISE - *(uma ópera que é como o emblema das óperas futuras)* O prelúdio de Orfeo, uma *toccata* executada três vezes pela orquestra, irrompe em fanfarra, como para celebrar um nascimento real, o da ópera. Entretanto, Monteverdi não foi, propriamente falando, o inventor desse gênero musical: por sua capacidade de síntese e seu senso dramático, fez brotar das secas teorias florentinas uma obra viva, que contém em germe todas as óperas por vir.

Essa vida se manifesta primeiramente pela variedade e a riqueza da escrita vocal. *Orfeo* reúne a polifonia tradicional do moteto e do madrigal (ilustrada pela cantata nupcial e os coros), e a monodia favorecida pela escola florentina (representada não apenas por recitativos mas por *arias*). O recitativo, em sua nudez expressiva, traduz magnificamente a dor de Orfeo quando fica sabendo da morte de Eurídice, no segundo ato, e seu desespero, quando a perde novamente, no início do quinto ato. Esse recitar cantando no qual as palavras, valorizadas pela música, permanecem sempre compreensíveis, prefigura a declamação lírica de Debussy (*Pelléas et Mélisande**). As *arias* marcam momentos de efusão mais solene, como a homenagem de Orfeo ao sol ("Rosa del ciel", Rosa do céu), e sobretudo seu canto extraordinário no terceiro ato ("Rendete mi il mio ben", Devolve-me o meu bem), ornado de floreios e revestido pelos sons sedutores dos violinos e das harpas. A proeza vocal, longe de ser gratuita, combina aqui com a situação dramática: Orfeo lançou-se o desafio de comover uma criatura grosseira e insensível, o barqueiro Caronte. O virtuosismo desse trecho difícil, em que podemos ver as primícias do *bel canto*, reaparece no duo final entre Apolo e Orfeo, o primeiro duo da história da ópera.

Se a beleza dessa música continua tão viva, é por sua intensidade dramática. A aventura de Orfeo e de Eurídice nos interessa e nos comove porque Monteverdi põe nessas criaturas mitológicas uma sensibilidade humana, manejando ao mesmo tempo com perfeição a arte do contraste própria dos grandes dramaturgos. Assim, o clima de felicidade e de harmonia tranqüila criado pela pastoral do primeiro ato (as danças e os coros dos pastores) prossegue no segundo com o balé de Orfeo e dos pastores; Orfeo entoa um hino magnífico à natureza ("Vi ricorda, o'boschi ombrosi", Recordai-vos, florestas escuras), mas é brutalmente interrompido pela chegada da Mensageira, que vem anunciar a morte de Eurídice. Dissonâncias harmônicas audaciosas traduzem a angústia do apaixonado: a *aria* dá lugar a um diálogo entrecortado que culmina com o suspiro contido e dilacerante de Orfeo ("Ohim"). O alegre estribilho que acompanha o Prólogo retorna em momentos trágicos, como uma recordação da felicidade perdida: essa retomada lhe confere quase o valor de um *leitmotiv*. A ópera inteira é construída sobre uma oposição entre dois universos: o dos pastores, risonho e campestre, simbolizado pelas flautas e os violinos, e o dos espíritos infernais, triste e subterrâneo, evocado pelos sons graves dos trombones (pois Monteverdi, longe de reduzir a orquestra a um simples acompanhamento, utiliza-a para caracterizar as personagens e as situações). Também os coros dos pastores e dos Espíritos participam do drama, como nas tragédias antigas.

Mas a vedete dessa ópera é Orfeo, esse semideus que, na mitologia grega, cativa os animais selvagens com sua lira e seus cantos[1]. Quem, melhor do que ele, podia presidir ao nascimento da ópera? Esse mito permite a Monteverdi celebrar os poderes sobrenaturais da música e do canto, como o fará Mozart em A *Flauta Mágica**, mas também associar os temas da música e da paixão amorosa. Ópera emblemática e iniciática, *Orfeo* anuncia não apenas os modos de expressão musicais, mas também a tríade fundamental das óperas por vir: o Amor, a Morte, a Música. A desmedida do amor é portadora de morte (Orfeo perde Eurídice porque não consegue impedir-se de voltar-se para ela), mas a música eleva o amor acima da morte terrestre, e o devolve

---

1. O mito de Orfeu inspirou uma centena de obras. As duas outras óperas mais célebres sobre o tema são *Orfeu*, de Gluck, e *Orfeu no Inferno*, de Offenbach.

à sua pátria espiritual: a morte não pode atingir o reino das estrelas, onde Orfeo irá enfim juntar-se a Eurídice. Como em todas as grandes óperas, a beleza da música transcende a tragédia passional e alcança uma exaltação liberadora que Apolo e Orfeo nos convidam a partilhar: "Saliam cantand'al cielo" (Subamos ao céu cantando).

GRAVAÇÃO RECOMENDADA - EMI 7471428: Coro e Conjunto instrumental Chiaroscuro. Dir. Nigel Rogers. Nigel Rogers (Orfeo), Patrizia Kwella (Eurídice), Emma Kirkby (a Música), Jennifer Smith (Prosérpina), Guillemette Laurens (a Mensageira).

O COROAMENTO DE POPÉIA

ÓPERA ITALIANA DO SÉCULO XVII
DE CLAUDIO MONTEVERDI (1567-1643)

Ópera em um prólogo e três atos
Título original: *L'Incoronazione di Poppea*
Libreto italiano de Giovanni Francesco Busenello (baseado nos *Anais* de Tácito)
estréia em 1642 em Veneza

O COMPOSITOR - (*mestre da polifonia tradicional e criador da ópera moderna; ver Orfeo**)

ORIGEM E ACOLHIDA - Em 1637 e 1639 inauguraram-se em Veneza os dois primeiros teatros públicos e pagos destinados à representação de "melodramas". Foram construídos em anfiteatro, para conciliar perspectiva e acústica. Os camarotes eram reservados aos nobres, mas a platéia estava aberta a todos: assim, um público socialmente muito heterogêneo tinha acesso à ópera. *O Coroamento de Popéia*, última ópera de Monteverdi (que a compôs aos setenta e cinco anos), foi representada num desses teatros venezianos, enquanto *Orfeo** fora concebida para o público aristocrático de Mântua. Ela obteve um grande sucesso, e hoje é geralmente considerada a obra-prima de Monteverdi. Busenello é o primeiro grande libretista da história da ópera.

RESUMO - (*tragédia histórica: intriga político-amorosa*)
Prólogo: Diante da Fortuna e da Virtude, o Amor (sop) afirma que conduz o mundo.

Ato I: Popéia (sop) ama o imperador Nero (t), mas seu amor é calculista: ela ambiciona tornar-se imperatriz no lugar de Otávia (ms), mulher de Nero. O filósofo Sêneca (b) intervém, para impedir que o imperador repudie sua esposa, em nome da Razão e da Lei. Furioso, Nero manda eliminar Sêneca. Othon (bar), o amante de Popéia, cruelmente ferido por ser rejeitado, pensa em matá-la. Poderia em seguida devotar-se a Drusilla (sop), que o ama há muito tempo.

Ato II: Sêneca aceita dignamente seu destino e se suicida. Otávia, enciumada, convence Othon a levar a cabo seu projeto. Othon veste então as roupas de Drusilla para aproximar-se por astúcia de Popéia, mas sua tentativa de assassinato fracassa.

Ato III: Drusilla é acusada e condenada à morte. Othon intervém e revela toda a trama. Nero exila então os dois amantes e repudia Otávia. Popéia pode enfim ser coroada imperatriz.

ANÁLISE - (*uma opulência barroca e ressonâncias modernas*) *O Coroamento de Popéia* é a primeira grande ópera histórica. As personagens, aqui, não são mais figuras mitológicas (com exceção do deus Amor), mas seres humanos que realmente existiram; distante do mundo idílico de *Orfeo**, alegrado por pastores e ninfas, essa ópera nos projeta na Roma imperial, com seu clima de intrigas, violência e orgias. Mas a originalidade de Monteverdi não consiste tanto em levar ao palco um tema histórico, e sim em apresentar uma obra em que o Mal prevalece sobre o Bem, em que um amor ilícito e criminoso triunfa sobre o amor legítimo. Assim, por seu tema e sua atmosfera, sua última ópera é muito diferente da primeira. Embora animada pela mesma preocupação de vida e verdade humana, a sublime história de *Orfeo** termina nas estrelas do amor espiritual, ao passo que *O Coroamento de Popéia* descreve a paixão mais carnal, mais sórdida também: Popéia, a intrigante, só seduz o imperador Nero para obter o poder e subir ao trono de imperatriz, a expensas da esposa titular, Otávia, e aquele que ousa reprovar essa ligação, o filósofo Sêneca, é imediatamente condenado à morte pelo tirano. Essa história terrificante de ambição e de sexo, verdadeira tragédia das pulsões, espanta por sua modernidade.

Por sua opulência (lugares e ações múltiplos, jogo de contrastes, mistura de tons), essa ópera obedece a uma estética barroca. O estilo "concitato" (agitado) da música harmoniza-se com uma história fértil em sobressaltos, a unidade sendo garantida por refrões que desempenham o papel de *leitmotive*. As personagens evoluem constantemente e passa-se da ação à meditação, do sublime ao grotesco, do trivial ao trágico. Assim, a célebre cena da morte de Sêneca, grave e despojada, contrasta com a cena assustadora em que Nero, em plena orgia, canta sua alegria ao saber da morte do filósofo: "Horche Seneca morto, cantiam" (Agora que Sêneca está morto, cantemos). Para melhor sugerir a exacerbação dos sentidos, o canto torna-se então de arabescos vocais, enquanto os instrumentos rivalizam em brilho e colorido. O amor é mostrado sob seu aspecto lascivo (Nero e Popéia), sentimental e exaltado (Othon e Drusilla), viçoso e encantador (o pajem e a donzela). Monteverdi varia os modos de cantos: recitar cantando, mas também arioso, e toda a gama das *arias*, do canto puro ao canto ornamentado. Fazendo alternar naturalismo e lirismo, ele nos faz ouvir ora os berros de Nero diante de Sêneca, ora a doce canção de ninar da ama-de-leite ("Oblivion soave", Que o suave esquecimento...). A paixão imoral de Popéia e Nero desenvolve-se com uma espécie de nobreza em seu diálogo voluptuoso do primeiro ato, durante o qual a sedutora reitera incansavelmente sua súplica, como se encanta uma serpente: "Signor deh non partire" (Ah! não vá embora, senhor). Seu dueto final, verdadeiro hino ao amor sensual ("Per te miro, per te godo", Por ti vejo, por ti gozo) é um dos mais belos duetos de amor da ópera: Monteverdi não apenas inaugura aqui a forma da *aria da capo* (ária com retomada), mas seu lirismo extasiado é digno das mais belas páginas do *Tristão e Isolda** de Wagner.

As personagens dessa ópera não são estereótipos, mas seres impuros e complexos. Nero, monstro lúbrico, sádico e caprichoso, é antes de tudo escravo de sua paixão. Perita em adulações e em voluptuosidade calculista, Popéia é uma magnífica sedutora. Sêneca encarna um intelectual um pouco rígido e cúpido, mas corajoso e digno. A cruel Otávia encontra suspiros comoventes para dizer sua humilhação, em seu lamento majestoso ("Disprezzata regina", Rainha desprezada) e em seu *addio* final. Othon é uma personagem em meias-tintas, um veleidoso que sonha com ternura e se deixa tentar pelo crime. As personagens secundárias – a jovem Drusilla, a ama-de-leite Arnalta, o escritor Lucano – não são menos expressivas que os protagonistas. No plano de fundo dessa galeria de retratos, o coro dos discípulos, a multidão dos soldados, o coro dos cônsules e tribunos participam de um vasto afresco que nos restitui o ambiente da Roma decadente. Se *Orfeo** marca o nascimento da ópera, *O Coroamento de Popéia*, por sua envergadura e suas audácias, prefigura as obras-primas de Mozart, Verdi, Berlioz, Wagner ou Mussorgsky.

GRAVAÇÃO RECOMENDADA - CBS M3K 39728: *La Grande Ecurie et la Chambre du Roy*. Dir. Jean-Claude Malgoire. Catherine Malfitano (Popéia), John Elwes (Nero).

DIDO E ENÉIAS
ÓPERA INGLESA DO SÉCULO XVII DE HENRY PURCELL
(1659-1695)

Ópera em um prólogo e três atos
Título original: *Dido and Aeneas*
Libreto inglês de Nahum Tate (baseado no livro IV da *Eneida* de Virgílio)
estréia em 1689 em Londres

O COMPOSITOR - (*o maior músico inglês*) Este compositor prodígio, desaparecido prematuramente aos trinta e seis anos, deixou uma obra tão abundante quanto original: inumeráveis odes de circunstância, cantatas, hinos (*Hinos a Santa Cecília*), obras instrumentais, e admiráveis músicas de cena que têm um parentesco remoto com a ópera (*King Arthur*, *The Fairy Queen*, *The Indian Queen*, *The Tempest*). Sua única ópera, *Dido e Enéias*, é considerada sua obra-prima. Purcell é o maior músico inglês: criador de sublimes melodias, também renovou a escrita polifônica. Até mesmo sua música religiosa é viva e expressiva. Esse gênio, por vezes comparado a Mozart, exerceu uma grande influência sobre seus sucessores, especialmente Haendel, mas, quando morreu, a música inglesa extinguiu-se durante dois séculos. No século dezoito, ela foi dominada por Haendel; no dezenove, por Mendelssohn. Foi preciso esperar o século vinte para ver surgir um compositor inglês digno de Purcell: Benjamin Britten (*Peter Grimes**).

ORIGEM E ACOLHIDA - Em 1660, o rei Carlos II torna a favorecer um gênero muito particular e especificamente inglês, a "máscara", precursora da comédia musical, que misturava teatro, dança e canção. Mas Purcell, excepcionalmente, afasta-se desse tradição: inspira-se aqui na ópera italiana e, mais particularmente, veneziana. Longe de reduzir-se a uma diversão gratuita, a música serve à ação dramática e traduz os sentimentos das personagens. Dido e Enéias não foi representada em público enquanto o compositor vi-

via. Essa ópera de tema ardente, repleta de drama e de paixão, teve por palco um internato de moças! As jovens interpretavam todos os papéis, com exceção do de Enéias. Após a morte de Purcell, a ópera foi transformada em máscara: tal como era, não correspondia ao gosto dos ingleses, que, na época, não apreciavam muito a ópera.

RESUMO - (*tragédia legendária*)

Em Cartago, após a guerra de Tróia

Ato I: Dido (ms), rainha de Cartago, está apaixonada pelo herói troiano Enéias (t ou bar), mas pergunta-se se ele compartilha seus sentimentos. Sua irmã Belinda (sop), acompanhada pelo coro, procura distraí-la e tranqüilizá-la.

Ato II: A Mágica convoca suas irmãs feiticeiras: ela quer a desgraça de Dido e a ruína de Cartago. Após entoarem um canto zombeteiro e triunfal, as feiticeiras provocam uma tempestade que impede a caçada da rainha e do herói troiano. Sob a aparência de Mercúrio, a Mágica aparece a Enéias e recorda-lhe a ordem de Júpiter: ele deve deixar Cartago e partir para a Itália, a fim de fundar Roma. Enéias sofre por ter de separar-se de Dido.

Ato III: Enquanto Enéias e seus companheiros preparam a partida, as feiticeiras regozijam-se com a infelicidade de Dido. Projetam afundar a frota troiana e depois queimar Cartago. A rainha aparece, e acusa seu amante de hipocrisia. Enéias decide então ficar, mas Dido, humilhada, ordena-lhe abandonar Cartago. Ela despede-se da vida e morre. O coro dos Amores presta-lhe homenagem.

ANÁLISE - (*uma obra viva, pura e intensa, entre Monteverdi e Racine*)

Criada com poucos meios e muitos obstáculos, Dido e Enéias tem a mesma intensidade que um poema. Muito curta (apenas uma hora), de fácil compreensão, essa ópera concentra tanta beleza e emoção que freqüentemente a comparam ao *Orfeo** de Monteverdi.

Verdadeira síntese de influências, ela possui a unidade dramática de uma tragédia antiga, a sutileza expressiva da ópera francesa, a riqueza lírica da ópera italiana, e até mesmo a fantasia da máscara inglesa. Após uma abertura "à francesa", inspirada em Lully, que nada deixa pressagiar do drama, Purcell dá livre curso a uma inspiração rica e variada. A ária patética de Dido no primeiro ato ("Ah! ah! ah! Belinda, I am pressed with torment", um tormento me oprime), ou o recitativo de Enéias no segundo ato, cheio de sofrimento contido, contrastam com as cenas fantástico-cômicas (risos sardônicos das feiticeiras) ou pitorescas (o coro dos marujos no terceiro ato), que insuflam no drama uma energia e uma fantasia inesperadas. Com uma orquestra reduzida a um simples quarteto de cordas, Purcell consegue criar atmosferas (a tempestade no segundo ato).

A importância e a variedade dos cantos atestam a influência italiana. No entanto Purcell explora todos os recursos prosódicos da língua inglesa, e torna-a particularmente melodiosa e expressiva. Conforme a situação e a personagem, recorre a formas de canto diferentes: árias muito breves alternam com árias repetidas pelo coro (no primeiro ato, "Fear no danger to ensue", Não tema que disso resulte o menor perigo), ariosos (recitativo da Mágica), árias com estribilho, quase dançadas, como a alegre cantiga de Belinda no primeiro ato ("Pursue thy conquest, love", Prossegue tua conquista, Amor), um dueto (Dido: "Away, away!"; Enéias: "No, no, I stay!", Vá embora! Não, eu fico!). A ópera termina com uma *aria* sublime, o lamento de Dido ("When I am laid in earth", Quando eu estiver deitada na terra), de uma nobreza e uma discrição impressionantes. A voz descreve um movimento descendente, tenta erguer-se numa nota mais alta, mas se interrompe e recai no grave, como que arrastada pela morte. À maneira de uma dor surda e lancinante, o violoncelo obstinado da orquestra acompanha constantemente a melodia, lembrando a fatalidade implacável que pesa sobre Dido.

Com efeito, a música permanece sempre a serviço da tragédia, construída com um rigor e uma sobriedade notáveis. Purcell não faz nenhuma concessão aqui ao gosto barroco da ornamentação e dos efeitos cênicos. O coro, mais importante que em Lully, não é apenas um acessório forçado. Ele participa do drama, como no *Orfeo** de Monteverdi: é o coro dos Amores que encerra a ópera, numa nota pura e elegíaca como nas tragédias antigas ("With drooping wings, ye Cupids, come", Venham, Amores, com as asas inclinadas de tristeza). Purcell dá uma espessura humana e um relevo impressionante à personagem de Dido, alternadamente tristonha, vindicativa, e depois dignamente resignada ante a morte. Por seu tema (o conflito entre a paixão e o dever), por seu pudor e sua elegância, *Dido e Enéias* evoca as tragédias de Racine, acrescidas de humor. Essa obra, única sob todos os aspectos, permaneceu sem continuidade. A ópera de Berlioz, *Os Troianos**, trata o mesmo tema, mas de maneira muito diferente.

GRAVAÇÃO RECOMENDADA - Harmonia Mundi 90173: As Artes florescentes. Dir. William Christie. Guillemette Laurens (Dido), Philippe Cantor (Enéias), Jill Feldman (Belinda).

HIPÓLITO E ARÍCIA

ÓPERA FRANCESA DO SÉCULO XVIII
DE JEAN-PHILIPPE RAMEAU (1683-1764)

"Tragédia musicada" em um prólogo e um ato
Libreto francês de Pellegrin (baseado em Eurípides e Racine)
Título original: *Hippolyte et Aricie*
estréia em 1733 em Paris

O COMPOSITOR - (*um artífice genial, mas isolado, da renovação lírica*) Rameau é o maior compositor clássico francês. Grande teórico, é o autor de um importante tratado que revolucionou os princípios de escrita da música. Inicialmente organista, começou a escrever óperas aos cinqüenta anos.

Compositor oficial do rei, amigo de Voltaire, abordou todos os gêneros: tragédia, ópera-balé, comédia heróica. Suas óperas mais conhecidas são *Hipólito e Arícia*, *Les Indes galantes* (As Índias galantes), *Castor et Pollux*, *Dardanus*, *Platée*, *Zoroastre*. Muito apreciado pelo público de sua época, Rameau foi no entanto objeto de polêmicas e de intrigas: opuseram-no primeiro a Lully, censurando-lhe seus "italianismos"; depois, por ocasião da famosa Querela dos Bufões, desencadeada pela representação de uma ópera burlesca de Nicolas Piccini (*La Servante Matresse*), e organizada por Rousseau e os enciclopedistas, os partidários da música italiana (piccinistas) passaram a atacar a ópera francesa que ele encarnava. No século dezenove, foi injustamente relegado ao esquecimento em proveito de Gluck (*Orfeu**), que Weber e Wagner enalteciam porque, contrariamente a Rameau, afirmava a supremacia do drama sobre a música. Foi preciso esperar a homenagem, aliás excessiva, de Debussy ("Abaixo Gluck, viva Rameau!"), para que suas óperas fossem exumadas e se descobrisse que, a despeito de temas convencionais e do decoro exigido pelo gosto da época, sua arte é bem mais variada e mais moderna que a de Lully. Rameau renovou a ópera francesa enriquecendo-a com a vocalidade italiana, e sobretudo reforçando a importância da orquestra.

ORIGEM E ACOLHIDA - Na época em que Rameau compôs *Hipólito e Arícia*, a ópera francesa estava ainda sob a influência de Jean-Baptiste Lully. Esse compositor de origem italiana, instalado na França, instituiu a "tragédia lírica", gênero de ópera-balé cujo tema sério, tirado da mitologia grega ou latina, era compensado por intervenções coreográficas e "maquinismos" grandiosos. Ele desenvolveu os coros, fixou a abertura "à francesa" e impôs um recitativo contínuo, meio falado, meio cantado, calcado sobre a declamação dos atores mais célebres de sua época. Com o auxílio de Philippe Quinault, libretista talentoso, Lully fez da ópera francesa um luxuoso divertimento, emblema, juntamente com a arquitetura, da majestade de Versalhes. Ele é o iniciador da tradição lírica francesa, fundada sobre os efeitos espetaculares e a preeminência do texto.

A primeira ópera de Rameau obteve um triunfo junto ao público, mas os lullystas (defensores da ópera de Lully) criticaram sua música "muito rebuscada" e muito ruidosa, chegando a qualificar o espetáculo de "vozerio sem precedente". Ainda hoje essa obra-prima não tem o lugar que merece.

RESUMO - *(drama mitológico)*

Prólogo: (*Na floresta de Eurimanto*) Diana (sop), deusa da floresta, proíbe ao pequeno deus Amor, descido dos céus, penetrar em seu domínio.

Ato I: (*O palácio de Diana*) Hipólito (t), filho do rei Teseu, encontra Arícia (sop), que se lamenta de sua sorte. Fedra (sop), esposa de Teseu e madrasta de Hipólito, obriga Arícia a consagrar-se ao culto de Diana; com isso, o amor lhe será vedado; mas ela ama Hipólito, que confessa amá-la também. Arícia protesta junto a Fedra, que reage com furor, pois também está apaixonada por Hipólito.

Ato II: (*Nos Infernos*) Teseu (b), que todos crêem morto, começa sua descida aos Infernos. Graças a Netuno, seu pai, pode voltar à terra, mas lhe é predito um triste futuro.

Ato III: (*O palácio de Teseu*) Tomando conhecimento da morte do rei, Fedra declara seu amor a Hipólito. Horrorizado, este a repele. Fedra quer se matar. Teseu reaparece nesse momento e, crendo que Hipólito atentou contra a honra de Fedra, reclama vingança.

Ato IV: (*Num bosque consagrado a Diana, junto ao mar*) Hipólito, desesperado, pede a Arícia para acompanhá-lo em seu exílio, sob a proteção de Diana. Os caçadores vêm cantar e dançar em honra da deusa. Mas as ondas e os ventos se enfurecem: um monstro marinho surge e arrebata Hipólito. Fedra, sabendo do desastre, se mata.

Ato V: (*No bosque e depois num jardim*) Teseu sabe agora a verdade sobre Hipólito. Quer reparar sua injustiça lançando-se nas ondas. Netuno o detém e lhe diz que o destino salvou Hipólito. Num jardim delicioso, Diana abençoa Hipólito e Arícia, novos soberanos desse lugar.

ANÁLISE - (*uma música suntuosa que renova a tragédia-balé de Lully*) *Hipólito e Arícia* é uma tragédia-balé aparentada, pela forma e o espírito, às óperas de Lully. Comparado à *Fedra* de Racine, o libreto é pobre e mesmo indigente, e o tema é tratado de maneira exterior e pitoresca. Entretanto, compreende-se que essa ópera tenha podido ser qualificada de "revolucionária": Rameau renova o teatro lírico de sua época pela suntuosidade da música, caracterizada pelas audácias harmônicas e vocais, e sobretudo pelo desenvolvimento da orquestra e dos coros.

Essa ópera é antes de tudo um espetáculo de grande variedade, conforme a moda do século dezoito. A tragédia é entrecortada de episódios dançados (o balé dos amores no prólogo, o "divertimento de acolhida" que acompanha o retorno de Teseu no terceiro ato, as danças dos caçadores no quarto ato) e é desfeita por um final feliz. Enquanto na tragédia de Racine os acontecimentos mais terríveis são narrados, aqui eles são todos mostrados, desde a descida aos infernos de Teseu até o combate de Hipólito com o monstro. No entanto, a ópera contém momentos de grande força dramática, como o aterrorizante trio das Parcas, as invocações de Fedra a Vênus ("Cruel mãe dos amores"), de Teseu a Netuno ("Poderoso senhor das águas"), ou o combate de Hipólito e do monstro no quarto ato.

Rameau segue a tradição de Lully ao manter um recitativo constante. Mas vai mais longe, pois reconcilia a naturalidade expressiva da ópera francesa com a riqueza melódica da ópera italiana: recitativos e *arias* se fundem num arioso (procedimento que Wagner reinventará um século mais tarde). Ao lado de Hipólito e Arícia, personagens bastante convencionais, Fedra e Teseu têm a verdade humana das criaturas de Monteverdi e de Mozart. Para cantarem Rameau, os intérpretes devem possuir vozes extensas (mais de duas oitavas para Teseu) e uma grande técnica: o célebre trio das Parcas, particularmente difícil, não pôde ser executado em sua estréia. Preocupado em reduzir os excessos da ópera barroca, que privilegiava as proezas vocais e as árias isoladas, Rameau dá uma amplitude insólita aos coros (coro das sacerdotisas de Diana, coro dos pastores).

A grande inovação de Rameau reside no enriquecimento da orquestra, à qual confia o papel principal. A abertura, contrariamente à tradição lullysta, anuncia a ação, à maneira da abertura "em programa" preconizada no século dezenove pelos românticos (Berlioz, Weber). Variando cuidadosamente os tempos e a intensidade, multiplicando as dissonâncias e as repetições rítmicas, Rameau obtém poderosos efeitos descritivos e dramáticos. Assim, no quarto ato, antes que surja o monstro marinho, violinos, violoncelos e fagotes imitam o rugido ameaçador das ondas. Os instrumentos explicitam os sentimentos das personagens: em seu último monólogo, eles traduzem, mais ainda que a voz, o horror que se apossa de Fedra ao anúncio da morte que ela provocou.

Essa ópera, uma das maiores do repertório francês, abre o caminho para a reforma da *opera seria* freqüentemente atribuída apenas a Gluck (*Orfeu**) e que só foi realmente posta em prática no século dezenove por Rossini.

GRAVAÇÃO RECOMENDADA - Nenhuma gravação disponível em CD. Uma gravação em LP:

CBS: *La Grande Ecurie et la Chambre du Roy.* Dir. Jean-Claude Malgoire. Ian Caley (Hipólito), Arleen Auger (Arícia), Carolyn Watkinson (Fedra), Ulrik Cold (Teseu).

ORFEU
ÓPERA ITALIANA E FRANCESA DO SÉCULO XVIII
DE CHRISTOPH WILLIBALD GLUCK (1714-1787)

"Tragédia-ópera" em três atos
Título original: *Orfeo ed Euridice* (Orfeu e Eurídice)

Libreto italiano de Ranieri Calzabigi
Libreto francês de Pierre-Louis Moline
estréia em 1762 em Veneza (em italiano), em 1774 em Paris (em francês)

COMPOSITOR - (*o reformador da ópera do século dezoito*)
Esse compositor alemão, cuja maior parte das óperas (uma centena) foi composta em italiano, deve sua celebridade a seis óperas francesas, as mais conhecidas das quais são *Orfeu*, *Armide*, *Iphigénie en Aulide*, *Iphigénie en Tauride*. Em Viena, com o apoio do poeta e homem de negócios Ranieri Calzabigi, do conde Durazzo e do coreógrafo Angiolini, ele põe em prática teorias que visam a reformar a ópera do século dezoito, presa nas convenções e nos artifícios da *opera seria*, a fim de recuperar a naturalidade e "a verdade das paixões". No prefácio de sua ópera *Alceste*, Gluck expôs os grandes princípios dessa reforma: a abertura, espécie de "sinfonia", deve preparar o ouvinte para o drama, as árias e os ornamentos supérfluos devem ser suprimidos para pôr fim à tirania dos cantores e manter a inteligibilidade do texto, o recitativo deve ser acompanhado pela orquestra para evitar os tempos mortos, o coro deve ser integrado à ação. Gluck foi o primeiro compositor a dedicar-se exclusivamente à ópera. Ainda que nem sempre tenha posto em prática suas idéias, suas "tragédias líricas" lembram, por sua grandeza ao mesmo tempo simples e expressiva, a arte dos dramaturgos clássicos franceses tais como Racine. A preocupação de pôr a música a serviço do drama foi mais tarde reivindicada por Wagner.

ORIGEM E ACOLHIDA - É em 1761 que Gluck entra em contato com Ranieri Calzabigi. Esse poeta defendia o teatro italiano em Paris no momento da famosa Querela dos Bufões, que opunha partidários da música francesa e partidários dos italianos ou "piccinistas" (Ver *Hipólito e Arícia**, de Rameau). Gluck decide tomar o partido mais rico da ópera francesa. Mas, se alguns defensores da música italiana, como Jean-Jacques Rousseau, ficam entusiasmados com o "realismo" de *Orfeu*, uma nova polêmica logo se estabelece entre "gluckistas" e "piccinistas".

Há várias versões de *Orfeu*. A mais correntemente representada na França é a versão francesa que o próprio Gluck adaptou. O papel de Orfeu pode ser cantado por um tenor, um barítono, uma mezzo-soprano ou um falsetista, mas na maioria das vezes é confiado a um contralto.

RESUMO - *fantasia mitológica*

Ato I: Eurídice (sop), a esposa de Orfeu (contr), está morta. As ninfas, os pastores e Orfeu se lamentam. Surge o Amor (sop), portador de uma mensagem dos deuses: Orfeu pode ir buscar Eurídice no Inferno, com a condição de não olhar para ela.

Ato II: Por meio de seu canto, Orfeu acalma as Fúrias na entrada do Inferno. Nos Campos Elísios, suplica às sombras dos Bem-aventurados que lhe devolvam Eurídice.

Ato III: No caminho de volta, Eurídice toma a contenção de Orfeu por indiferença e dirige-lhe queixas. Orfeu se volta: Eurídice morre de novo. Desesperado, Orfeu quer se matar, mas o Amor retém sua espada e ressuscita Eurídice. A ópera termina com festejos que celebram o triunfo do Amor.

ANÁLISE - *(uma "tragédia lírica" que vivifica ao mesmo tempo a opera seria e a ópera-balé)* Costuma-se considerar que, com *Orfeu*, Gluck efetuou uma verdadeira reforma da ópera. Na verdade, ele realizou uma síntese original entre a ópera-balé à francesa (brilhantemente ilustrada por Lully e Rameau) e o gênero dominante da *opera seria* italiana. Num momento em que a ópera-balé tende a reduzir a ópera a um suntuoso divertimento (o drama é eclipsado pelos maquinismos de teatro e as danças), enquanto a *opera seria*, cada vez mais estereotipada pelas convenções, resume-se a um catálogo de árias sem alma, a obra-prima de Gluck recupera a intensidade dramática e a autenticidade humana das óperas de Monteverdi.

Essa ópera se afasta da convenção da *opera seria* em primeiro lugar pela simplicidade e a eficácia dramática do libreto: a ação é reduzida ao essencial (três atos em vez dos cinco tradicionais) e limitada a três personagens principais (Eurídice, o Amor e principalmente Orfeu). O drama assim condensado é servido por uma música que procura traduzir cada nuance do sentimento posto em cena, ao invés de ilustrar situações convencionais. Distante dos vocalises do *bel canto*, o realismo dos suspiros de Orfeu e de seus lamentos restitui a violência da paixão: em particular, na primeira cena, quando ele grita "Eurídice! Eurídice! Eurídice". A cena mais impressionante situa-se no começo do segundo ato: percebendo Orfeu nas imediações do Inferno, as Fúrias entoam um canto enraivecido ("Quel est l'audacieux", Quem é o audacioso...). Orfeu responde por uma melodia muito pura e muito suave ("Laissez-vous toucher par mes pleurs", Deixai-vos tocar por meu pranto), mas os espíritos infernais lhe opõem uma recusa violenta ("Non, non, non"), antes de se deixarem encantar pela voz de Orfeu. Os coros (coro das ninfas e dos pastores no primeiro ato, coro das Fúrias, coro dos Bem-aventurados) têm uma função pitoresca mas também dramática.

Sempre por preocupação com a verdade e a expressividade, Gluck resolve eliminar as *arias* de puro virtuosismo sobre as quais repousava a *opera seria*, árias cuja única função era destacar os cantores (sobretudo quando se tratava de castrados). O canto é desprovido de floreios que Gluck qualifica de "ornamentos inúteis". As árias são integradas ao conjunto e acompanham a ação sem se destacarem, o que permite manter o interesse dramático. Ao substituir o *recitativo secco* italiano (recitativo unicamente acompanhado por alguns acordes de cravo) por um *recitativo accompagnato* (recitativo acompanhado pela orquestra), Gluck subverte a estética da *opera seria*: a orquestra adquire um papel fundamental, e até mesmo uma verdadeira autonomia (o célebre solo de flauta no segundo ato). Essa orquestra, por sinal, está ao mesmo tempo no fosso e atrás da cena (como ocorre também no *Don Juan** de Mozart e, mais tarde, em toda a ópera italiana). Assim, no duo febril que reúne Orfeo e Eurídice no segundo ato, os instrumentos palpitam como o coração de Eurídice ("Je tremble, je pâlis", Eu tremo, empalideço). A presença constante da orquestra estabelece uma continuidade musical e dramática que prefigura a "melodia infinita" de Wagner.

Apesar dessas inovações importantes, Gluck cede a algumas convenções, como a intervenção de um *deus ex machino*[2] (o deus Amor) que garante um final feliz. Ele também respeita a tradição francesa da ópera-balé, inserindo danças no interior do drama. No entanto, excetuado o grande balé final em que todas as personagens vêm saudar o público, não se pode considerar a pantomima das Fúrias e o balé dos Bem-aventurados como *intermezzos* puramente decorativos. Por outro lado, o compositor não renuncia totalmente aos prestígios da ária: a beleza do canto pode também servir à expressão dramática, como mostram as árias de *Orfeu* "Objeto de meu amor", no primeiro ato, ou "Que novo céu", no segundo. A ária mais célebre é o pungente lamento do terceiro ato: "Perdi minha Eurídice" (em italiano: "Che faro senza Euridice"), em que se pode ver o esboço do lied romântico.

O *Orfeu* de Gluck é mais maravilhoso, menos pungente e menos carnal que o *Orfeo** de Monteverdi. Mas, por sua clareza vigorosa, seu estilo expressivo e despojado, ele vivifica a ópera do século dezoito e abre o caminho ao romantismo.

GRAVAÇÃO RECOMENDADA - EMI 7498342: Orquestra da Ópera de Lyon. Dir. John Eliot Gardiner. Anne-Sophie von Otter (Orfeu), Barbara Hendricks (Eurídice).

---

2. O procedimento do deus ex machina consiste em fazer descer, por meio de um maquinismo (espécie de grua movida por roldanas), o ator que desempenha o papel de deus, a fim de assegurar, contra toda verossimilhança, um final feliz a uma tragédia insolúvel.

O RAPTO DO SERRALHO
ÓPERA ALEMÃ DO SÉCULO XVIII
DE WOLFGANG AMADEUS MOZART (1756-1791)

Singspiel em três atos
Título original: *Die Entführung aus dem Serail*
Libreto alemão de Gottlieb Stephanie (baseado numa peça alemã de Bretzner)
estréia em 1782 em Viena

O COMPOSITOR - *(um gênio universal que transcende as convenções)* Pode-se dizer que a vida de Mozart, essa vida tão curta mas tão cheia de realizações e sofrimentos, não lhe pertenceu. Ela foi inteiramente devotada à música. Já aos quatro anos de idade, Mozart deixa Salzburg para se apresentar como cravista, e faz a turnê das capitais européias, acompanhado por seu pai, Leopold. Compõe sua primeira ópera aos doze anos. Adulado como menino prodígio, conhece mais tarde, porém, a indiferença e a miséria: o autor de *Don Juan** e da *Flauta Mágica** não foi reconhecido pela Viena fútil da época e, ao morrer, seu corpo foi lançado na vala comum.

Não é possível enumerar aqui as obras-primas desse gênio (compôs cerca de setecentas obras). Mozart sobressaiu-se em todos os gêneros, mas talvez se superou em suas óperas. Com efeito, todas elas impressionam por sua perfeição e sua originalidade, mesmo se cada uma se vale de um gênero convencional, tomado ou da tradição italiana (*opera seria* para *Idomeneu* e *A Clemência de Tito*, *opera buffa* para *As Bodas de Fígaro**, *Cosi fan tutte**, *Don Juan**), ou da tradição alemã (*singspiel* para *O Rapto do Serralho** e *A Flauta Mágica**).

ORIGEM E ACOLHIDA - O imperador da Áustria José II era um déspota esclarecido, interessado em promover a cultura e em particular o teatro. Em 1776, nacionalizou o *Burgtheater* (Teatro Imperial), com a esperança de fazer desaparecer a *opera buffa* italiana, não obstante muito apreciada pela alta sociedade vienense, em proveito de uma ópera mais popular e tipicamente germânica, o *singspiel*, mistura de recitativos falados e de canções. Mas, diante da mediocridade das óperas alemãs da época, o inspetor do *Burgtheater*, Gottlieb Stephanie, procurou Mozart, que há muito sonhava compor uma ópera alemã. Propôs-lhe um libreto que retomava temas da moda: a libertação de cristãos reduzidos à escravidão pelos turcos, e a generosidade do soberano.

Essa primeira ópera alemã corresponde a um período de mudanças na vida do compositor: em 1781 ele deixa Salzburg por Viena, e em 1782 casa-se com Constance Weber (como por acaso, a heroína da ópera chama-se Constance, e Mozart, a exemplo de Belmonte, enfrenta muitos obstáculos antes de esposá-la). *O Rapto do Serralho* foi recebida com entusiasmo. Primeira das cinco grandes óperas mozartianas, ela inaugura o grande período vienense do compositor.

RESUMO - *(aventura amorosa e exótica à maneira das Mil e uma Noites)*

Na Turquia, numa época legendária.

Ato I: Belmonte (t), jovem nobre espanhol, chega diante do palácio do paxá Selim. Vem buscar sua noiva Constance (sop), que foi raptada por piratas turcos juntamente com sua camareira Blondine e seu criado Pedrillo. O paxá Selim, que se apaixonou perdidamente por Constance, os comprou. Osmin (b), o guardião do serralho, persegue Belmonte. Mas Pedrillo (t) o reconhece e lhe sugere fazer-se passar por um arquiteto. Nesse meio tempo, Selim implora cortesmente que Constance case com ele.

Ato II: Blondine (sop) repele o assédio de Osmin. Constance se lamenta... mas Pedrillo embriaga Osmin e Belmonte reúne-se a eles.

Ato III: Belmonte e Pedrillo trazem uma escada para libertar as duas cativas. Osmin os surpreende e os leva até o paxá. Embora Belmonte seja o filho de seu pior inimigo,

Selim acaba por conceder-lhe a liberdade, e todos, com exceção de Osmin, louvam sua clemência.

ANÁLISE - *(um singspiel deslumbrante, burlesco e delicado)* Composto sobre um texto alemão, com muitas cenas faladas e passagens cômicas, O Rapto do Serralho sujeita-se às regras do *singspiel*. Mas, ao mesmo tempo em que conserva o frescor e a vivacidade desse gênero popular, Mozart vai muito além de seus predecessores, pelo rigor da construção dramática e musical, pelo refinamento da parte vocal e o cuidado dispensado à caracterização das personagens.

A primeira originalidade de *O Rapto do Serralho* consiste na utilização de instrumentos exóticos (flautim, triângulo, címbalos, bumbo), com finalidades pitorescas e cômicas. Assim, a conhecidíssima abertura, irradiante de energia e vivacidade, nos lança num Oriente de fantasia, colorido e turbulento, tal como era imaginado no século dezoito. Essas "cenas turcas" reaparecem nos dois coros entoados pelos janízaros à glória do paxá. A orquestração insólita reforça também os efeitos cômicos: Mozart associa-a sobretudo às intervenções do guardião do serralho, o grotesco e truculento Osmin. O alarido de instrumentos exóticos que apimenta sua primeira ária, cantada numa voz de baixo cômica (*basso buffo*), acentua o burlesco da personagem. A presença de Osmin, aliás, lembra que se trata antes de tudo de uma farsa. Cada vez que aparece, ele desencadeia o riso, por seus excessos de cólera ou de alegria: assim, no primeiro ato, quando esbraveja contra os ladrões de garotas: "Solche hergelaufnen Laffen" (Esses palermas que vêm flertar aqui), ou no terceiro ato, quando se alegra com a idéia de vir a enforcar os prisioneiros: "Ha, wie will ich triunphieren" (Ah! como irei triunfar). Ao final do terceiro ato, sua explosão de fúria irrompe de maneira cômica em meio à harmonia geral.

A partitura de *O Rapto do Serralho* contém árias magníficas que exigem dos intérpretes um registro muito amplo e um grande fôlego. O *singspiel*, ópera tipicamente germânica, se enriquece aqui da influência italiana do *bel canto*, mas a beleza do canto jamais é gratuita, e as árias são sempre muito expressivas. A *aria* de Belmonte no primeiro ato, "O wie ängstlich" (Tão ansioso, tão ardente bate meu coração), traduz maravilhosamente a espera febril de um apaixonado inquieto; a própria orquestra restitui seus suspiros e sua respiração ofegante. O canto melancólico de Constance no primeiro ato, "Ach ich liebte" (Outrora eu amava), é muito comovente. Sua ária "Martern aller Arten" (Dos suplícios de toda natureza) é uma das maiores *arias* para sopranos. O trecho mais célebre é a requintada romança de Pedrillo no terceiro ato ("In Mohrenland", No país dos Mouros).

Mas a beleza dos conjuntos é ainda superior à das árias isoladas. O melhor exemplo é o *finale* do segundo ato. Os quatro apaixonados estão reunidos, mas os dois homens se inquietam: será que suas noivas lhes foram realmente fiéis? Belmonte interroga Constance com mil precauções; Pedrillo questiona Blondine de maneira mais vulgar. Blondine, furiosa, esbofeteia Pedrillo, enquanto Constance, magoada, suspira pudicamente. Mozart justapõe ações e personagens diferentes, mas dá a essa combinação a força e a unidade de uma cena dramática, pondo em paralelo dois casais de apaixonados, um plebeu e terra-a-terra (Blondine e Pedrillo), o outro aristocrático e delicado (Constance e Belmonte). Tal cuidado com a construção dramática e a caracterização das personagens é incomum num *singspiel*.

Essa ópera repleta de juventude e vitalidade, que exalta a liberdade, o amor e a tolerância, anuncia as seguintes. Nela reina a atmosfera característica das óperas mozartianas, imensamente alegre e também melancólica, irônica e terna ao mesmo tempo. Em *As Bodas de Fígaro**, em *Don Juan**, em *A Flauta Mágica**, reencontramos a oposição entre dois casais de origem social diferente. O tema da infidelidade, levemente esboçado aqui, é desenvolvido em *Cosi fan tutte**. O malvado Osmin anuncia Monostatos, enquanto o generoso Selim, embora se trate aqui de um papel inteiramente falado, prefigura Sarastro. Com *O Rapto do Serralho** Mozart confere foros de nobreza ao *singspiel*, antes de transfigurá-lo em *A Flauta Mágica**.

GRAVAÇÃO RECOMENDADA - DECCA 417402-2: Orquestra Filarmônica de Viena. Dir. Georg Sopli. Edita Gruberova (Constance), Güsta Winbergh (Belmonte), Kathleen Battle (Blondine), Heinz Zednik (Pedrillo), Martti Talvela (Osmin).

AS BODAS DE FÍGARO
ÓPERA ITALIANA DO SÉCULO XVIII
de Wolfgang Amadeus MOZART (1756-1791)

Ópera buffa (ou *dramma giocoso*) em quatro atos
Título original: *Le Nozze di Figaro*
Libreto italiano de Lorenzo da Ponte (baseado na comédia francesa de Beaumarchais *Le Mariage de Figaro*)
estréia em 1786 em Viena, sob a direção de Mozart

O COMPOSITOR - (*um gênio universal que transcende as convenções;* ver *O Rapto do Serralho**).

ORIGEM E ACOLHIDA - *As Bodas de Fígaro* marca o início da colaboração de Mozart com o abade e poeta Lorenzo da Ponte, um dos maiores libretistas da história da ópera. O imperador José II, que havia proibido a peça de Beaumarchais, por julgá-la indecente e subversiva, foi imediatamente conquistado pela música de Mozart. A ópera obteve em Viena um imenso sucesso, e em Praga foi tal o triunfo que a Ópera de Praga encomendou a Mozart *Don Juan**.

RESUMO - (*contradança amorosa*) *Final do século XVIII, no castelo de Águas-Frescas, perto de Sevilha.*

Ato I: Fígaro (bar), criado do conde Almaviva (bar), quer casar com Suzana (sop), a camareira da condessa (sop).

Mas Suzana se inquieta com as atenções do conde. Quanto ao jovem pajem Querubim (sop), ele confessa sua perturbação diante de todas as mulheres. Marcelina, a governanta (sop), ajudada pelo doutor Bartholo (b), propõe-se a fazer com que Fígaro, que lhe deve dinheiro, se case com ela. Basile (t), o mestre de música, informa ao conde que Querubim se interessa pela condessa. Almaviva surpreende o adolescente escondido atrás de uma poltrona e o envia ao exército.

Ato II: A condessa se aflige com as infidelidades de seu marido. Fígaro propõe-lhe um estratagema: o conde receberá um bilhete que faz alusão a um encontro galante da condessa; Suzana fingirá aceitar encontrar-se com o conde, mas em seu lugar será enviado Querubim. O conde tenta penetrar nos aposentos da condessa: Querubim se esconde de novo, salta precipitadamente pela janela, e o conde, surpreso, descobre Suzana. Mas o jardineiro, que viu um homem saltar com um papel, ameaça revelar tudo. Fígaro consegue dissipar as suspeitas do conde.

Ato III: Marcelina e Bartholo descobrem que Fígaro é seu filho! Bartholo quer então desposar aquela que ele amou outrora. Suzana torna a enviar ao conde um bilhete ditado pela condessa, marcando um encontro.

Ato IV: As personagens voltam a se encontrar à noite, no parque. A condessa e Suzana trocam suas roupas, de modo que Querubim toma Suzana pela condessa, o conde toma a condessa por Suzana, e Fígaro imagina estar falando à condessa. No final, a falsa Suzana revela sua identidade, para a grande confusão do conde. Ela o perdoa e tudo acaba bem.

ANÁLISE - (*uma ópera bufa de profundidade incomum*)

As Bodas de Fígaro é uma das óperas mais populares do repertório lírico. É uma comédia cheia de graça e animação, sem a virulência política da obra de Beaumarchais, uma *opera buffa* que trata, como *Cosi fan tutte** e *Don Juan**, do desejo amoroso e da fidelidade. A vivacidade da abertura, as reviravoltas incessantes da ação, o tom cômico da maior parte das cenas, correspondem à lei do gênero. É uma ópera cheia de humor. Assim, no final do primeiro ato, Fígaro, zombando de Querubim, que Almaviva envia ao exército, canta uma canção que parodia a dura vida militar; a cena em que Bartholo promete vingança ("A vingança é o prazer dos sábios") é francamente grotesca. Os jogos com as palavras, no dueto do primeiro ato entre Suzana e Fígaro ("din, din, don, don"), o ardil da carta ditada, escrita, relida no célebre dueto entre Suzana e a condessa, os disfarces e os qüiproquós que se multiplicam contribuem para criar aquele clima espiritual e galante próprio ao século dezoito. A deliciosa cena em que a condessa e Suzana vestem o jovem Querubim com uma roupa feminina evoca os quadros de Watteau.

Com efeito, pela primeira vez, personagens contemporâneos aparecem numa cena lírica. Ao utilizar amplamente o *recitativo secco* (recitativo acompanhado apenas pelo cravo), Mozart confere a seu diálogo a naturalidade da conversação. Como em *O Rapto do Serralho**, ele se serve de duos e conjuntos para elucidar as diferentes personagens. O duo entre Almaviva e Suzana no terceiro ato realça o ardor contrariado do conde face à indiferença astuciosa da camareira. O grande *finale* do segundo ato, que reúne as nove personagens, verdadeiro drama em miniatura, integra várias ações, vários registros psicológicos num único trecho de música, e mistura os motivos, os tempos, os timbres sem que uma só das personagens deixe de se distinguir. Mozart ultrapassa duplamente a tradição da *opera buffa*: não sacrificando, nos conjuntos, a pintura das personagens em favor da vivacidade, e suspendendo a ação através de grandes árias que permitem melhor compreendê-las. Almaviva, conquistador e tirano contrariado, anuncia Don Juan. A condessa prefigura Elvira: em sua cavatina no segundo ato ("Porgi Amor", Concede-me, amor) e em sua longa *aria* do terceiro ato ("Dove sono...", Onde estão aqueles dias de felicidade), ela exprime sua dor com uma perturbadora mistura de resignação e energia. As figuras mais vivas são a apaixonada e maliciosa Suzana e sobretudo o adolescente Querubim, cuja sensualidade difusa contamina toda a ópera. Suas árias do primeiro ato ("Non so piu cosa son", Não sei mais o que sou) e no segundo ("Voi che sapete...", Vocês que sabem o que é o amor) são muito célebres.

Distante da solene *opera seria*, *As Bodas de Fígaro* revela, porém, um fundo trágico, uma profundidade inesperada em uma *opera buffa*. No texto, as alusões políticas são encobertas, mas a música evidencia as relações de força, sociais, amorosas, que fundam as relações das personagens. A desigualdade (entre o homem e a mulher, os servidores e o senhor, o adolescente e o adulto), a fragilidade do amor, a força e a ambivalência do desejo, os sofrimentos da paixão, eis alguns temas graves que mantêm nessa deliciosa comédia uma tensão subterrânea.

GRAVAÇÃO RECOMENDADA - DG 4298692: Coros e Orquestra da Ópera de Berlim. Dir. Karl Böhm. Hermann Prey (Fígaro), Dietrich Fischer-Dieskau (o conde), Gundula Janowitz (a condessa), Edith Mathis (Suzana), Tatiana Trojanos (Querubim).

DON JUAN

ÓPERA ITALIANA DO SÉCULO XVIII
DE WOLFGANG AMADEUS MOZART (1756-1791)

Drama giocoso (drama cômico) em dois atos
Título original: *Don Giovanni, ou Il Dissoluto punito*
Libreto italiano de Lorenzo da Ponte (baseado em *El Burlador de Sevilla* de Tirso de Molina, e *Don Juan* de Molière)
criada em 1787 em Praga

O COMPOSITOR - *(um gênio universal que transcende as convenções; ver O Rapto do Serralho*)*

ORIGEM E ACOLHIDA - *As Bodas de Fígaro** obteve um sucesso tão extraordinário em Praga que o diretor do Teatro Nacional de Praga encomendou a Mozart uma outra ópera. Após *As Bodas de Fígaro** e antes de *Cosi fan tutte**, este foi o segundo libreto italiano que o abade e poeta Lorenzo Da Ponte escreveu para Mozart. *Don Juan* alcançou imediatamente um grande sucesso. Conta-se que Mozart compôs a abertura em uma noite, na véspera de sua estréia. Hoje, essa ópera é uma das mais célebres e mais representadas de todo o repertório lírico. O filme de Joseph Losey, *Don Giovanni*, tornou-a ainda mais popular. Juntamente com *A Flauta Mágica**, é a obra-prima de Mozart.

RESUMO - *(tragédia burlesca e metafísica)*
Sevilha, século XVII
Ato I:
– É noite. Leporello (b), o criado de Don Giovanni (Don Juan), queixa-se de sua dura condição, esperando seu senhor, que está às voltas com uma aventura galante. Don Giovanni (bar) aparece, perseguido por Dona Anna (sop), na casa de quem se introduziu. Desafiado a um duelo pelo pai de Anna, o Comendador da cidade (b), Don Giovanni mata-o e foge. Don Ottavio (t), o noivo de Anna, jura-lhe vingança.

– Numa rua, Don Giovanni ouve uma mulher que proclama seu desespero. Atraído, aproxima-se, mas reconhece Dona Elvira (sop), a esposa que ele abandonou, e foge de novo. Sozinho com Elvira, Leporello desenrola o "catálogo" das conquistas de seu senhor.

– A aldeia prepara-se para celebrar as núpcias de Zerlina (sop) e Masetto (b). Don Giovanni corteja Zerlina, prometendo-lhe casamento. Quando ela está prestes a ceder, aparece Dona Elvira e dissuade Zerlina de seguir seu sedutor. Zerlina acalma Masetto, enfurecido.

– Todas as personagens estão reunidas num baile de máscaras. Don Giovanni procura novamente seduzir Zerlina. Ele é descoberto e acusa Leporello, fugindo em seguida.

Ato II:

– O senhor e o criado trocam suas roupas. Elvira aparece numa sacada. Don Giovanni faz com que Leporello, disfarçado, cante uma serenata: ela se deixa enganar, enquanto Don Giovanni seduz a camareira de Elvira, que é também namorada de Leporello. Masetto se envolve numa briga com Don Giovanni disfarçado e leva uma surra.

– Cercam o falso Don Giovanni (Leporello), que se desmascara e foge. Elvira, que ama ainda seu sedutor, renuncia à sua vingança.

– Don Giovanni chega rindo ao cemitério, acompanhado por Leporello. Uma voz de além-túmulo se eleva, a da estátua do Comendador. Atendendo a uma ordem de Don Giovanni, o trêmulo Leporello convida o Comendador a jantar.

– Don Giovanni, sentado à mesa, recebe a visita da estátua do Comendador, que por três vezes pede a ele que se arrependa. Don Giovanni recusa e morre nas chamas. As outras personagens entoam então um coro moralizador.

ANÁLISE - *("a ópera das óperas")* Com *Don Juan*, o tema da infidelidade amorosa, que encontramos em *As Bodas de Fígaro** e *Cosi fan tutte**, adquire uma dimensão verdadeiramente trágica. No mito de Don Juan se cruzam o amor e a morte, o desejo e a lei, o indivíduo e a sociedade. O libertino não é apenas um sedutor desenfreado, mas um provocador que recusa curvar-se à ordem social, moral, religiosa, a ponto de morrer por isso. A morte, única amante digna do boêmio, está sempre ao redor dele, roçando-o desde sua entrada em cena (o duelo com o Comendador), e acaba por consumir em suas chamas aquele cujo ardor a desafia. Mozart vale-se da ambivalência da personagem para transcender as convenções da *opera buffa*. Nessa ópera que combina o drama (*dramma*) com a comédia (*giocoso*), o realismo aproxima-se do sobrenatural, a alegria mais ardente é vizinha da tragédia mais sombria. A abertura introduz essa dualidade: após um sombrio andante, que anuncia o tema da morte, associada às aparições do Comendador, vem um *allegro* fogoso que traduz a espécie de frenesi próprio a Don Juan. A construção da ópera é exemplar, enquadrando a comédia pela tragédia. À cena grandiosa e despojada da morte do Comendador no primeiro ato corresponde, no final, a cena da morte de Don Juan.

Menos intelectual que o Don Juan de Molière, o Don Giovanni de Mozart caracteriza-se por sua irradiação sensual. Dotado de uma energia vital fora do comum, capaz de identificar as mulheres por seu cheiro ("Mi pare sentir l'odor di femmina", Parece-me sentir um cheiro de mulher), ele é um gozador insaciável, um glutão sempre em busca de festins culinários e eróticos: "Que garfadas!", espanta-se Leporello ao vê-lo comer. Mozart insiste sobre o magnetismo da personagem. Assim, um dos pontos altos da ópera é o célebre duo de amor entre Don Juan e Zerlina no primeiro ato: "Là ci darem la mano" (Lá me darás a mão). Com exceção da "ária do campo" no primeiro ato, que é um hino à embriaguez tanto amorosa quanto espirituosa, e da encantadora serenata à camareira, o sedutor não se detém muito em *arias*. Recitativos nervosos mostram-no antes de tudo homem de ação, sempre alerta, e, se participa em conjuntos, manifesta sua marginalidade cantando sempre de maneira defasada ao lado dos outros.

Levada a um grau ainda maior do que em *As Bodas de Fígaro** ou em *Cosi fan tutte**, a osmose do trágico e do cômico confere a essa obra uma ambigüidade e uma vida extraordinárias. A vivacidade da *opera buffa* justifica-se aqui plenamente. O sedutor, que organiza sua vida como uma festa perpétua, imprime seu ritmo desenfreado à música. *Don Juan* contém situações típicas da *opera buffa*, como a cena em que o ciumento (Masetto) leva uma sova de seu rival disfarçado e depois é consolado por sua noiva (Zerlina). A dimensão metafísica é constantemente encoberta pelo burlesco do tom: o criado Leporello (*basso buffo*, baixo cômico) é a personagem mais presente em cena. Suas duas grandes árias são, no primeiro ato, "Notte et giorno fatigar" (Noite e dia fatigar-se) e sobretudo o famoso catálogo "Madamina" (Madamezinha), no qual, sozinho diante de Elvira, relata complacentemente as conquistas de seu senhor, repetindo, com gordurosa ironia, como uma lengalenga: "Voi sapete qual che fa" (Você sabe o que ele faz). Essa personagem um tanto vulgar, medrosa (em italiano, Leporello significa "pequena lebre"), faz rir mesmo nos momentos mais trágicos. Assim, na grave cena final, quando o Comendador vem buscar Don Giovanni, chamando-o com sua voz de além-túmulo, Leporello imita, com um pavor cômico, os passos pesados da estátua: "Ta-ta-ta-ta".

Nessa ópera bufa de uma complexidade insólita, a orquestra, muito rica, desempenha um grande papel, lançando às vezes uma luz sobre o inconsciente das personagens, retomando certos temas quase como um *leitmotiv*: são procedimentos que Wagner desenvolverá um século mais tarde. Os cantos, por seu virtuosismo, se inscrevem na tradição belcantista italiana, mas sua beleza, por vezes arriscada, jamais é gratuita: a célebre ária de Elvira no primeiro ato, por exemplo ("Ah!, Chi mi dice mai", Ah, quem me dirá), equivale a um retrato, e sente-se, por trás da cólera da amante traída, a ternura langorosa da mulher, como mais tarde em seu recitativo pungente "In quali eccessi" (Em que excessos) e na *aria* inflamada "Palpitando il cor mi va" (Meu coração palpita). Por sua construção e seu refinamento, os conjuntos (especialmente o célebre trio das máscaras no final do primeiro ato) são prodigiosos: as personagens cantam, sobre um mesmo motivo musical, palavras diferentes, que traduzem sentimentos singulares. Cada uma das personagens se destaca com um brilho surpreendente. As três mulheres possuem matizes muito próprios. Em primeiro lugar Elvira, insuportável e comovente. Zerlina, sensível à tentação mas astuta como uma camponesa quando se trata de apaziguar seu noivo, como na célebre ária "Batti, batti, bel Masetto" (Bate-me, belo Masetto). Estranha e digna, a nobre Dona Anna, obstinada em exigir vingança para não ser igualmente perturbada por Don Juan. As personagens masculinas são tratadas em contraponto. A soberba do senhor contrasta com a covardia do criado; o amante platônico, Don Ottavio, cuja *aria* suave ("Il mio tesoro", O meu tesouro) é uma das mais belas para tenor, contrasta com o inquieto Don Juan; o Comendador, figura abstrata e grave, encarnação da Lei moral, opõe-se ao muito terra-a-terra Leporello.

Mozart transfigura o festim de pedra num festim musical incrivelmente rico e variado. Richard Wagner, que considerava *Don Juan* como uma espécie de ponto de não-retorno na história do teatro lírico, denominava-a "a ópera das óperas". Essa obra magistral, de uma densidade musical e dramática sem equivalente, representa de fato a culminação das pesquisas efetuadas desde Monteverdi pelos compositores de ópera para realizar seu ideal: uma fusão completa entre a música e o drama.

Ela é também um resumo do gênio mozartiano. Não se pode comparar *Don Juan* a não ser à *Flauta Mágica**, que possui a mesma profundidade atemporal e a mesma mistura de estilos. Nas duas óperas ronda a presença da morte e do sobrenatural, mas também da felicidade e da alegria. A primeira exalta a sedução sensual; a segunda celebra o encantamento espiritual. Iluminando os dois pólos mozartianos, inocência e perversidade, essas obras-primas se completam: face à *Flauta Mágica**, ópera luminosa, *Don Juan*, ópera lúcida, revela-se, quando não mais acabada, mais perturbadora.

GRAVAÇÃO RECOMENDADA - EMI 7472608: Orquestra Filarmônica. Dir. Carlo Maria Giulini. Eberhard Wächter (Don Giovanni), Giuseppe Taddei (Leporello), Elizabeth Schwarzkopf (Elvira), Joan Sutherland (Anna), Luigi Alva (Ottavio), Graziela Sciutti (Zerlina), Piero Capucilli (Masetto), Gottlob Frick (o Comendador).

COSI FAN TUTTE
(*Todas agem assim*)
ÓPERA ITALIANA DO SÉCULO XVIII
DE WOLFGANG AMADEUS MOZART (1756-1791)

Opera buffa em dois atos
Subtítulo: *La Scuola degli Amanti* (Escola dos Amantes)
Libreto italiano de Lorenzo Da Ponte
estréia em 1790 em Viena

O COMPOSITOR - *(um gênio universal que transcende as convenções; ver O Rapto do Serralho *)*

ORIGEM E ACOLHIDA - Esta terceira ópera italiana foi encomendada a Mozart pelo imperador José II. O libreto de Da Ponte inspira-se num fato real ocorrido em Trieste, que na época alimentava as conversas nos salões. Mas o público que carregara em triunfo *As Bodas de Fígaro** não apreciou muito o tom sarcástico de *Cosi fan tutte*. Na época romântica, ao contrário, só se viu nessa ópera o aspecto superficial e mundano, e chegou-se a modificar o libreto. Foi preciso esperar o século vinte para que essa obra-prima fosse verdadeiramente reconhecida.

RESUMO - *(comédia doce-amarga)*
Nápoles, século XVIII.

Ato I: Num café, dois jovens oficiais, Ferrando (t) e Guglielmo (bar), celebram a virtude de suas noivas, Dorabella (ms) e Fiordiligi (sop). O velho Don Alfonso (b) põe em dúvida a fidelidade feminina. Ele aposta cem moedas de ouro com eles que a constância de suas amadas não resistirá a um pequeno estratagema. Os jovens aceitam. Don Alfonso anuncia então às duas irmãs, muito apaixonadas, que seus noivos foram chamados às armas. Os jovens se fazem despedidas pungentes. Depois, Ferrando e Guglielmo, disfarçados de albaneses, fazem cada um a corte à noiva do outro. A princípio elas os repelem, mas se mostram perturbadas quando eles ameaçam suicidar-se.

Ato II: A criada Despina aconselha as irmãs que mudem de namorado. Os estrangeiros organizam uma festa ao ar livre e tocam uma serenata. Os dois casais fazem um passeio de barco. Dorabella logo se deixa seduzir pelo noivo de sua irmã; Fiordiligi resiste um pouco mais, mas acaba por confessar seu amor ao novo pretendente. Don Alfonso triunfa. Ele explica aos jovens magoados que elas não fizeram senão obecceder à natureza feminina: *"Cosi fan tutte"*. No momento em que se prepara o duplo casamento das irmãs com os estrangeiros, chegam os verdadeiros noivos. Fiordiligi e Dorabella, envergonhadas, pedem a morte. Ferrando e Guglielmo revelam então o estratagema e tudo acaba em paz.

ANÁLISE - (*sob um fogo de artifício vocal, um riso estridente*) *Cosi fan tutte* apresenta-se como uma ópera bufa típica, um divertimento bem arranjado, inocente e confortável. Essa ópera de recursos limitados (uma intriga reduzida, um único cenário, seis personagens) se concentra no pequeno estratagema de Alfonso, que faz os jovens contarem com um prazer antecipado mas não com a surpresa. Desde a primeira cena o tom está dado: dois janotas, após brindarem à virtude de suas amadas, regozijam-se à idéia de ganhar uma aposta fácil às custas de um velho desmancha-prazeres, ao mesmo tempo em que se divertem em enganar gentilmente suas noivas. A atmosfera jovial da comédia parece reinar sozinha: ouvem-se as gargalhadas despreocupadas dos jovens, que o tempo todo se divertem, o riso de troça de Don Alfonso ou a excitação das duas irmãs. O artifício dos disfarces atinge toda a sua força cômica no final do primeiro ato, quando Despina, fingindo-se de médico, administra aos pseudo-suicidas um remédio milagroso.

Criada sob o signo da ópera italiana, *Cosi fan tutte* não decepciona os espectadores ávidos de *bel canto*. A beleza e a riqueza dos cantos fazem dessa ópera um fogo de artifício vocal. Assim, Ferrando canta uma *aria* magnífica no segundo ato: "Ah lo veggio, quella anima bella" (Ah, eu vejo, que bela alma!). A grande ária de Fiordiligi, com seus vocalises cintilantes e suas mudanças de registro ("Per pietá, ben mio perdona", Por piedade, meu amado, me perdoa), exige do intérprete verdadeiras proezas vocais. Os conjuntos, tradicionalmente preponderantes na ópera bufa, são célebres, sobretudo o trio fluido do primeiro ato ("Soave sia il vento", Que o vento seja suave), que prossegue no deslumbrante quinteto das despedidas ("Di scrivermi", Me escreverás).

Mas essa graça, esse virtuosismo, são vistosos demais para serem sinceros. O burlesco desemboca, com efeito, numa análise do coração humano cuja profundidade e crueza evoca as *Ligações perigosas*. Os disfarces dos jovens põem a nu a hipocrisia dos sentimentos e a força anárquica do desejo. O jogo de papéis transforma-se num jogo sinistro, e a *opera buffa* beira a tragédia: quando as duas jovens pedem a morte, não é mais algo para rir, como o suicídio dos falsos albaneses. E será que no final cada um não lamenta reencontrar o verdadeiro parceiro? Essa comédia moralista, que põe em dúvida a profundidade e a solidez do amor, parece acusar as mulheres (*Cosi fan tutte*). Mas Mozart não poupa ninguém: a perversidade é bem partilhada, tanto pelo cínico Don Alfonso, que se deleita como *voyeur* de sua encenação, quanto pelos jovens, que sentem grande prazer em enganar suas noivas. Para além das mentiras da linguagem e da indumentária, a música serve de revelador. Os efeitos de virtuosismo têm uma função paródica. Assim, no primeiro ato, as duas jovens celebram seus noivos com um excesso de afetação traduzido por seus vocalises sobre a palavra "amore". O desespero de Dorabella e a segurança de Fiordiligi soam de forma exagerada. A música revela o segredo dos corações: a harmonia musical entre Ferrando e Fiordiligi os designa ao final como o verdadeiro casal.

Assim, a brincadeira superficial da *opera buffa* transforma-se aos poucos num riso incômodo que abandona a inocência e as certezas, mas não a emoção e a ternura. Mozart não partilha o cinismo desiludido de Don Alfonso: se denuncia as tolices do sentimentalismo, nem por isso deixa de celebrar a alegria e o amor, como testemunham a ária romântica de Ferrando "Una aura amorosa" (Uma visão amorosa) ou o quarteto final. O tom dessa ópera surpreendente não é amargo, mas de uma ambigüidade muito moderna.

GRAVAÇÃO RECOMENDADA - EMI 7696352: Orquestra Filarmônica. Dir. Herbert von Karajan (mono). Elizabeth Schwartzkopf (Fiordiligi), Nan Merriman (Dorabella), Léopold Simoneau (Ferrando), Rolando Panerai (Guglielmo), Lisa Otto (Despina), Sesto Bruscantini (Alfonso).

A FLAUTA MÁGICA
ÓPERA ALEMÃ DO SÉCULO XVIII
DE WOLFGANG AMADEUS MOZART (1756-1791)

Singspiel em dois atos
Título original: *Die Zauberflöte*
Libreto alemão de Emanuel Schikaneder (baseado na ópera *Oberon rei dos Elfos*, de Wranitzky, *Thamos rei do Egito*, de Gebler, e no conto *Lulu ou a Flauta Mágica*, de Liebskind)
estréia em 1791 em Viena, sob a direção de Mozart

O COMPOSITOR - (*um gênio universal que transcende as convenções;* ver *O Rapto do Serralho**).

ORIGEM E ACOLHIDA - A morte do imperador José II e a indiferença de seu sucessor, Leopoldo II, lançaram Mozart na miséria. Emanuel Schikaneder, diretor de um pequeno teatro popular e amigo franco-maçom de Mozart, propõe-lhe então realizar uma nova ópera alemã. Entrega-lhe um libreto inspirado numa lenda oriental, que ele procurou impregnar de filosofia maçônica, confiando que Mozart extrairá dali "uma ópera que atraia as multidões", no espírito do *singspiel* mas também da *Zauberoper* (ópera mágica), gênero muito em voga em Viena no fim do século dezoito. Alguns meses mais tarde, *A Flauta Mágica* triunfa em Viena, mas Mozart já se encontra muito doente. Ele morre em dezembro de 1791, aos trinta e cinco anos. Embora não seja sua última obra (depois da *Flauta*, compôs ainda *A Clemência de Tito* e o *Requiem*), essa ópera é considerada como o canto do cisne de Mozart.

Resumo - (*conto oriental de cunho iniciático*)
Egito antigo, numa época legendária.

Ato I: Sarastro, rei do império do Sol, raptou a filha da Rainha da Noite, Pamina, para livrá-la de sua influência maléfica. De fato, Sarastro dirige uma comunidade de sacerdotes que celebram uma religião fundada no amor e na sabedoria, enquanto o reino da Rainha da Noite é o das paixões cegas. O príncipe Tamino (t), enviado pela Rainha (sop), busca resgatar Pamina, acompanhado de Papageno ("o caçador de pássaros"). Com a ajuda de instrumentos encantados, uma flauta e sininhos, eles cativam os animais da floresta. Papageno (bar) consegue livrar Pamina (sop) do cruel mouro Monostatos (t), que a cobiça. Sarastro (b) aparece. Ele perdoa Pamina por querer fugir. Mas Tamino e Pamina, que se apaixonaram à primeira vista, decidem entrar no templo da sabedoria.

Ato II: Os jovens submetem-se a diferentes provas. A primeira é a do silêncio: Tamino, acompanhado de Papageno, deve atravessar um templo escuro sem jamais falar, apesar das tentações. Depois enfrenta com Pamina a prova do fogo e da água. Graças aos sons mágicos da flauta, eles a superam. Papageno, do mesmo modo, encontra a felicidade com sua Papagena, coberta de plumas como ele. Vencidas pela luz, a Rainha da Noite e suas damas desaparecem, assim como Monostatos, enquanto Tamino e Pamina são admitidos como iniciados: "Vocês atravessaram a Noite", conclui o coro.

Análise - (*um singspiel feérico e uma lição de felicidade*)
A Flauta Mágica não tem outro rival no coração dos amantes de ópera a não ser *Don Juan**. Essa obra-prima absoluta

é sem dúvida a mais célebre de Mozart. Entretanto, como *O Rapto do Serralho**, ela se vale do gênero humilde e popular do *singspiel*. Num clima de magia e de humor incomparável, as personagens falam e cantam alternadamente. Reencontramos as figuras e os temas dos contos orientais caros ao século dezoito: personagens dotadas de poderes sobrenaturais, gênios e fadas (reunidos, no primeiro ato, num trio de uma graça fantasiosa), as provações do herói, o combate do Bem e do Mal. Nesse quadro infantil, evolui uma criatura igualmente infantil, Papageno, o caçador de pássaros coberto de plumas, que desde o início se destaca por seu bom humor: "Der Vogelfänger ich ja" (Sim, sou o alegre caçador de pássaros). Essa personagem ingênua e fanfarrona, cômica e atraente, permite preservar, ao longo de toda a ópera, a verve robusta e o tom popular próprios ao *singspiel*. Assim, o quinteto do primeiro ato é de uma comicidade irresistível, com os "Hmm hmm hmm!" de Papageno, amordaçado pelas fadas por ter mentido. O adorável dueto com seu duplo feminino, Papagena, no terceiro ato, cintila de ternura. As passagens fantasistas ou farsescas, que contrastam com a seriedade da aventura dos heróis, reforçam os efeitos dramáticos. Assim, aos gritos de furor do malvado Monostatos (que lembram as imprecações grotescas de Osmin em *O Rapto do Serralho**) opõe-se a ária de entrada de Sarastro, ampla e solene. O falso suicídio de Papageno aparece como uma prova cômica que faz contraponto às terríveis provações de Tamino e Pamina. Mas, se a música de Mozart explora todos os recursos do *singspiel*, ela o ultrapassa pelo refinamento da orquestração, o esplendor dos conjuntos e das árias. Entre as árias célebres, podemos destacar a de Tamino no primeiro ato ("Dies Bildnis ist bezaubernd schön", Esse retrato é de uma beleza encantadora) e o de Pamina no segundo ("Ach, Ich fühl's", Ah, eu sinto...). A *aria* mais célebre é a da Rainha da Noite no segundo ato ("Der Hölle Rache kocht in meinem Herzen", Um inferno vingador bate em meu coração), que termina numa prodigiosa exibição de vocalises.

Mozart transcende igualmente os limites do *singspiel* ao carregá-lo de um simbolismo inesperado. Assim, pode-se ler em *A Flauta Mágica*, de forma cifrada, a apologia das doutrinas da franco-maçonaria, à qual Mozart e Schikaneder pertenciam. Nessa época a seita dos franco-maçons era perseguida, porque reunia muitos intelectuais desiludidos com uma Igreja preocupada com o poder político em vez do espiritual. Na ópera, os sacerdotes do Sol simbolizam os franco-maçons esclarecidos pela filosofia das Luzes. As provas que os heróis enfrentam, as alusões à antigüidade egípcia (os mistérios de Ísis e de Osíris), a simbólica dos números (três chamadas de instrumentos de metal na abertura, três fadas, três gênios, três provas, três casais), lembram igualmente os ritos franco-maçons. Para alguns, *A Flauta Mágica* tem um significado ainda mais esotérico: Tamino representaria o imperador José II, Pamina, o povo austríaco, Sarastro, Ignaz Von Born, grande homem de ciência e franco-maçom, a Rainha da Noite, a imperatriz "obscurantista" Maria-Teresa, e Monostatos, o clero...

Para além das referências maçônicas, *A Flauta Mágica* tem um alcance universal. Não é preciso ser iniciado para compreender que Mozart afirma nessa ópera a fé no homem, mostrando um universo onde reina uma sabedoria fundada no amor e na fraternidade. Tal visão do mundo é muito maniqueísta: o Sol triunfa sobre a Noite, o Bem sobre o Mal, o Amor sobre o Ódio. As provas dolorosas dos jovens simbolizam a iniciação à vida: renunciando à infância e a suas mentiras, eles se tornam adultos e têm acesso aos valores paternos. O sábio Sarastro representa, com efeito, o pai ideal, depositário dos valores morais mas tolerante (por oposição ao implacável Comendador de *Don Juan**). Suas intervenções, cantadas com uma voz de baixo profundo, cheias de nobreza e grandeza, contrastam com as árias excitadas e muito agudas da Rainha da Noite, que encarna o império maternal das paixões cegas e das seduções enganadoras. Mozart mostra o homem em busca da verdade mas também da felicidade, hesitando entre a Razão (Sarastro) e a Paixão (a Rainha da Noite), entre uma felicidade em escala humana (Papageno e Papagena) e uma harmonia sobre-humana (Tamino e Pamina). No entanto, como em todas as óperas de Mozart, a mensagem passada por *A Flauta Mágica* não é desprovida de ambigüidade. Com efeito, a ópera afirma a superioridade do Dia sobre a Noite, do amor místico sobre o amor terrestre, mas o gênio de Mozart consiste em tornar a alegria cândida e tagarela do caçador de pássaros ainda mais simpática que o ardor exaltado de Tamino, e os vocalises desvairados da Rainha da Noite pelo menos tão impressionantes quanto as árias profundas de Sarastro.

Pois essa obra, como seu título indica, celebra antes de tudo o poder mágico da música e do canto, reatando assim com o mito de Orfeu e as origens da ópera[3].

Na prova final, é a música que salva Pamina e Tamino: "Pela magia da música, marchamos sem medo através das trevas e da morte". Essa ópera feérica nos dá uma lição de felicidade. Assim como a flauta de Tamino e os sininhos de Papageno seduzem os animais selvagens, também a música de Mozart encanta os ouvidos mais insensíveis: é o que sugere o filme de Ingmar Bergman quando nos mostra, paralelamente à representação de *A Flauta Mágica*, os rostos deslumbrados dos espectadores, devolvidos "pela magia da música" ao maravilhamento da infância.

GRAVAÇÃO RECOMENDADA - EMI 7696312 (versão mono, sem os diálogos falados): Orquestra Filarmônica de Viena. Dir. Herbert von Karajan. Anton Dermota (Tamino), Irmgard Seefried (Pamina), Wilma Lipp (a Rainha da Noite), Erich Kunz (Papageno), Joseph Greindl (Sarastro).

---

3. Cf. Orfeu* de Monteverdi.

FIDELIO
ÓPERA ALEMÃ DO SÉCULO XIX
DE LUDWIG VAN BEETHOVEN (1770-1827)

Singspiel em dois atos
Libreto alemão de Joseph Sonnleithner e Georg Friedrich Treitschke (baseado no drama de Jean-Nicolas Bouilly *Léonore ou l'Amour conjugal*)
estréia em 1814 em Viena

O COMPOSITOR - *(um gênio sinfônico na transição do classicismo e do romantismo)* Beethoven, que foi em sua época o mais célebre compositor da Europa, encontra-se na transição da arte clássica do século dezoito ao romantismo do século dezenove. Por seu dinamismo, ele pertence efetivamente àquela primeira geração romântica cuja palavra de ordem era *Sturm und Drang* (Ímpeto e tempestade). Sua música, caracterizada não apenas por um domínio absoluto das formas tradicionais mas por uma grande audácia, é também muito calorosa: dirigindo-se a todos os homens, num espírito de amor e fraternidade, Beethoven busca transmitir emoções que vão do desespero à alegria mais pura. Sua surdez precoce não o impediu de compor uma obra imensa, essencialmente instrumental (sinfonias, música de câmara). *Fidelio*, que ele prezava particularmente, é sua única ópera acabada.

ORIGEM E ACOLHIDA - *Fidelio* foi encomendada a Beethoven pelo Teatro de Viena. O compositor foi imediatamente seduzido pelo libreto, que se inspirava num fato real: durante a Revolução Francesa, em Tours, uma mulher, disfarçada de homem, introduzira-se na prisão onde seu marido estava detido e conseguira libertá-lo. Mas a ópera teve muita dificuldade para se impor. A primeira estréia, em 1805, foi um fiasco. Beethoven foi obrigado a mudar o título (na origem, intitulava-se *Leonora*) e a efetuar várias modificações antes de obter um grande sucesso em 1814. Assim, além da abertura oficial de Fidelio, existem três outras aberturas, chamadas *Leonora I*, *Leonora II*, *Leonora III*. Esta última, considerada a mais bela, é seguidamente tocada em concertos.

RESUMO - *(fábula idealista, político-amorosa)*
  Numa prisão espanhola, perto de Sevilha, no século XVIII.

Ato I: Marcelina (sop), filha do carcereiro Rocco (b), resiste às investidas amorosas do porteiro Jaquino. Na verdade, ela está apaixonada pelo novo auxiliar de seu pai, Fidelio. Só que Fidelio não é um homem: é Leonora (sop), a mulher de Florestan, prisioneiro político injustamente detido, que se disfarçou desse modo para salvá-lo. Mas o cruel diretor da prisão, Don Pizarro (bar), fica sabendo que o ministro do rei, Don Fernando, informado da ilegalidade de algumas detenções, prepara-se para inspecionar a prisão. Pizarro decide fazer Florestan desaparecer e ordena que Rocco cave um túmulo em seu cárcere. Leonora é autorizada a acompanhar o carcereiro.

Ato II: Florestan, no cárcere, passa fome e luta contra o desespero. Leonora e Rocco cavam o túmulo e trazem-lhe vinho e pão. Pizarro surge. Ele puxa um punhal para matar Florestan, mas Leonora intervém e o ameaça com uma pistola antes de revelar sua identidade. Nesse momento, soa um clarim: é o ministro, Don Fernando (b). Ele encarcera Pizarro e devolve a liberdade a Florestan. Todos cantam um hino ao Senhor e à glória da "mulher que se devota a salvar seu marido".

ANÁLISE - *(um singspiel grave e luminoso) Fidelio* é uma obra singular, tanto na produção de Beethoven quanto na história da ópera. O gênio sinfônico do compositor levou a pensar que ele não era dotado para o teatro lírico. De fato, a abertura permanece a página mais popular, e qualificou-se de "sinfônica" a construção de *Fidelio*, ópera na qual a orquestra, muito rica, desempenha um papel de grande importância. Entretanto, trata-se aí de uma nova etapa na história da ópera alemã. Como *O Rapto do Serralho** ou *A Flauta*

Mágica* de Mozart, *Fidelio* respeita a regra do *singspiel*: a divisão entre diálogos falados e trechos musicais. Mas, enquanto o *singspiel* vienense se concentrava nos temas burlescos, a ópera de Beethoven, após algumas cenas que lembram essa tradição cômica, pende para a tragédia, antes de elevar-se a alturas espirituais inteiramente insólitas.

O clima inicial é o de uma comédia leve. O artifício do travesti, típico do século dezoito, favorece a eclosão de uma situação equívoca: a filha do carcereiro, Marcelina, está apaixonada, sem saber, por uma mulher, e seus projetos de casamento, encorajados por seu pai, colocam numa situação incômoda a heroína, Fidelio-Leonora. Nenhum traço de perversidade, porém, no disfarce de Leonora, contrariamente ao que se observa em *As Bodas de Fígaro** ou *Cosi fan tutte**: ele tem por propósito a vida de Florestan e, longe de servir a manobras de engodo ou sedução, é o sinal mesmo de sua fidelidade conjugal ("Fidelio"). O pano de fundo cômico tem apenas uma função de contraponto, pois o verdadeiro tema da ópera é sério: o combate do amor e da liberdade contra a opressão e a injustiça.

Esse confronto do Bem e do Mal é representado de maneira tão maniqueísta como em *A Flauta Mágica** de Mozart. Mas o universo de *Fidelio*, embora estilizado, não é maravilhoso. O *singspiel* envolve-se aos poucos na tragédia mais realista e mais sombria, à medida que nos encaminhamos para o imundo cárcere onde padece Florestan. Beethoven denuncia, com efeito, uma prática freqüente em sua época, a detenção política. O episódio mais impressionante é o "melodrama" entre Rocco e Leonora no segundo ato. Seus cochichos, enquanto cavam a golpes de picareta o fosso onde deve morrer Florestan, são pontuados pelos bramidos dos contrabaixos. As personagens são bem definidas: o malvado Pizarro opõe-se ao anjo Leonora. A *aria* do diretor da prisão no primeiro ato é mais uma série de eructações do que um canto. Leonora, heroína de ópera atípica, prefigura as grandes heroínas wagnerianas. Nela se aliam energia e ternura, como mostra seu recitativo ("Abscheulicher", Monstro horrível) seguido de uma puríssima *aria*, melodia romântica antecipada, na qual, por um impulso muito beethoveniano, a revolta dá lugar à confiança e à esperança: "Komm, Hoffnung" (Vem, esperança).

Toda a ópera descreve, com efeito, um movimento dialético e ascensional. A comédia burguesa, com sua humanidade gentil e medíocre, piedosa e resignada (Rocco, Marcelina, Jaquino), converte-se em tragédia heróica: passamos da obscuridade sórdida da prisão à luz da liberdade e do amor reencontrados. Sob esse aspecto, o célebre coro dos prisioneiros, no final do primeiro ato, mostra bem que, mesmo diante dos piores horrores, o humanismo altaneiro do compositor não capitula: a despedida que eles fazem à luz culmina num apelo exaltado à liberdade. O segundo ato começa com uma visão ainda mais sinistra. Em seu cárcere úmido, Florestan, quase morto de fome, exprime seu desespero. No entanto, em seu magnífico monólogo, os lamentos, expressos com dignidade, terminam numa espécie de êxtase: a humilhação física não é acompanhada de nenhum aviltamento moral. No auge da tragédia prepara-se aquela alegria que explode no duo final dos esposos: "O namenlose Freude!" (Ó alegria indizível). O coro final, pleno de serenidade e nobreza ("O welche Lust", Ó que prazer), anuncia o famoso hino à alegria da nona sinfonia. As personagens ultrapassam a anedota da qual se originaram para se tornarem porta-vozes de uma mensagem universal, em que Beethoven exprime sua fé no amor conjugal e numa humanidade livre de seus grilhões.

Esse *singspiel* grave e luminoso, completamente impregnado do espírito e da sensibilidade das Luzes, marca o início da ópera romântica alemã encarnada no século dezenove por Weber e Wagner.

GRAVAÇÃO RECOMENDADA - EMI 7693242: Orquestra Filarmônica. Dir. Otto Klemperer. Christa Ludwig (Leonora), Jon Vickers (Florestan), Gottlob Frick (Rocco), Walter Berry (Pizarro).

O BARBEIRO DE SEVILHA

**ÓPERA ITALIANA DO SÉCULO XIX
DE GIOACCHINO ROSSINI (1792-1868)**

Ópera buffa em dois atos e quatro quadros
Título original: *Il Barbiere di Siviglia*
Libreto italiano de Cesare Sterbini (baseado na comédia homônima de Beaumarchais)
estréia em 1816 em Roma

O COMPOSITOR - *(o mestre da ópera bufa italiana e do bel canto)* Após uma carreira fulgurante em seu país, Rossini viajou a Viena, depois a Londres, e se estabeleceu em Paris, onde foi nomeado, em 1824, diretor do Teatro Italiano e, um pouco mais tarde, "primeiro compositor do Rei". Mas, suplantado gradativamente por Meyerbeer (*Roberto o Diabo**), retornou à Itália e parou de compor (com exceção do famoso *Stabat Mater*). Termina sua vida em Paris, rico e célebre. Rossini compôs trinta e quatro óperas, das quais as mais famosas são *A Italiana em Alger*, *O Barbeiro de Sevilha*, *Gata Borralheira*, *A Pega-Ladra*, *Moisés no Egito*, *Semiramis*, *Guilherme Tell**. Seu talento melódico o transforma no mestre do *bel canto* italiano, tanto assim que lhe censuram seguidamente ter sacrificado o drama aos prestígios do canto. No entanto, ele próprio foi o primeiro a fixar o detalhe das ornamentações das árias, até então reservadas à invenção dos cantores; também enriqueceu a instrumentação e valorizou os acompanhamentos. Com *O Barbeiro de Sevilha*, ele se afirma como o mestre da *opera buffa*, mas a maior parte de suas obras é *opera seria*. Com seus compatriotas Donizetti e Bellini, Rossini assegura a transição entre classicismo e romantismo.

ORIGEM E ACOLHIDA - *O Barbeiro de Sevilha*, escrita em apenas quinze dias, é a ópera mais representada e a mais popular de Rossini. Por ocasião de sua estréia, porém, desencadeou gozações e vaias do público. Uma cabala** foi montada pelos amigos do velho compositor Paisiello, autor de uma ópera célebre sobre o mesmo tema. Além disso, diversos incidentes se produziram. Almaviva quebrou seu violão ao entrar em cena; o cantor que interpretava Basile caiu num alçapão antes de entrar em cena e teve que cantar a grande ária da calúnia com um tampão no nariz, que sangrava. A hilaridade geral cresceu quando, no final do primeiro ato, um gato fez uma aparição inopinada em cena, vindo roçar-se, ronronando, nas pernas dos cantores... Mas esse fiasco retumbante foi esquecido ao cabo de algumas representações, e a ópera logo conheceu um sucesso triunfal em todos os palcos da Europa.

RESUMO - *(comédia leve repleta de sobressaltos)*
Sevilha, século XVIII.

Ato I: O jovem conde Almaviva (t) canta uma serenata a Rosina, pupila do velho doutor Bartolo, que projeta também desposá-la. Aparece Fígaro (bar), o barbeiro de Bartolo, um alegre folgazão disposto a prestar serviços em troca de um bom salário. Rosina (ms) surge finalmente na sacada e deixa cair um bilhete. Bartolo (b) precipita-se em vão para apanhá-lo. Numa nova serenata, Almaviva declara a Rosina que é apenas um pobre estudante, chamado Lindor. Fígaro lhe sugere que se apresente na casa de Bartolo como um soldado um pouco bêbado, a fim de burlar a desconfiança do velhote e obter um quarto. Enquanto Rosina canta seu amor pelo belo desconhecido, chegam Fígaro e logo Bartolo em seu encalço. Fígaro se esconde. Basile, o mestre de música, revela a Bartolo que Almaviva está na cidade e ama Rosina. Uma única arma, segundo ele: a calúnia. Eles saem a preparar o casamento. Fígaro deixa seu esconderijo e Rosina lhe entrega uma carta para Lindor. Almaviva, disfarçado de soldado, tenta introduzir-se, mas

---

** Maquinação no meio teatral para fazer fracassar ou triunfar uma ópera.

Bartolo recusa-se a hospedá-lo. Fingindo embriaguez, o conde provoca uma confusão, aproveita para passar um bilhete a Rosina e consegue fazer partir a guarda que viera restabelecer a ordem.

Ato II: Almaviva apresenta-se de novo na casa de Bartolo, sob o nome de Don Alonso, alegando que Basile, enfermo, o envia para dar a aula de música em seu lugar. Para ganhar a confiança do velho, entrega-lhe a carta de Rosina e lhe sugere caluniar o conde. Enquanto o jovem se instala com Rosina, Fígaro vem barbear Bartolo para desviar sua atenção. Mas eis que surge Basile. Almaviva compra seu silêncio. Bartolo, porém, percebe que o enganam e expulsa a todos. Depois serve-se da carta para convencer Rosina que seu amado não é senão um emissário de Almaviva. Assim, quando Fígaro e Almaviva surgem junto à sacada, Rosina os repele... antes de cair nos braços do conde, que revela sua identidade. Fígaro consegue fazer que seja assinado o contrato de casamento entre os dois jovens por Basile, para grande prejuízo de Bartolo.

ANÁLISE - *(a obra-prima da ópera bufa italiana)* "Nasci para a ópera bufa", escreveu Rossini. Com *O Barbeiro de Sevilha*, ele faz disso a demonstração incontestável. Essa ópera, que não desdenha nem as pantomimas nem os disfarces próprios da farsa, tem o ritmo endiabrado e a verve da comédia de Beaumarchais. De acordo com a tradição da ópera cômica italiana, Rossini privilegia as peças de conjunto em detrimento das árias isoladas. O sexteto que encerra o primeiro ato, "Fredda ed immobile" (Petrificado e imóvel), após a balbúrdia provocada pela aparição de Almaviva disfarçado de soldado, é um dos mais célebres *finales* do repertório cômico, assim como o quinteto, no final do segundo ato, em que as personagens se desembaraçam com uma polidez irônica do inoportuno Basile: "Buona sera, mio Signore" (Boa-noite, meu senhor). Esses conjuntos, dignos de Mozart, tiveram uma grande influência sobre os compositores do século dezenove. Explorando todas as nuances de uma veia cômica que vai da bufonaria pura a um riso mais sutil, Rossini utiliza de vez em quando os floreios de maneira paródica, na célebre "aula de canto" entre Rosina e Almaviva disfarçado. A ironia da situação é traduzida em música no trio do segundo ato, em que Almaviva, pronto a fugir com Rosina, demora-se em cantar seu amor com um virtuosismo que Fígaro ridiculariza imitando-o.

Essa música ao mesmo tempo popular e elegante surpreende pela riqueza da invenção melódica e a eficácia da orquestra. Rossini faz alternar os procedimentos do *bel canto* e dos modos de canto mais despojados. Assim, Rosina, para exprimir seu amor e sua sede de liberdade, recorre ora a um recitativo muito simples, ora a *coloraturas* virtuosísticas, como em sua cavatina no primeiro ato, que é uma das peças mais desafiadoras para mezzo-soprano: "Una voce poco fa" (Ouvi uma voz). A célebre ária de Fígaro "Largo al factotum della città" (Praça do factótum da cidade) é um modelo de canto brilhante, de acordo com a engenhosidade do barbeiro. Pode-se também citar a maravilhosa serenata de Almaviva "Ecco, ridente in cielo" (Eis, sorridente no céu). Se Rossini enfeita sua ópera com empréstimos e autocitações, como era comum na época, a orquestração, ligeira, mas rica e vigorosa, permanece sempre relacionada ao desenvolvimento dramático. Assim, antes mesmo de suas entradas em cena, a orquestra sugere o descaramento brincalhão de Fígaro, ou os passos trôpegos de Almaviva quando simula a embriaguez. Na famosa ária da calúnia ("la calunnia"), o crescendo da orquestra imita o aumento do boato que o próprio Basile descreve com um entusiasmo crescente.

O universo do *Barbeiro de Sevilha* escapa às convenções da *opera buffa* por seu realismo. É verdade que Basile não passa de um fantoche ridículo, e Bartolo pertence à categoria dos velhos bufões, como mostra seu sermão "A un dottor della mia sorta" (A um doutor como eu), no qual garante a Rosina que é impossível enganá-lo. Mas ao lado dessas caricaturas, estereotipadas porque representam o mundo da velhice, Rossini confere aos jovens heróis uma vida e uma verdade surpreendentes. O audacioso Almaviva encarna a energia infatigável da juventude, e a petulante Rosina, com sua mistura de determinação e fragilidade, aparece como uma jovem muito moderna. Quanto ao barbeiro, personagem popular e inteligente, situada entre o universo burlesco e o universo realista, ele reúne qualidades cômicas e espessura humana, encarnando a alegria de viver própria do compositor. Rossini, com efeito, parece ter-se projetado nesse Fígaro que, por sua malícia discreta, faz triunfar os valores da vida, juventude, liberdade e amor: sua ópera, crepitante de humor e de vida, é uma verdadeira festa para os ouvidos e o espírito.

GRAVAÇÃO RECOMENDADA - EMI 7476348 (mono): Orquestra Filarmônica. Dir. Alceo Galliera. Tito Gobbi (Fígaro), Maria Callas (Rosina), Luigi Alva (Almaviva).

GUILHERME TELL
ÓPERA FRANCESA DO SÉCULO XIX
DE GIOACCHINO ROSSINI (1792-1868)

Ópera em quatro atos
Título original: *Guillaume Tell*
Libreto francês de Etienne de Jouy e Hippolyte Bis (baseado na tragédia de Schiller)
estréia em 1829 em Paris

O COMPOSITOR - (*o mestre da ópera bufa italiana e do bel canto;* ver *O Barbeiro de Sevilha**)

ORIGEM E ACOLHIDA - *Guilherme Tell* é a última ópera de Rossini, e a mais ambiciosa. Apresentada em Paris, num libreto francês, teve uma acolhida discreta. O público não reconheceu o autor popular de *O Barbeiro de Sevilha**. Rossini, profundamente magoado, retirou-se da vida musical, cedendo o lugar a seu rival Meyerbeer. Tinha trinta e sete anos, e já havia escrito trinta e sete óperas...

RESUMO - *(Uma aldeia suíça, em 1307.)*

Ato I: Arnold (t) está dilacerado entre a paixão que sente pela bela Mathilde (sop) e o sentimento de trair sua pátria, pois Mathilde é irmã do opressor austríaco Gessler (b), odiado por todos os suíços. Guilherme Tell (bar), o herói legendário, exorta Arnold a combater o invasor. Surgem os soldados de Gessler, que levam como refém o velho Melcthal (b), pai de Arnold.

Ato II: Arnold e Mathilde cantam seu amor. Guilherme os surpreende e convence Arnold a pegar em armas, anunciando-lhe que Melcthal foi assassinado pelos austríacos.

Ato III: Desesperados, Arnold e Mathilde se separam. Gessler, para afirmar sua dominação, obriga todos os aldeões a curvarem-se ante sua bandeira içada no alto de um mastro. Guilherme desafia-o, recusando. Gessler submete-o então a uma terrível prova: acertar uma flecha numa maçã colocada na cabeça do próprio filho do herói, Jemmy. Guilherme consegue, mas é feito prisioneiro.

Ato IV: Todos os aldeões, chefiados por Arnold, preparam-se para a revolta. Mathilde junta-se à causa deles. Guilherme escapa da prisão e mata Gessler com uma flechada em pleno coração, anunciando assim a libertação da Helvécia.

ANÁLISE - *(um afresco romântico no espírito da Grande Ópera) Guilherme Tell* é uma gigantesca epopéia, a meio-caminho entre o mito e a história, que reconstitui a fundação da Confederação Helvética e termina com um hino ao amor e à liberdade. Rossini, que até então se dedicara exclusivamente à *opera seria* ou à *opera buffa*, lança-se aqui num gênero novo para ele e cuja voga se instala no início do século dezenove: a Grande Ópera à francesa. O espetáculo, grandioso e faustoso como era de se esperar, é atravessado por um sopro romântico. Seu assunto inscreve-se nas preocupações da época: nesse período de crescimento dos nacionalismos, o tema das minorias oprimidas está particularmente em moda. Guilherme Tell, que encarna a vontade de independência do povo suíço, é dotado aqui de uma aura paterna, e, ao invés da figura simples e pura da lenda, aparece como um verdadeiro herói romântico, solitário, orgulhoso, indomável. A ópera coloca em primeiro plano tanto o povo quanto o herói, pois a aventura de Guilherme simboliza a da Suíça. Assim os coros, investidos de uma função épica, desempenham um papel muito importante, sobretudo no primeiro ato (coro dos caçadores, dos camponeses, dos soldados). Nesse vasto poema de guerra e de paz, as cenas violentas ou solenes (a prova da maçã, a cena do juramento) alternam com as festas e as danças inspiradas no folclore suíço. As paixões se enfrentam sobre um fundo alpestre e colorido que nos apresenta uma Suíça de sonho, na qual os pastores, nas montanhas, conduzem seus rebanhos cantarolando melodias tirolesas.

Rossini, considerado o campeão da música ligeira e do *bel canto*, renova aqui seu estilo. Em primeiro lugar, aumenta consideravelmente as dimensões e o papel da orquestra, a fim de obter uma espécie de fusão entre a voz e os instrumentos. A abertura, muito famosa, é uma espécie de minissinfonia que reúne e anuncia os principais motivos da obra, como em *Der Freischütz**, de Weber. Além disso, Rossini dá aos recitativos uma surpreendente intensidade dramática, mas sem renunciar às grandes *arias* clássicas e às proezas vocais. A ópera contém peças magníficas e arriscadas, como a ária de Arnold "Ah, Mathilde", o duo no primeiro ato entre Guilherme e Arnold, a romança de Mathilde no segundo ato ("Sombre forêt", Escura floresta), o trio patriótico de Arnold, Guilherme e Walter ("Quand l'Helvétie", Quando a Helvécia), o grande monólogo de Arnold ("Asile héréditaire", Asilo hereditário) no quarto ato, e o grandioso *finale* do quarto ato. Enfim, Rossini revela-se um notável criador de atmosferas: dando prova de um realismo não habitual, a música descreve a calma da paisagem alpina, os ruídos da floresta, os bramidos ou os relâmpagos da tempestade.

É verdade que *Guilherme Tell* padece por sua extensão (dura cinco horas), mas testemunha o gênio precursor de seu autor: pressentindo o esgotamento das formas tradicionais, Rossini inaugura aqui o gênero da Grande Ópera que mais tarde faria a glória de Meyerbeer (*Roberto o Diabo**). Mesmo sem a graça brilhante do *Barbeiro de Sevilha**, essa ópera ambiciosa merece ser escutada; alguns a consideram mesmo a obra-prima de Rossini. Ouçamos a homenagem que lhe presta um grande regente de orquestra, Riccardo Muti: "Seja na história da ópera ou na da música, *Guilherme Tell* constitui uma catedral."

GRAVAÇÃO RECOMENDADA - PHILIPS 4223912 (em italiano): Orquestra do Scala de Milão. Dir. Riccardo Muti. Giorgio Zancanaro (Guilherme Tell), Cheryl Studer (Mathilde), Chris Merritt (Arnold).

DER FREISCHÜTZ
(*O franco-atirador*)
ÓPERA ALEMÃ DO SÉCULO XIX
DE KARL MARIA VON WEBER (1786-1826)

"Ópera romântica" em três atos
Libreto alemão de Friedrich Kind (baseado no conto do *Livro dos Fantasmas,* de Johann Apel e Friedrich Laun)
estréia em 1821 em Berlim, sob a direção de Weber

O COMPOSITOR - (*o criador da ópera germânica*) Originário de uma família de músicos e de comediantes itinerantes, primo-irmão de Constance Weber, a mulher de Mozart, esse compositor de saúde frágil (era tuberculoso) foi também pintor, escritor, pianista e regente de orquestra. Levou uma vida boêmia antes de se tornar, em 1816, o diretor da Ópera alemã de Dresden. Suas óperas mais conhecidas são *Der*

Freischütz, *Agnès Bernauerin*, *Eurianto*, *Oberon*. Impulsiva e nervosa, deliciosa e inventiva, aliando um discurso orquestral claro e estruturado a uma grande riqueza melódica, a música de Weber é particularmente sedutora. Wagner, que o considerava o mais germânico dos músicos alemães, venerava-o como seu pai espiritual: via nele um profeta e um salvador que, melhor do que Mozart e Beethoven, havia conseguido afastar a ópera italiana da Alemanha. Criador da ópera germânica, Weber é também, com Schubert e Berlioz, um dos fundadores do movimento romântico.

ORIGEM E ACOLHIDA - Numa época em que os temas de ópera eram na maioria das vezes tomados da mitologia greco-latina, Weber decidiu recorrer às fontes vivas do folclore germânico. Friedrich Kind lhe propôs *Der Freischütz*, do *Livro dos Fantasmas*, velha história de feitiçaria, ingênua e popular. Weber logo se interessou, mas, temendo que a censura tachasse a ópera de imoralidade, Kind modificou inteiramente a narrativa, de modo a torná-la mais edificante. E apesar das reservas dos italianizantes, que se opunham à introdução de diálogos falados, a ópera conheceu desde sua estréia um sucesso extraordinário: no dia seguinte, nas ruas, os berlinenses cantarolavam as árias do *Freischütz*. No entanto, ela permaneceu por muito tempo desconhecida na França: primeiro foi feita uma versão francesa, sob o nome de *Robin des Bois* (Robin dos Bosques), depois Berlioz a adaptou, sem grande sucesso.

RESUMO - (*conto fantástico*)

Na Boêmia, pouco depois da guerra dos Trinta Anos (no século XVII).

Ato I: Diante da estalagem de uma aldeia, camponeses festejam a vitória de Kilian (t), que venceu o concurso de tiro. Eles zombam do couteiro Max (t), que perdeu. Apesar de famoso atirador, Max está desencorajado, pois no dia seguinte haverá uma prova decisiva: se fracassar, não poderá desposar sua bem-amada, Agatha (sop), filha do chefe dos habitantes da floresta, Kuno (b). Kaspar (b), um caçador de quem suspeitam ter comércio com o Diabo, propõe-lhe disparar com balas mágicas infalíveis que eles irão forjar à meia-noite no coração da floresta, no Desfiladeiro-dos-Lobos. Max hesita, mas termina por aceitar, enquanto Kaspar regozija-se por oferecer uma alma ao Caçador Negro.

Ato II: Agatha inquieta-se com o desaparecimento de Max: sua prima Ännchen (sop) não consegue distraí-la. Dirigindo-se ao Desfiladeiro-dos-Lobos, Max ouve os uivos sinistros dos espíritos. Kaspar, que espera vender sua alma pela de Max, invoca Samiel (o Diabo) e lhe pede que dirija a última Bala de Max contra a própria Agatha. Max penetra no desfiladeiro e eles forjam sete balas, numa atmosfera aterrorizante.

Ato III: Para treinar, Max e Kaspar disparam seis balas, que atingem seu alvo. Max não sabe que a última pertence ao Diabo. Agatha conta a Ännchen um sonho de mau augúrio. O concurso começa. O príncipe Ottokar designa a Max uma pomba branca. No momento em que Max ajusta seu tiro, Agatha aparece no lugar da pomba; ela cai, mas graças à intervenção de um eremita, que desviou o tiro, percebe-se que na verdade Max matou Kaspar. Samiel leva Kaspar, que morre maldizendo os céus. O príncipe, ao ficar sabendo da origem sobrenatural das balas, quer exilar Max, mas o eremita (b) intercede em seu favor: Max é autorizado a desposar Agatha ao cabo de um ano de provas.

ANÁLISE - *(um singspiel que reflete maravilhosamente o universo do romantismo alemão)* Obra-prima do *singspiel* romântico, *Der Freischütz* representa, para os alemães, o equivalente a *Carmen** para os franceses: uma ópera fetiche em que a Alemanha pode contemplar sua imagem, redescobrir suas raízes e seu gênio. Distante da pompa da Grande Ópera, a música de Weber, cheia de vida e de frescor, restitui o caráter popular do *singspiel*, fazendo alternar diálogos falados e passagens musicais, entremeando o drama com cantos folclóricos, danças camponesas e coros de caçadores. As melodias, simples e comoventes, inscrevem-se na tradição do velho *lied* alemão, e reencontramos a graça de Mozart no duo entre Agatha e Ännchen no segundo ato. A ópera em seu conjunto permanece fiel à divisão em "números", mas Weber renova e diversifica o *singspiel* ao introduzir temas condutores que prefiguram os *leitmotive* wagnerianos (temas de Samiel, de Agatha, de Kaspar). A abertura "em programa", que anuncia o drama reunindo os principais temas à maneira de uma sinfonia, é característica da ópera romântica. A orquestra desempenha um verdadeiro papel dramático, criando ambientações sonoras: assim, as trompas são associadas aos caçadores e ao mistério da floresta, enquanto as vibrações dos instrumentos de cordas e dos instrumentos de sopro (flauta e oboé) traduzem a angústia do herói e a intrusão do sobrenatural.

Essa ópera reflete maravilhosamente o universo do romantismo alemão. Numa época em que escritores como Novalis, Jean-Paul, Brentano, Kleist e Hoffmann se interrogam sobre o vínculo do homem com a Natureza, a figura do Diabo ou a significação do sonho, não é surpreendente descobrir em *Der Freischütz* as grandes obsessões desse movimento literário e filosófico: o tema do duplo (Kaspar-Samiel, Max-Kaspar), o gosto pelo fantástico (o Diabo, a fundição das balas mágicas), o mergulho nas profundezas angustiantes do inconsciente (o "melodrama" impressionante do Desfiladeiro-dos-Lobos), o amor salvador de uma jovem inocente (Agatha lembra a Carlota e a Margarida de Goethe), e por fim e principalmente, a onipresença ambígua de uma Natureza personificada, a floresta escura ao mesmo tempo familiar e assustadora, onde vivem todos os fantasmas.

Wagner adorava *Der Freischütz*, que representava para ele a mais pura expressão da alma germânica, de seu gosto pelo devaneio, de seu amor pela natureza, de sua imaginação dominada pela luta entre o Bem e o Mal: "Ó minha nobre pátria alemã, quanto devo te amar, quanto devo me exaltar em ti, ainda que fosse apenas por ter visto nascer

Der Freischütz em teu solo!" Wagner inspirou-se muito em Weber: assim, o hino de Vênus em *Tannhäuser** assemelha-se à ária de Agatha. Mas o brilho dessa obra irradiou-se bem além de seu país de origem: Weber influenciou Verdi em suas últimas óperas, Berlioz (*A Danação de Fausto*, *Os Troianos**), Gounod (*Mireille*, *Fausto**), e inclusive Bizet (o tema do destino em *Carmen** lembra o tema de Samiel).

GRAVAÇÃO RECOMENDADA - DG 415432-2: Staatskapelle de Dresden. Dir. Carlos Kleiber. Peter Schreier (Max), Gundula Janowitz (Agatha), Edith Mathis (Ännchen), Theo Adam (Kaspar).

ROBERTO O DIABO
ÓPERA FRANCESA DO SÉCULO XIX
DE GIACOMO MEYERBEER (1791-1864)

Grande Ópera em cinco atos
Título original: *Robert le Diable*
Libreto francês de Eugne Scribe e Germain Delavigne
estréia em 1831 em Paris

O COMPOSITOR - *(compositor de sucesso, fundador da Grande Ópera cosmopolita)* Filho de um banqueiro israelita berlinense, italiano por educação, Meyerbeer viveu por muito tempo na França, onde conheceu um sucesso extraordinário. Compôs dezesseis óperas, em alemão, francês e italiano, das quais as mais conhecidas são *Roberto o Diabo*, *A Africana* e *Os Huguenotes*. Campeão do melodrama histórico, Meyerbeer é considerado o fundador da Grande Ópera à francesa (hoje se diria ópera de grande espetáculo). Esse gênero, que apaixonava o público da época por seu luxo e seus trechos coreográficos, foi mais tarde criticado por compositores como Berlioz e Wagner.

ORIGEM E ACOLHIDA - A primeira representação de *Roberto o Diabo*, sua primeira Grande Ópera, fez de

Meyerbeer o ídolo do público parisiense. Após um período alemão e depois italiano, essa ópera inaugura o período francês de Meyerbeer, caracterizado pela síntese dessas diferentes influências. Ela permaneceu célebre, embora quase não seja mais representada nem gravada. Sua importância, com efeito, é mais histórica do que musical.

RESUMO - *(melodrama romântico extravagante)*
Sicília, século XVIII

Ato I: O trovador Raimbaut (t) conta a história de *Roberto o Diabo* (t): ele é o filho de uma mortal (Bertha) e de um demônio. Esse demônio, sob o nome de Bertram (b), acompanha sempre Roberto, que o tem por amigo, para incitá-lo ao mal. Apaixonado por Isabela (sop), Roberto participa de um torneio em que perde sua armadura. A noiva de Raimbaut, Alice, implora que ele se emende e evite Bertram.

Ato II: Isabela dá a Roberto uma nova armadura. Mas, por causa de Bertram, ele enfrenta seu adversário fora das muralhas e perde sua honra de cavaleiro.

Ato III: Bertram e Roberto chegam a uma caverna onde se desenrola uma orgia de demônios. A pedido de Bertram, as freiras que romperam seus votos saem dos túmulos e dançam ao redor de Roberto para incitá-lo aos prazeres. Roberto se apodera do ramo de um cipreste mágico, em cima do túmulo de Santa Rosália.

Ato IV: Roberto quer levar consigo Isabela, mas ela faz com que ele destrua o suspeito ramo de poder.

Ato V: Bertram tenta firmar um pacto com Roberto, mas, graças a Alice e ao testamento de sua mãe, ele não assina. Bertram desaparece, tragado por um abismo, enquanto Roberto e Isabela entram na catedral para celebrar seu casamento.

ANÁLISE - *(uma Grande Ópera com charme rococó)* Reunindo os ingredientes do melodrama (uma intriga inverossímil, personagens simplistas, lances teatrais, uma mistura bastante grosseira de fantástico e de romanesco), essa ópera ilustra bem o que se designava então por Grande Ópera francesa: um grande espetáculo, baseado principalmente na busca de efeitos cênicos, que privilegiava os coros e os balés. Propositalmente macabra, a cena do terceiro ato em que as freiras condenadas ao inferno, saindo de seus túmulos, põem-se a dançar uma bacanal desenfreada (precedida da famosa ária de Bertram: "Freiras que repousais sob essa fria pedra") não pode deixar de impressionar, mesmo se hoje parece mais ridícula do que grandiosa.

Concebida numa época em que a qualidade excepcional dos intérpretes permitia esquecer uma partitura musical e um libreto medíocres, *Roberto o Diabo* contém belíssimas páginas vocais que procedem da mais pura tradição do *bel canto*, como a balada "Outrora reinava na Normandia", a siciliana "Ó fortuna, a teu capricho", a romança "Vai, diz ela, meu filho". As passagens mais célebres e as mais belas são a ária de Isabela no quarto ato ("Tu, Roberto, que eu amo") e o trio final que reúne Alice, Roberto e Bertram.

Meyerbeer, que deliciava o público de sua época, foi tão desacreditado que hoje está fora de moda. Mas pelo menos pode-se encontrar nele um certo charme rococó. Schumann denunciou a facilidade de seus procedimentos, a pobreza de sua inspiração melódica, a vulgaridade de sua instrumentação. No entanto, as óperas de Meyerbeer serviram de modelo a muitos de seus sucessores italianos, alemães ou franceses. Quanto a Wagner, ele qualificou a música de Meyerbeer de "efeitos sem causa", embora reconhecendo dever-lhe muito. De fato, mesmo se sua orquestração pode parecer pesada e pomposa, Meyerbeer teve o mérito de enriquecer a parte instrumental da ópera. Por outro lado, o princípio mesmo da Grande Ópera, fundado na importância da representação cênica, se aproxima das aspirações de Wagner ao teatro total. *Roberto o Diabo*, enfim, exerceu uma influência direta sobre duas óperas francesas: a personagem satânica de Bertram prefigura o Mefistófeles do

Fausto* de Gounod, e a doce Alice anuncia a Micala de Bizet em *Carmen**.

GRAVAÇÃO RECOMENDADA - Nenhuma gravação disponível.

NORMA
ÓPERA ITALIANA DO SÉCULO XIX
DE VINCENZO BELLINI (1801-1835)

"Tragédia lírica" em dois atos
Libreto italiano de Felice Romani (baseado numa tragédia de Soumet, *Norme ou l'infanticide*)
estréia em 1831 em Milão

O COMPOSITOR - *(um gênio melodista, representante do bel canto romântico)* Este compositor de origem siciliana teve uma vida curta mas gloriosa. Após triunfar em seu país, foi chamado por Rossini a Paris, para fazer frente a compositores franceses como Boeldieu (*La Dame Blanche*), Halévy (*La Juive*) ou Auber (*Fra Diavolo*). Bellini é um gênio melódico. Suas melodias longas, fluentes e expressivas estão entre as mais belas de todo o repertório lírico. Ele encarna o *bel canto* romântico, ideal musical do século dezenove, no qual se busca conciliar beleza do canto e expressividade dramática. Muito menos produtivo, porém mais perfeccionista que seu contemporâneo e compatriota
 Donizetti, Bellini compôs onze óperas, sendo as mais conhecidas *Norma*, *A Sonâmbula*, *Os Puritanos*.

ORIGEM E ACOLHIDA - A peça de Soumet inspira-se na tragédia grega *Medéia*. Bellini, para escrever *Norma*, inspirou-se provavelmente em sua amante, Giudetta Turina, mulher ciumenta e possessiva. A estréia foi um fiasco, por causa de uma cabala, mas ao cabo de algumas representações da ópera, com Giuditta Pasta no papel-título, foi acolhida com entusiasmo.

RESUMO - *tragédia romântica*
Gália, por volta do ano 50 a.C.

Ato I: Ao pé de um carvalho, numa floresta sagrada, o grande sacerdote Orovese (b) reza com os gauleses: ele pede aos deuses para livrá-los dos romanos. Polião (t), procônsul romano, confia a seu amigo Flavius que não mais ama Norma (sop), grande sacerdotisa e filha de Orovese, com a qual teve dois filhos, mas que está apaixonado por Adalgisa (sop), uma outra sacerdotisa. Norma aparece. Ela profetiza a derrocada de Roma, mas, para proteger Polião, diz que os deuses se opõem a um ataque dos gauleses. Adalgisa, que Polião pressiona a partir com ele, confessa a Norma que quebrou seu juramento ao ceder ao amor de Polião. Diante do desespero de Norma, Adalgisa renuncia a seu amante. Mas Norma, impotente para reacender o amor do romano, clama por vingança.

Ato II: Norma hesita em matar seus filhos. Ela os confia a Adalgisa e lhe pede que os eduque quando tiver desposado Polião. Longe de ser convencido por Adalgisa, que lhe pede para reatar com Norma, Polião decide raptar Adalgisa. Nesse meio tempo, Norma exorta os gauleses à guerra. Polião é capturado. Norma lhe promete a liberdade se voltar para junto dela, mas ele recusa. Então ela anuncia que uma sacerdotisa quebrou seu juramento e deve morrer. Para a surpresa geral, acusa a si mesma. Polião lhe pede perdão, e ambos sobem à fogueira, reconciliados no limiar da morte.

ANÁLISE - *(o apogeu do bel canto romântico)* Essa ópera, uma das mais belas do repertório italiano, está ligada ao mesmo tempo ao neoclassicismo e ao romantismo. Situa-se na Antigüidade galo-romana, mas põe em cena seres de carne e osso, não figuras mitológicas. O conflito histórico de romanos e gauleses serve de fundo ao conflito romântico do indivíduo e da sociedade: a sensibilidade sublime e terrível de Norma manifesta-se num mundo severo e bárbaro. Norma representa uma espécie de arquétipo das heroínas da tragédia romântica: dilacerada entre seu dever espiritual e patriótico de vestal gaulesa e sua paixão por um romano, hesitando entre o furor mortífero e o amor materno, entre o desejo de vingança e o sacrifício, só encontra apaziguamento na morte. Um clima solene preside ao drama desde a abertura, que evoca o universo guerreiro dos romanos e o universo místico dos gauleses. Mas a atmosfera estranha e noturna que envolve os acessos de melancolia ou de raiva de Norma é tipicamente romântica: a floresta onde se realizam rituais mágicos, o luar, a natureza temida e adorada, lembram o romance de Chateaubriand, *Atala,* e a ópera de Weber, *Der Freischütz**.

Para Bellini, "o drama musical deve fazer chorar, causar arrepios de horror". A prodigiosa inspiração melódica do compositor acompanha-se, com efeito, de um agudo senso dramático. De acordo com o espírito romântico, a beleza do canto jamais se separa da expressão: o *bel canto* está constantemente a serviço da tragédia. A poesia elegíaca do canto belliniano culmina na longa cavatina de Norma no primeiro ato, introduzida por uma vaporosa flauta. Essa página, uma das mais vigorosas e comoventes do repertório de soprano, começa por uma prece à lua ("Casta diva", casta deusa), mas se transforma insensivelmente numa súplica ao amante perdido ("Ah! riedi ancora qual eri allora", Ah! és ainda aquele que foste então). Os vocalises a que a voz se entrega não visam apenas a fazer brilhar a intérprete: eles reforçam a expressão dramática, traduzindo os vôos do devaneio, o movimento interior de uma personagem incapaz de arrancar-se a seus tormentos. As melodias ornadas reservam-se a momentos de contemplação ou de efusão. Mas Bellini sabe também compor cenas nervosas, utilizando uma declamação muito melódica, um recitativo *arioso*. Pode-se citar o duo entre as rivais no primeiro ato, o trio entre Adalgisa, Polião e Norma, e, no final, o trio entre Norma, Polião e Orovese. Os coros dos druidas são muito impressionantes, em particular o apelo à guerra do segundo ato: "Guerra, guerra!"

Freqüentemente deplorou-se, em Bellini, a pobreza da orquestração. Na realidade, a orquestra está subordinada à voz. Certas inovações prefiguram os procedimentos empregados por Wagner cinqüenta anos mais tarde, e chegou-se a comparar Norma a Isolda. Aliás, o autor de *Tristão** confessava: "Admiro em *Norma* a inspiração melódica, unida com a mais profunda realidade à paixão mais íntima: uma grande partitura que fala ao coração, o trabalho de um gênio."

GRAVAÇÃO RECOMENDADA - **EMI 7473048** (mono): Coro e Orquestra do Scala de Milão. Dir. Tullio Serafin. Maria Callas (Norma), Ebe Stignani (Adalgisa), Mario Filippeschi (Polião), Nicola Rossi-Lemeni (Orovese).

LÚCIA DE LAMMERMOOR
ÓPERA ITALIANA DO SÉCULO XIX
DE GAETANO DONIZETTI (1797-1848)

Ópera seria em três atos
Título original: *Lucia di Lammermoor*
Libreto italiano de Salvatore Cammarano (baseado no romance inglês de Walter Scott, *A Noiva de Lammermoor*)
estréia em 1835 em Nápoles

O COMPOSITOR - *(um dos grandes representantes do bel canto romântico)* Amado pelo público italiano, Donizetti foi um compositor fecundo mas desigual. Com efeito, dotado de uma inesgotável inspiração melódica, ele negligenciava a orquestra em proveito do canto. Além de uma considerável produção de música religiosa e sinfônica, escreveu setenta e seis óperas, sendo as mais conhecidas *Ana Bolena*, *O Elixir do Amor*, *Lúcia de Lammermoor*, *A Favorita*, *A Filha do Regimento*, *Dom Pasquale*. Com Rossini e Bellini (*Nor-*

ma*), Donizetti é um dos grandes representantes do *bel canto* romântico, que busca realizar a síntese entre canto ornamentado e caracterização dramática: ele prepara o caminho para o maior compositor italiano, Verdi.

ORIGEM E ACOLHIDA - É curioso saber que, assim como Lúcia, a heroína dessa ópera, Donizetti, no final da vida, sofreu perturbações mentais e foi internado num hospital psiquiátrico. Freqüentemente considerada como sua obra-prima, *Lúcia de Lammermoor* é também a mais popular das óperas de Donizetti.

RESUMO - *(tragédia de amor)*

Escócia, castelo de Ravenswood, por volta de 1700.

Ato I: Henry (Enrico) Ashton (bar), senhor de Ravenswood, fica furioso ao saber que sua irmã Lúcia (sop), que ele destina, por razões políticas, a Lord Arthur (Arturo) Bucklaw (t), está apaixonada por Edgar (Edgardo) Ravenswood (t), herdeiro legítimo de Ravenswood. Lúcia e sua confidente Alisa evocam uma jovem morta por um amante ciumento. Edgardo anuncia a Lúcia que deve partir para a França. Eles trocam anéis, como prova de fidelidade.

Ato II: Enrico mostra a Lúcia uma carta que dá a entender que Edgardo ama uma outra, e pede a ela que case com Arturo. O casamento é preparado. No momento em que Lúcia, abatida, assina o contrato de casamento, Edgardo, furioso, aparece. Lúcia desmaia. Edgardo e Arturo ameaçam Enrico com suas espadas. Edgardo devolve seu anel a Lúcia, maldizendo-a.

Ato III: Enquanto a festa continua, Raimondo, o capelão, comunica que encontrou Arturo assassinado. Lúcia, num acesso de loucura, o matou. Ela surge, desvairada, evocando Edgardo num delírio alucinado. Ao saber que Lúcia morreu após ter perdido a razão, Edgardo se apunhala.

ANÁLISE - *(uma* ópera *romântica) Lúcia de Lammermoor* é uma sombria tragédia, na grande tradição da *opera seria* italiana, que se apóia no brilho dos intérpretes, em detrimento dos coros, da orquestra e da verossimilhança da intriga. O público da época queria "belo canto" antes de tudo, e o papel de Lúcia foi primeiramente interpretado por Adelina Patti, uma das mais célebres e mais caprichosas divas do século dezenove.

No entanto, em vez de utilizar o drama passional de Walter Scott como simples pretexto a exibições vocais, Donizetti realiza uma espécie de síntese entre o canto ornado e a expressividade dramática, de modo que essa ópera, tanto quanto *Norma**, de Bellini, pode ser considerada como o arquétipo do *bel canto* romântico. As melodias, soberbas de intensidade, permanecem a serviço da ação. Pode-se citar, entre as passagens mais famosas, a *aria* de Lúcia no primeiro ato "Quanto rapita" (Que maravilha), o duo de amor entre Edgardo e Lúcia, "Verranno a te su'aure" (Meus suspiros serão levados pela brisa perfumada), a última e lúgubre *aria* de Edgardo ("Tu che a Dio spiegasti l'ali", Tu que voaste para Deus...). A ópera deve sua celebridade à grande cena do terceiro ato em que Lúcia, que acaba de matar seu marido num acesso de loucura, exprime seu desespero. Destinada a uma soprano virtuose (*soprano coloratura*), essa cena, que foi freqüentemente imitada, constitui um verdadeiro desafio para o intérprete. Entretanto, a "ária da loucura", cantada em duo com a flauta, e que recorda o tema do duo de amor do primeiro ato, integra-se à ação em vez de suspendê-la.

Se a riqueza, a beleza e a força dramática das melodias são dignas de Bellini, os conjuntos, por sua construção e seu poder de caracterização, fazem pensar em Mozart, Rossini ou Verdi. O grande sexteto do segundo ato, com a chegada inesperada de Edgardo no momento em que Lúcia, confusa, acaba de assinar o contrato de casamento, é tão célebre quanto o quarteto de *Rigoletto**. Enfim, Donizetti consegue recriar a atmosfera misteriosa do romance inglês, com os coros de caçadores, no primeiro ato, ou a tempestade, no segundo, à maneira de Weber em *Der Freischütz**.

Gravação Recomendada - EMI 7474408: Coro e Orquestra Filarmônica. Dir. Tullio Serafin. Maria Callas (Lúcia), Francesco Tagliavini (Edgardo), Piero Capucilli (Enrico).

UMA VIDA PELO CZAR
ÓPERA RUSSA DO SÉCULO XIX
DE MIKHAIL IVANOVITCH GLINKA (1804-1857)

"Ópera nacional heróico-épica" em quatro atos e um epílogo
Título original: *Ivan Sussanin*
Libreto de Georgy Fedorovitch Rozen
estréia em 1836 em São Petersburgo

O COMPOSITOR - (o fundador da escola nacional russa) Formado na escola ocidental, Glinka viajou muito pela Europa, onde conheceu Donizetti (*Lúcia de Lammermoor**), Bellini (*Norma**) e Berlioz (*Os Troianos**). Mas, tendo sido marcado em sua infância pelos cantos e as danças dos camponeses russos, quis arrancar a Rússia da influência italiana e promover uma estética especificamente russa, utilizando o folclore de seu país. Sua obra, essencialmente instrumental, compreende duas óperas célebres: uma tragédia épica, *Uma Vida pelo Czar*, e um conto feérico, *Russlan e Ludmilla*. Glinka é considerado o fundador da música russa.

ORIGEM E ACOLHIDA - Na origem, essa ópera intitulava-se *Ivan Sussanin*, em referência ao herói. Mas, como Glinka a dedicou ao czar Nicolau I, o título passou a ser *Uma Vida pelo Czar*. Apesar de ter sido qualificada em sua estréia de "música para cocheiros" pelos aristocratas de São Petersburgo, ela obteve um grande sucesso. Desde então tornou-se uma espécie de instituição na Rússia. Continuou sendo representada nos palcos soviéticos, com algumas modificações... O libreto inicial foi refeito por Godoretski: o czar desapareceu da obra, em proveito de Minin, um líder do exército popular russo, e a ópera foi rebatizada *Ivan Sussanin*.

RESUMO - *(tragédia épica)*
Rússia, início do século XVII (1613).

Ato I: Na aldeia de Domnino, os mujiques chegam cantando um coro patriótico: eles esperam que a subida ao poder de um novo czar livre o país dos poloneses, cujas invasões sofrem há seis anos. Antonida (sop), filha do camponês Sussanin (b), alegra-se por rever seu noivo, Bogdan Sobinin (t), que fora combater os inimigos. O jovem retorna otimista, anunciando que um exército popular se formou. Mas Sussanin quer esperar a derrota completa dos poloneses para celebrar as bodas de sua filha. Um coro anuncia que o czar Mikhail Feodorovitch Romanov foi coroado. Sussanin consente então no casamento.

Ato II: No palácio do rei da Polônia tem lugar um baile. Um mensageiro revela que o povo russo se subleva, mas os poloneses continuam confiantes.

Ato III: Sussanin anuncia a Vania, seu filho adotivo, que o exército russo encontra-se perto da aldeia. Vania declara que quer servir o czar. Enquanto se preparam as bodas de Antonida e Sobinin, poloneses invadem a Casa de Sussanin. Ordenam-lhe que os conduza até o czar. Sussanin finge aceitar, mas decide fazê-los se perderem numa floresta impenetrável e gelada. Secretamente avisa Vania. Sobinin e os camponeses partem em sua busca.

Ato IV: Vania penetra no mosteiro onde se encontra o czar e o adverte do complô. Na floresta, os poloneses, esgotados e furiosos, se deitam. Sussanin evoca seus filhos com nostalgia e prepara-se para morrer. Na manhã seguinte, ele revela seu embuste aos poloneses, que o matam. Sobinin e seu exército chegam e massacram os poloneses.

Epílogo: Em Moscou, diante do Kremlin, o povo celebra o coroamento do czar, a libertação da Rússia e o heroísmo patriótico de Ivan Sussanin.

ANÁLISE - *(a primeira ópera russa autêntica)* Ópera nacional russa, *Uma Vida pelo Czar* revela-se em primeiro lugar uma curiosa mistura de estilos, dominada pela influência européia. A estrutura geral respeita a clássica divisão em "números". A abertura, ampla e vigorosa, lembra as sinfonias de Beethoven. O balé do segundo ato, e sobretudo as cenas corais (coro dos camponeses, coro dos poloneses, coro das jovens russas), são dignos da Grande Ópera à francesa. Os cantos, muito melódicos, pertencem à tradição italiana do *bel canto*. A cavatina de Antonida, cantando o retorno de seu bem-amado no primeiro ato, ou o belo quarteto do terceiro ato, que reúne Antonida, Vania, Sobinin e Sussanin, evocam as óperas de Donizetti (*Lúcia de Lammermoor**).

No entanto, Glinka cria uma atmosfera tipicamente russa, incorporando à música vazada nos moldes europeus elementos tirados do folclore de seu país de origem. Os coros, em particular, impregnados de temas folclóricos especificamente russos ou poloneses, inscrevem-se na tradição polifônica russa. As melodias utilizam ou imitam andamentos tomados dos cantos populares eslavos, e a balalaika dá à obra sua sonoridade característica.

Antes de *Uma Vida pelo Czar*, as óperas russas consistiam em divertimentos de importação italiana, brilhantes e superficiais. Glinka distingue-se de seus predecessores pela utilização do folclore russo, mas também pela gravidade do tom e a força dramática. Nessa epopéia nacional que exalta o heroísmo patriótico, Glinka faz ouvir a alma russa. Às vastas cenas de multidão nas quais os coros traduzem a comunhão do povo, opõem-se monólogos em que as personagens exprimem uma emoção individual incomunicável: esperança de uma jovem apaixonada, melancolia de um órfão, nobre dilaceramento do camponês que se prepara para dar a vida pela libertação de seu país. A tragédia individual destaca-se sobre um fundo de afresco épico. *Uma Vida pelo Czar*, que exerceu grande influência sobre os compositores russos do século dezenove, anuncia a obra-prima de Mussorgsky, *Boris Godunov**.

GRAVAÇÃO RECOMENDADA - EMI 7696982 (mono): Coros da Ópera de Belgrado. Orquestra da Associação dos

Concertos Lamoureux. Dir. Igor Markevitch. Boris Christoff (Ivan Sussanin), Teresa Stich-Randall (Antonida), Nicola Gedda (Sobinin), Mela Bugarinovitch (Vania).

O NAVIO FANTASMA
(*O holandês errante*)
ÓPERA ALEMÃ DO SÉCULO XIX
DE RICHARD **WAGNER (1813-1883)**

"Ópera romântica" em três atos
Título original: *Die fliegende Holländer*
Libreto alemão de Richard Wagner (baseado numa balada do poeta Heinrich Heine, *As memórias de Schnabelewobski*)
estréia em Dresden em 1843

O COMPOSITOR - *(um revolucionário romântico em busca do absoluto)* Richard Wagner cresceu em meio a gente do teatro. Sua primeira mulher, Minna Planer, era atriz. Ele casou em segundas núpcias com a filha de Franz Liszt, Cosima. Esse revolucionário romântico inscreve-se na linhagem de Beethoven e Weber. Suas principais óperas são *O Navio Fantasma*, *Tannhäuser**, *Lohengrin**, *Tristão e Isolda**, *Os Mestres Cantores**, *O Anel do Nibelungo**, *Parsifal**. Para Wagner, a música deve antes de tudo servir o drama e desenvolver-se horizontalmente, de maneira livre e contínua, apoiando-se em *leitmotive* que constituem uma espécie de trama vertical. Subvertendo os dados da ópera clássica, ele confere uma importância capital à orquestra, e chega a uma concepção quase sinfônica da ópera: o canto, integrado e não mais simplesmente inserido na orquestra, torna-se aquela "melodia infinita" que corre num fluxo contínuo ao ritmo da ação. Wagner, que se pretende o profeta do "teatro do futuro", tem uma concepção quase mítica da ópera. Hostil ao antigo teatro à italiana, lugar de encontro e divertimento, destinado a um público mundano, quis que suas óperas fossem representadas numa espécie de templo. Graças ao apoio de Luís II da Baviera, que o idolatrava, pôde fundar esse "teatro ideal" com que sonhava. Construiu-se em Bayreuth um teatro excepcional (ver *O Anel do Nibelungo**), onde, ainda hoje, os fiéis vão todo ano como em peregrinação para escutar a missa wagneriana. Esse compositor que se queria um artista total, ao mesmo tempo músico, poeta, encenador e filósofo, foi sempre seu próprio libretista. Povoado de heróis e de deuses, seu universo, mítico e germânico, é dominado pelos temas medievais da maldição, do pecado e da redenção, do amor e da morte. Para esse perseguidor do absoluto, o amor, a arte e a religião são conversíveis.

ORIGEM E ACOLHIDA - Após *Rienzi*, espécie de Grande Ópera na qual se percebe a influência de Meyerbeer (*Roberto o Diabo**), Wagner retorna, com *O Navio Fantasma*, à tradição da ópera alemã. Uma parte de sua inspiração vem de uma viagem por mar agitado que fez no verão de 1839, de Riga a Londres, com sua mulher Minna. Essa obra, que foi um fracasso em sua estréia e jamais conheceu o sucesso de *Tannhäuser** ou de *O Anel do Nibelungo**, é no entanto a primeira das dez grandes óperas wagnerianas.

RESUMO - *(história legendária e mística: a redenção pelo amor! Passa-se na Noruega, século XVIII.)*

Ato I: O barco do mercador norueguês Daland (b) refugiou-se junto à costa por causa de uma tempestade. No meio dela, surge um navio com mastros negros e velas vermelhas: *O Navio Fantasma*. Seu capitão, um rico holandês (bar), está condenado a vagar eternamente nos mares enquanto não tiver encontrado uma mulher capaz de ser-lhe fiel até a morte. A cada sete anos, ele vem à terra procurá-la. O dia chegou: ele pede em casamento Senta, a filha de Daland.

Ato II: Senta (sop) contempla, fascinada, o retrato do holandês legendário. Põe-se a cantar a balada do holandês errante, esperando ser a mulher que salvará esse condenado. Seu noivo Erik (t), desesperado, lhe diz que a viu, em sonho, partir com o holandês. Daland apresenta-o a Senta: eles se fazem promessas um ao outro.

Ato III: É noite. No barco de Daland ressoam cantos de festa. Mas a tripulação do *Navio Fantasma* canta um coro sinistro, e uma tempestade sobrenatural se desencadeia. O holandês, vendo Senta com Erik, julga-a infiel. Diz-lhe adeus e embarca em seu navio. Senta precipita-se então nas ondas, jurando-lhe fidelidade "até na morte". O navio fantasma desaparece no oceano, enquanto se elevam, acima do horizonte, Senta e o holandês transfigurados.

ANÁLISE - *(um poema do amor e do mar em que se afirma o romantismo wagneriano)* Com *O Navio Fantasma* começa a revolução wagneriana. É verdade que a ópera ainda se ordena numa sucessão de árias, duos, conjuntos e coros, ligados por recitativos, segundo a convenção da divisão em "números"; o canto ainda testemunha a influência italiana, como a cavatina de Erik no terceiro ato, e é possível isolar a canção do Piloto e a poderosa *aria* do holandês no primeiro ato, ou a balada de Senta, no segundo. Mas um sopro novo anima essa epopéia marinha e metafísica, na qual os sonhos se corporificam, na qual o desencadeamento das ondas evoca as tempestades da alma, na qual o vento e o mar berram o apelo do amor e da morte. Wagner abandona a história em favor do mito e lança os fundamentos do "drama lírico", instaurando um equilíbrio novo entre a música e o texto, entre o canto e a orquestra. A poesia torna-se música, a música, poesia: "É com *O Navio Fantasma* que começa minha carreira de poeta, abandonando a de fabricante de textos de óperas."

Wagner coloca-se deliberadamente na esteira do criador da ópera romântica alemã, Weber. *O Navio Fantasma* possui aquela "unidade de tom fundamental" pregada pelo autor do *Freischütz**. A estrutura musical organiza-se em torno de um ponto central, a extraordinária balada de Senta no segundo ato. A abertura, como em *Der Freischütz** , resume os grandes temas da ópera, em torno dos dois grandes eixos da maldição e da redenção: o motivo furioso e turbilhonante da tempestade, sobre o qual vem pairar o motivo sombrio do holandês, e depois o motivo apaziguante e terno de Senta. Antes do drama começar, o espectador já sente que tormentos e que desejos secretos habitam as personagens. Toda a ópera é percorrida por esses famosos *leitmotive* anunciados por Weber. A orquestra, enérgica e colorida, não serve mais apenas para acompanhar o canto, mas, segundo o compositor, para "restituir os abismos mais profundos da natureza humana". Wagner decide romper com as tipologias vocais, a fim de melhor integrar o canto à orquestra: as vozes são tratadas como instrumentos, e os intérpretes, sobretudo Senta, devem ter um registro muito amplo. Por outro lado, para tratar essa lenda de origem nórdica, Wagner mergulha nas raízes alemãs, como Weber, utilizando ritmos e melodias populares: canção do Piloto no primeiro ato, coro das fiandeiras, no segundo, coro dos marinheiros, no terceiro. Enfim, o lugar ocupado pela natureza e o fantástico lembram Weber. O rumor plangente do mar na noite e a aparição sinistra dos marinheiros do navio fantasma no terceiro ato rivalizam com a floresta assombrada do *Freischütz**, antro do Diabo e lugar de magia negra.

Mas, enquanto no *Freischütz** o episódio do Desfiladeiro-dos-Lobos pertence a um fantástico ainda marcado de pitoresco, os turbilhões do *Navio Fantasma* prefiguram abismos metafísicos. A verdadeira ação é interior, e as personagens são símbolos. Esse encontro do amor e do mar põe a descoberto as angústias humanas mais profundas e as mais altas aspirações: o sentimento de maldição e a busca de salvação, a vontade de transcender o real pelo sonho e a morte pelo êxtase. No interior do mundo materialista de Daland e dos marinheiros, a figura angélica de Senta simboliza o poder da imaginação e a redenção pelo amor. A personagem do holandês errante lembra a lenda de Ulisses e a do judeu errante: encarna a nostalgia do repouso após a viagem, a dualidade entre o desejo de uma vida normal, humana, e o combate contra os limites da existência. Super-homem submetido à errância e à solidão, revoltado e vítima, o holandês simboliza, como todos os grandes heróis wagnerianos, o artista em busca do absoluto.

Wagner lança-se aqui numa aventura ao mesmo tempo musical e espiritual que só terminará com *Parsifal**. Se a ação é menos variada e menos impressionante que em *Lohengrin** e *Tannhäuser**, *O Navio Fantasma* vai mais longe no plano musical, anunciando as obras-primas da maturidade, *Tristão e Isolda**, *O Anel do Nibelungo** e *Os Mestres Cantores**.

GRAVAÇÃO RECOMENDADA - EMI 7633442: Orquestra Filarmônica. Dir. Otto Klemperer. Theo Adam (O holandês), Anja Silja (Senta), Martti Talvela (Daland).

TANNHÄUSER
ÓPERA ALEMÃ DO SÉCULO XIX
DE RICHARD WAGNER (1813-1883)

Ópera em três atos
Título original: *Tannhäuser und der Sänger Krief auf dem Wartburg* (Tannhäuser ou o concurso de canto no castelo de Wartburg)
Libreto alemão de Richard Wagner (baseado num poema medieval, *A balada de Danheuser*)
estréia em 1845 em Dresden

O COMPOSITOR - (*um revolucionário romântico em busca do absoluto;* ver *O Navio Fantasma**)

ORIGEM E ACOLHIDA - Composta num momento de dificuldades, esta ópera foi várias vezes modificada por Wagner. Ela não foi reconhecida de imediato, e provocou na França reações muito fortes. Os membros do Jockey Club, aristocratas que sustentavam as dançarinas do corpo de baile da Academia de música, montaram uma cabala que provocou o insucesso da ópera em Paris, em 1861. O poeta Charles Baudelaire foi um dos únicos a manifestar seu entusiasmo. Foi preciso um certo tempo para que *Tannhäuser* se tornasse uma das obras mais populares de Wagner. Sua abertura, como a do *Navio Fantasma**, é freqüentemente executada em concertos.

RESUMO - *(lenda mística)*

Castelo de Wartburg na Turíngia, no começo do século XVIII.

Ato I: No monte Venusberg, o poeta Tannhäuser (t), nos braços de Vênus (ms), cercado por ninfas e sereias, canta os prazeres sensuais. Mas ele deseja reencontrar o mundo dos homens. Pronuncia então o nome da Virgem Maria: o Venusberg desaparece, e Tannhäuser se vê no fundo do vale de Wartburg, perto de um guardador de rebanhos que canta a primavera. Passam peregrinos, a caminho de Roma. Tannhäuser reza com eles. Chegam o conde Hermann (b) e seus cavaleiros-poetas. Tannhäuser quer juntar-se aos peregrinos, mas seu amigo Wolfram (bar) o convida a seguir os cavaleiros até o castelo.

Ato II: No castelo de Wartburg, a sobrinha do conde, Elisabeth (sop), recebe Tannhäuser com emoção. No salão do castelo prepara-se um grande concurso de canto cujo tema é a definição do amor. Wolfram celebra o amor puro; Tannhäuser canta com paixão a volúpia carnal, que ele se gaba de ter conhecido no monte Venusberg. Os cavaleiros se enfurecem contra esse pagão e sacam de suas espadas, mas Elisabeth se interpõe. O conde exorta Tannhäuser a juntar-se aos peregrinos para ir a Roma implorar seu perdão.

Ato III: Os peregrinos voltam de Roma, mas sem Tannhäuser, para grande desespero de Elisabeth. O poeta, esgotado, finalmente aparece. Conta a Wolfram que não pôde obter o perdão do papa, e invoca Vênus. No momento em que se lança ao encontro dela, Wolfram lembra-lhe Elisabeth: Tannhäuser desvia seu olhar e Vênus desaparece. Nesse momento passa um cortejo fúnebre: Elisabeth morreu de tristeza. Tannhäuser, arrasado, expira junto dela. Nasce o dia; peregrinos chegam de Roma trazendo um bastão cuja madeira morta voltou milagrosamente a florir: Deus perdoou Tannhäuser.

ANÁLISE - *(uma música carregada de sensualidade e de misticismo que celebra o artista-mártir)* Tannhäuser é uma ópera magnífica e apaixonante, mesmo se parece menos audaciosa no plano musical que *O Navio Fantasma**. Wagner retoma aqui algumas fórmulas da Grande Ópera: a ação é rica mas bastante estática, a ópera divide-se em cenas, as partes corais desempenham um papel preponderante, e os trechos grandiosos (como a célebre marcha no segundo ato, cuja prolixidade um tanto rígida reproduz a pompa feudal) alternam com efusões líricas à italiana (como a melopéia do pastor no primeiro ato, ou, no terceiro, a comovente prece de Elisabeth e a melancólica "Romança à estrela" de Wolfram).

Todavia, o estilo de Wagner continua a se afirmar, poderoso e pessoal. Se o procedimento do *leitmotiv* já se esboça no *Navio Fantasma**, é a primeira vez que Wagner reivindica o emprego desses "temas característicos" cuja função não é agradar os sentidos por sua sedução melódica, mas traduzir o "pensamento dramático". Assim, a célebre abertura de *Tannhäuser* anuncia a idéia principal do drama, a oposição entre a carne e o espírito, o culto pagão e a fé cristã, o profano e o sagrado: ao coro dos peregrinos, majestoso, lento e sereno, sucede o voluptuoso motivo do monte Venusberg, ofegante e apaixonado. Os dois temas retornam ao longo de toda a ópera, tecendo em torno das diversas peripécias uma trama cerrada: o motivo sensual explode no canto de Tannhäuser no segundo ato, enquanto o motivo místico se eleva vitoriosamente no final da ópera. Por outro lado, mesmo se é possível ainda isolar certas peças, Wagner leva adiante a revolução iniciada em *O Navio Fantasma** ao estabelecer uma continuidade entre o recitativo, a *aria* e o *arioso*; e, se a tipologia vocal tradicional é ainda respeitada, o papel-título exige imensas capacidades vocais e dramáticas: é um dos mais difíceis que existem para tenor.

Enfim, a pintura histórica não deve mascarar a verdadeira dimensão da ópera, que é, como em todas as grandes óperas de Wagner, mítica e simbólica. O poeta Charles Baudelaire sublinhava a busca da interioridade, tão inusitada na ópera: "Essa música exprime com a voz mais suave ou a mais estridente o que há de mais oculto no coração do homem." *Tannhäuser*, herói solitário e rebelde, dividido entre o desejo de elevação espiritual e os prazeres sensuais, entre sua exuberância de artista e o rigor de seu amor por Elisabeth, é uma figura mais acabada e mais complexa que a do holandês errante. Do mesmo modo, Elisabeth, "mediadora do Céu", encarna o mito da redenção pelo amor, mas a rivalidade com Vênus torna essa personagem de virgem exaltada menos ingênua, mais humana que a de Senta. Enquanto *O Navio Fantasma** apresenta o conflito entre o ser superior e a sociedade em geral, *Tannhäuser* encarna o artista genial exposto à hostilidade de seus pares: os trovadores representam a arte oficial – arte estéril, estereotipada na convenção e submetida a uma moral farisaica. A aventura desse poeta maldito e salvo ilustra as relações complexas entre a arte e a moral, através de uma espécie de itinerário espiritual e artístico, que leva o herói da exaltação à provocação, do desespero à renúncia, da perdição à salvação. Do hino extravagante e luxuriante do começo, no qual *Tannhäuser* glorifica as delícias carnais, chega-se ao recitativo sublime do final, em que ele relata a Wolfram suas tribulações em Roma. Essa personagem de artista-mártir prefigura ao mesmo tempo *Os Mestres Cantores** e *Parsifal**.

GRAVAÇÃO RECOMENDADA - Philips 420122-2: Orquestra do Festival de Bayreuth, 1962. Dir. Wolfgang Sawallisch. Wolfgang Windgassen (Tannhäuser), Anja Silja (Elisabeth), Grace Bumbry (Vênus), Eberhard Wächter (Wolfram).

LOHENGRIN
ÓPERA ALEMÃ DO SÉCULO XIX
DE RICHARD WAGNER (1813-1883)

Ópera em três atos
Libreto alemão de Richard Wagner (baseado numa lenda da Idade Média)
estréia em 1850 em Weimar

O COMPOSITOR - *(um revolucionário romântico em busca do absoluto;* ver *O Navio Fantasma*)*

ORIGEM E ACOLHIDA - Franz Liszt foi quem dirigiu as primeiras representações de *Lohengrin*. Criticada a princípio como uma obra "muito barulhenta e sem gosto", essa ópera haveria de conhecer posteriormente um grande sucesso. Em Paris, ela desencadeou uma manifestação anti-alemã.

RESUMO - *(conto legendário e místico)*
Século X, no Brabante (Bélgica).
Ato I: Elsa de Brabante (sop), filha do falecido duque de Brabante, é acusada por Frederico de Telramund (bar), conde de Brabante, de ter matado seu irmão Gottfried de Brabante, para suceder a seu pai. Instigado por sua mulher Ortrud, Frederico reivindica o trono. Pressionada a explicar-se, Elsa contenta-se em evocar um cavaleiro que ela viu em sonho e que o Céu lhe enviará para defendê-la. Frederico lança o desafio, provocando o cavaleiro imaginário a um duelo. O milagre acontece: o cavaleiro (t), resplandecente em sua armadura de prata, aparece numa canoa puxada por um cisne. Ele veio bater-se por Elsa. Em troca, ela deverá ser sua mulher e jamais questioná-lo sobre sua origem. O cavaleiro derrota facilmente Frederico e poupa-lhe a vida.

Ato II: Frederico acusa Ortrud de sede pelo poder e de ser a causa de sua desonra. Mas Ortrud trama sua vingança. Valendo-se da magia negra, convencerá Elsa a colocar a questão proibida ao cavaleiro: quem ele é? Ortrud encontra

Elsa, que se prepara para o casamento. Após implorar seu perdão por Frederico e ela mesma, previne-a perfidamente contra o cavaleiro. No dia seguinte, Ortrud primeiro e depois Frederico interrompem a cerimônia nupcial para intimar o cavaleiro a revelar sua identidade. O plano de Ortrud está em via de dar certo: o cavaleiro aceita, com a única condição de que seja sua mulher que lhe pergunte.

Ato III: Os recém-casados encontram-se a sós após a cerimônia e celebram seu amor. Elsa deseja conhecer o nome de seu esposo. Pressentindo o funesto desenlace, este adia a resposta. Aparece então Frederico e tenta eliminar o cavaleiro, que reage matando-o. Sob o golpe da emoção, e já que sua mulher rompeu o juramento, ele revela seu segredo: chama-se Lohengrin, vem do castelo de Montsalvat, onde está guardado o Graal. O cisne reaparece, pois, agora que os homens conhecem seu segredo, ele deve partir novamente. Elsa tenta em vão retê-lo. Uma pomba desce então e toma o lugar do cisne, que se transforma em... Gottfried, o irmão de Elsa que fora vítima de um malefício de Ortrud. Elsa cai desfalecida nos braços de seu irmão, enquanto Lohengrin se afasta.

ANÁLISE - *(uma Grande Ópera visionária) Lohengrin* é uma epopéia grandiosa, na qual o Mito vem atravessar a História, como o cisne que desliza sobre o rio: a aventura desse anjo de figura humana que é Lohengrin tem por cenário a Alemanha medieval, cuja solene rudeza é mostrada por Wagner. A ação, que põe em conflito a paixão do poder e a paixão do amor, é claramente definida; as personagens são da nobreza; os cantos ainda têm muito a ver com a tradição lírica franco-italiana, e as partes corais, investidas de uma função dramática, celebram com força de trombetas os grandes acontecimentos (sobretudo o célebre coro nupcial do terceiro ato). Por todos esses aspectos, *Lohengrin* vincula-se à convenção da Grande Ópera posta em moda por Meyerbeer.

Essa obra, juntamente com *Parsifal**, é uma das mais líricas que Wagner compôs: os cantos, muito melódicos, vêm arejar e iluminar um drama às vezes abafado pela pompa da Grande Ópera. Assim como em *Tannhäuser**, alguns trechos podem ainda ser isolados, mas trata-se mais de recitativos que de árias: os mais célebres são o "sonho de Elsa" no primeiro ato, que tem a mesma suavidade que a balada de Senta em *O Navio Fantasma**, e o sublime "recitativo do Graal" no terceiro ato, no qual Lohengrin revela sua identidade. A doçura e o êxtase caracterizam também o magnífico duo de amor no terceiro ato, em que vemos Elsa passar do terno abandono à curiosidade ciumenta. Reencontramos a oposição vocal clássica entre o casal de heróis (tenor-soprano) e o casal de vilões (barítono-mezzo). A personagem de Ortrud tem, no entanto, a riqueza dramática das grandes criações wagnerianas, e sua cor vocal prefigura a de Brunilde em *O Anel do Nibelungo**.

Ainda que essa ópera siga dominada pelas vozes, Wagner continua a afirmar sua concepção sinfônica da ópera; a orquestra exprime o âmago das criaturas, graças a motivos característicos que, sem ter ainda o estatuto de *leitmotive*, retornam de forma recorrente. O tema sagrado do Graal, onipresente desde a esplêndida abertura até a extraordinária conclusão, faz reinar uma atmosfera de pureza quase irreal: após os suspiros etéreos das flautas e das cordas, um coro de violinos eleva-se causando arrepios. O tema de Elsa, dócil e majestoso, comove por sua suavidade elegíaca. Enfim, o tema do "Mistério do nome", sombrio e ameaçador, opõe-se ao tema luminoso do Graal. Em toda a ópera, a orquestra, rica mas sutil, obedece a uma função dramática: os instrumentos de metal emprestam seu brilho pesado aos reis e aos coros guerreiros, o suspiro dos de madeira acompanha o canto frágil de Elsa; e, enquanto para a pérfida Ortrud soam a trompa e o clarinete, o trêmulo místico dos violinos designa Lohengrin.

Com efeito, à bestialidade pagã encarnada pela feiticeira Ortrud opõe-se a santidade do mago Lohengrin, vindo para tirar Brabante do obscurantismo e restaurar a legitimidade religiosa e política. Portador da mensagem cristã, o cavaleiro do Graal anuncia o herói da última ópera de Wagner, *Parsifal*. Esse herói messiânico, cujo mistério permanece em suspenso (ele virá? quem é ele?), pertence também à mesma família espiritual que o holandês errante (ver *O Navio Fantasma**) e *Tannhäuser*: como eles, representa o drama romântico da solidão do artista e do homem. Mas aqui a mulher é sacrificada ao homem, o amor à salvação. Wagner inspira-se no mito antigo de Zeus e Semele: o amor por uma mortal permite ao deus aproximar-se da humanidade, mas, sendo o amor da mulher desejo de conhecimento, de apropriação, de destruição, o deus se vê obrigado, para permanecer deus, a matar a mulher que ele ama. Elsa, heroína mediadora, deve morrer para que Lohengrin preserve sua identidade, sua verdade de visionário. A brancura ofuscante do Graal, simbolizada pelo cisne e pela pomba, deve ser contemplada em silêncio: o espírito se fez carne para que a carne volte a ser espírito.

GRAVAÇÃO RECOMENDADA - EMI 7490176: Orquestra Filarmônica de Viena. Dir. Rudolph Kempe. Jess Thomas (Lohengrin), Elisabeth Grümmer (Elsa), Christa Ludwig (Ortrud), Dietrich Fischer-Dieskau (Telramund).

TRISTÃO E ISOLDA

ÓPERA ALEMÃ DO SÉCULO XIX
DE RICHARD WAGNER (1813-1883)

"Ação musical" em três atos
Libreto alemão de Richard Wagner (baseado na lenda céltica)
estréia em 1865 em Munique

O COMPOSITOR - *(um revolucionário romântico em busca do absoluto;* ver *O Navio Fantasma**)

ORIGEM E ACOLHIDA - Em 1848, Wagner, crivado de dívidas, teve que deixar a Alemanha. Refugiou-se na Suíça. Em Zurique ligou-se a um rico negociante, Otto Wesendonck, que o ajudou a sobreviver. Inspirado pelo amor impossível e ardente que sentia por Mathilde, a mulher de seu protetor, Wagner, que havia iniciado *O Anel do Nibelungo**, interrompeu-a para compor *Tristão e Isolda*, que dedicou à sua musa. Essa ópera foi criticada em sua estréia; hoje, é considerada um ponto alto do repertório lírico.

RESUMO - *(um mito do amor e da morte)*
No mar, e depois na Cornualha e na Bretanha.

Ato I: Tristão e seu escudeiro Kurwenal (bar) conduzem a princesa Isolda (sop) da Irlanda à Cornualha, onde o rei Marcos (b) a espera para desposá-la. Isolda confia a Brangaine (ms) que odeia Tristão por ter matado seu noivo Morold, mas na realidade ela sofre por não poder desposá-lo (num tempo anterior, após tratar os ferimentos dele, os dois se apaixonaram um pelo outro). Ela pede a Brangaine que prepare para ele e para ela uma bebida mortal. Mas na taça que eles bebem, Brangaine despeja um filtro de amor. Acreditando que vão morrer, Tristão e Isolda se olham perdidamente.

Ato II: Isolda casa com Marcos. À noite, nos jardins do palácio, Tristão e Isolda se abraçam apaixonadamente enquanto o rei está a caçar. A chegada de Marcos, acompanhado do cortesão Melot, os interrompe. Marcos não compreende por que Tristão o traiu. O pérfido Melot fere Tristão, mas Marcos o impede de matá-lo.

Ato III: Em seu castelo de Kareol, na Bretanha, Tristão definha em razão de seu ferimento e da ausência de Isolda. Delirando, clama pela morte. Mas anunciam a chegada de um navio. É Isolda. Arrancando suas ataduras, Tristão precipita-se em direção a ela, cambaleia e expira em seus braços. Ela desmaia sobre o corpo dele. Chega o rei Marcos, que soube do segredo do filtro, disposto a perdoar Isolda. Kurwenal mata

Melot e morre. Alucinada, Isolda canta para invocar o mundo em que se unirá a Tristão. Ela morre abraçada ao corpo de Tristão, num êxtase supremo: "No esplendor de uma luz imortal, extasiada me perco e me regozijo!"

ANÁLISE - *(um hino enfeitiçador ao amor louco)* Tristão e Isolda é uma ópera mágica. À magia do amor transfigurado corresponde a magia de uma música tão ardente que transcende as regras da escrita clássica para forçar as portas do reino ilimitado que ela celebra. Wagner eleva o mito de Tristão e Isolda à sua mais alta expressão. Antes de mais nada, simplifica e enriquece os dados da lenda medieval. O filtro tem aqui apenas um valor de revelador (Tristão e Isolda já se amavam antes de bebê-lo); simboliza menos a fatalidade da paixão que seu poder ao mesmo tempo destruidor e liberador, o laço indissolúvel entre o amor e a morte (acreditando beber a morte, Tristão e Isolda bebem o amor). No entanto, para Wagner, não é o amor que conduz à morte, mas o contrário: tomar o caminho da paixão se explica pelo desejo de acabar com a vida, com o mundo, com a opressão do dia. A oposição entre a noite e o dia reforça, com efeito, a dimensão metafísica e universal do mito. Enquanto o dia simboliza a infelicidade da individuação, a separação das almas e dos corpos, o triunfo do ódio e do orgulho, a noite simboliza a felicidade da fusão original, a passagem do amor sensual ao amor místico. O filtro, viático para a eternidade, permite passar do dia à noite, da realidade ilusória do mundo à realidade absoluta do sonho. Assim, no final do primeiro ato, os clarins penetrantes da sociedade não conseguem despertar os amantes enfeitiçados; a partir do segundo ato, a ópera mergulha na noite. Dando-lhe por cenário o mar e a floresta, Wagner sublinha a interioridade de um drama que explora as regiões mais profundas e misteriosas da alma humana.

Esse hino ao amor louco é conduzido por uma música inflamada, tumultuosa e lancinante. Como o mar, sobre o qual voga o barco que leva Tristão a Isolda, e depois Isolda a Tristão, a música se aprofunda e se alça incansavelmente para trazer de volta a obsessão amorosa, para distendê-la ao infinito, para dela retirar todos os tormentos, todas as delícias, toda a significação. Essa melodia contínua, em que o canto e a orquestra se mesclam intimamente, é atravessada por correntes irresistíveis, por *leitmotive* (o Desejo, a Confissão, o Olhar, a Morte...) que se cruzam, se chocam e se enlaçam obstinadamente. O tema do Desejo, sobre o qual se desenvolve o prelúdio, é o mais imperioso e o mais dilacerante: uma frase breve e sinuosa, construída sobre um movimento descendente e em seguida ascendente, e pontuada por um acorde dissonante. Essa audácia genial, que chocou muitos contemporâneos, obedece a uma necessidade dramática. O amor é um bálsamo e um veneno, um filtro amargo que causa a sede ao invés de saciá-la: no auge do desejo carnal irrompe uma angústia metafísica, a consciência dos limites que engendra a aspiração pelo infinito. Para exprimir essa insatisfação dolorosa, Wagner faz explodir a sintaxe que governa a escrita musical clássica, fundada sobre o acorde perfeito e a tonalidade fundamental[4]. Num espaço multiplicado por incessantes modulações (mudanças de tonalidade), os temas melódicos, privados de seus pontos de apoio habituais, vagueiam, como fantasmas sonoros que buscassem se diluir no infinito primordial. O canto, despojado de todo italianismo, se desenrola num longo arioso veemente e plangente, muitas vezes puxado para registros estranhamente agudos, enquanto a orquestra traduz os sentimentos inconscientes ou inconfessados. Entretanto, certas passagens se destacam da partitura, como o recitativo de Isolda no primeiro ato ou o monólogo do rei Marcos. As mais célebres são o "hino à noite" do segundo ato (o mais longo e mais belo duo de amor de toda a história da ópera) e a morte de Isolda ("Liebestod") no terceiro ato, elegia sublime na qual Isolda, extasiada, parece entrar no nirvana, ao mesmo tempo

---

4. Essa escrita fluida leva a seus limites o sistema tonal, substituindo o diatonismo clássico por uma harmonia cromática. Wagner inicia assim a revolução atonal que conduzirá ao dodecafonismo moderno (Schönberg).

em que o tema do Desejo se depura e se dissolve, para representar a fusão espiritual das almas.

O compositor entrega-se a um verdadeiro trabalho de alquimista. Por um efeito de transmutação, converte a emoção amorosa em emoção musical, exaltando-a, sublimando-a, para alcançar o absoluto – essa harmonia suprema que é o ideal tanto do amor como da música ("Não posso captar a essência da música a não ser através do amor"). Se os amantes comunicam sua vertigem à música, o ouvinte, por sua vez, é arrebatado numa espécie de hipnose. Durante quatro horas, o espaço e o tempo são abolidos; como num sonho, os referenciais se apagam, mas as impressões são ainda mais intensas. O próprio Wagner considerava *Tristão e Isolda* como "um milagre". Esse milagre, ele o renovou com *Os Mestres Cantores**, hino à arte, e *Parsifal**, hino à religião. Mas, das três óperas, *Tristão e Isolda* é a mais universal.

GRAVAÇÃO RECOMENDADA - **EMI 7473228** (versão mono): Orquestra Filarmônica. Dir. Wilhelm Furtwängler. Ludwig Suthaus (Tristão), Kirsten Flagstad (Isolda), Dietrich Fischer-Dieskau (Kurwenal), Joseph Greindl (Marcos), Blanche Thebom (Brangaine).

OS MESTRES CANTORES

ÓPERA ALEMÃ DO SÉCULO XIX
DE RICHARD WAGNER (1813-1883)

"Ação" em três atos
Título original: *Die Meistersinger von Nürnberg* (Os Mestres Cantores de Nuremberg)
Libreto alemão de Richard Wagner
estréia em 1868 em Munique

O COMPOSITOR - *(um revolucionário romântico em busca do absoluto;* ver *O Navio Fantasma**)

ORIGEM E ACOLHIDA - Wagner teve a idéia desta ópera enquanto compunha *Lohengrin**, mas só a realizou doze anos mais tarde. Para ele, *Os Mestres Cantores* representava o equivalente do "drama satírico" que, nas representações teatrais da Grécia antiga, relaxava os espectadores após a trilogia trágica (ver *O Anel do Nibelungo**). Em sua estréia, essa ópera foi dirigida por Hans von Bülow (de quem Wagner desposou mais tarde a mulher, Cosima). A crítica julgou a obra "feia e amusical", mas o grande público fez dela um sucesso. Hoje, *Os Mestres Cantores* tornou-se uma espécie de ópera nacional bávara.

RESUMO - *(comédia histórica)*
Século XVI, em Nuremberg.

Ato I: O cavaleiro Walther von Stolzing (t) está apaixonado por Eva (sop), a filha do ourives Pogner. Ela lhe revela que irá casar com o vencedor do concurso de canto organizado pela confraria dos Mestres Cantores. Walther decide então apresentar-se nesse concurso. Mas deve primeiro ser admitido entre os Mestres Cantores e cantar diante deles segundo regras rígidas. Ele fracassa: seu canto é julgado demasiado original. O escrivão Beckmesser (bar), que também quer casar com Eva, regozija-se.

Ato II: A composição de Walther causou forte impressão no velho Sachs, sapateiro e membro da confraria. Compreendendo que Eva ama Walther, ele decide ajudar os dois. Na mesma noite, impede Beckmesser de fazer uma serenata a Eva, batendo estrepitosamente com seu martelo de sapateiro. O barulho desperta os habitantes e cria-se um tumulto geral. Aproveitando-se da confusão, Walther e Eva pensam em fugir, mas seu projeto é contrariado por Sachs, que toma Walther sob sua proteção.

Ato III: No dia seguinte, Walther conta a Sachs um sonho maravilhoso que teve: eis aí o assunto do drama que Walther deve compor para se apresentar no concurso! Walther põe-se a trabalhar; pouco a pouco, Sachs vai lhe ensinando as regras. Beckmesser descobre, na casa do sapateiro, o magnífico poema de Walther, que ele acredita ser de Sachs, e o surrupia. Chega o momento do concurso.

Beckmesser começa a cantar, mas, como nada compreendeu do texto de Walther, cobre-se de ridículo. Quanto a Walther, ele entoa um canto de tamanha beleza que suscita o aplauso geral. Declarado vencedor, é aceito na confraria. Sachs, acompanhado em coro pela multidão, presta uma solene homenagem à Arte germânica e a seus Mestres.

ANÁLISE - *(uma comédia popular à glória da arte e do povo germânicos)* `Os Mestres Cantores* é uma ópera à parte na obra de Wagner. Inspirada numa realidade histórica, essa comédia realista pouco se assemelha às epopéias trágico-míticas caras ao compositor: inscreve-se antes na tradição da ópera cômica alemã, o *singspiel*. A ação se passa no coração da Alemanha eterna, na cidade de Nuremberg, onde teve lugar, no século dezesseis, uma grande festa popular e artística: o torneio dos Mestres Cantores. Hans Sachs, o mais célebre dentre eles, pertence ao panteão germânico. Enquanto *Tannhäuser** e *Lohengrin** apresentavam uma imagem pomposa e estilizada da Alemanha da alta Idade Média, *Os Mestres Cantores* é tão finamente desenhado, tão colorido e jovial quanto um quadro de Bruegel. Wagner mostra a vida cotidiana dos alemães do Renascimento. Faz-nos assistir a seus folguedos e confusões. Embora descrevendo os costumes dos aristocratas e dos burgueses, leva-nos a passear pelas ruas da cidade, em meio a uma multidão ruidosa e variegada; detém-nos diante das tendas dos mercadores e nos introduz nas oficinas dos artesãos. Os perfumes do jasmim e da tília se misturam ao odor do couro, enquanto o martelo do sapateiro pontua o canto fanhoso do grotesco Beckmesser.

A música, poderosa e ligeira ao mesmo tempo, brota com uma espontaneidade que testemunha um grande domínio. Na célebre abertura estão reunidos, num feixe deslumbrante, os diferentes temas. De fato, Wagner recorre a numerosos *leitmotive* para caracterizar as personagens e os sentimentos, mas os encadeia de forma muito flexível. Substitui os grandes recitativos habituais por diálogos intensos e rápidos, e sobretudo por numerosos conjuntos, como o magnífico quinteto do terceiro ato. As cenas de multidão são muito impressionantes e o esplendor polifônico dos coros em forma de fuga lembra os grandes oratórios de Bach. A partitura contém ainda cantos muito belos em que se exprimem os sentimentos individuais: os mais célebres são os dois monólogos de Sachs e o "canto do concurso" de Walther no terceiro ato.

Essa competição de cantores ecoa o concurso dos cavaleiros-poetas em *Tannhäuser**. Enquanto Beckmesser e os outros Mestres Cantores representam uma arte asfixiada pelos preconceitos e o conservadorismo, Walther encarna uma arte viva e inspirada que zomba das convenções, mas não da tradição, como mostra a cena em que Sachs lhe ensina as regras da poesia. Essa comédia contém uma mensagem muito clara: a arte deve conciliar o antigo e o novo, a invenção e o costume; as críticas não devem barrar o caminho ao gênio, e o artista deve guiar seu povo, exprimindo suas aspirações profundas. Em *Lohengrin**, essa missão evangélica do artista é encarnada por um cavaleiro do Graal separado do povo. Aqui, Hans Sachs é uma personagem extremamente humana e comovente: sapateiro e poeta, melancólico e bondoso, humilde e genial, ele simboliza ao mesmo tempo o artista inteligente e o público esclarecido. Encarna também o poder regenerador da renúncia, como Wotan e Parsifal: sua atitude em relação a Walther e Eva lembra a do senhor dos deuses no final de *O Anel do Nibelungo**, apagando-se diante de seu neto, e anuncia a do herói de *Parsifal**, sacrificando seu desejo ao amor da humanidade.

Pouco a pouco, o clima de farsa (que culmina na extraordinária cena da confusão noturna) converte-se num ambiente de festa popular e solene. A ópera se encerra com um final espetacular (a marcha das corporações, a dança dos aprendizes, o desfile dos Mestres). Após os jogos de palavras e as travessuras, eleva-se um hino grandioso à Arte germânica, cantado pelo artista e repetido em coro pelo povo: a familiaridade torna-se comunhão. Essa ópera magistral ilustra a aventura desse compositor rebelde que teve de lutar a vida toda contra os críticos para impor suas obras, quando ele se queria o cantor de seu país.

GRAVAÇÃO RECOMENDADA - **EMI 7496832**: Staatskapelle de Dresden. Dir. Herbert von Karajan. Theo Adam (Sachs), René Kollo (Walther), Helen Donath (Eva), Karl Ridderbusch (Pogner), Geraint Evans (Beckmesser).

O ANEL DO NIBELUNGO
(A Tetralogia)
SÉRIE DE QUATRO ÓPERAS ALEMÃS DO SÉCULO XIX
DE RICHARD WAGNER (1813-1883)

"Espetáculo cênico solene" em um prólogo e três jornadas
Título original: *Der Ring des Nibelungen*
Poema alemão de Richard Wagner (baseado em diversas fontes tomadas da mitologia germânica e escandinava)
estréia conjunta das quatro óperas em 1876 em Bayreuth

O COMPOSITOR - *(um revolucionário romântico em busca do absoluto;* ver *O Navio Fantasma**)

ORIGEM E ACOLHIDA - Essa obra colossal, única na história da música e do teatro, é o fruto de uma longa gestação: Wagner a iniciou em 1848 e só a concluiu em 1874. A estréia de *O Anel do Nibelungo* em sua integralidade coincidiu com a inauguração do *Festspielhaus*, teatro que Wagner, graças ao apoio de Luís II da Baviera, mandou edificar em Bayreuth especialmente para suas óperas. Esse prédio, de uma concepção revolucionária, foi construído de forma a dar às representações a solenidade quase mística que envolvia os espetáculos dramáticos na Antigüidade: a iluminação sem ribalta dá a ilusão de um mundo sobrenatural, e a orquestra, invisível ao público, está situada num fosso, chamado "abismo místico", a fim de que o som dos instrumentos possa se fundir ao das vozes. Desde as primeiras representações da *Tetralogia*, Wagner suscitou violentas paixões no mundo musical, dividido entre idolatria e rejeição: enquanto os wagnerianos viam nele o profeta de uma arte nova e de uma nova humanidade, os "antiwagnerianos" censuravam-lhe a extensão de suas peças, sua concepção sinfônica da ópera e seu germanismo agressivo.

Hoje as polêmicas se atenuaram. Representada anualmente no *Festspielhaus*, por ocasião do Festival de Bayreuth, essa obra tornou-se uma instituição musical e, para alguns melômanos, um verdadeiro culto. *O Anel do Nibelungo*, também chamada *A Tetralogia*[5], compõe-se de quatro óperas que devem, em princípio, ser representadas num único espetáculo (uma *soirée* e três jornadas): *O Ouro do Reno*, *A Valquíria*, *Siegfried* e *O Crepúsculo dos Deuses*. No entanto, das quatro partes da epopéia, *A Valquíria* é a mais representada, e o célebre prelúdio orquestral da *Cavalgada das Valquírias* é seguidamente tocado em concertos.

I. O Ouro do Reno

Ópera em um ato e quatro quadros
Prólogo à trilogia *O Anel do Nibelungo*
Título original: *Das Rheingold*
estréia em 1869 em Munique

Resumo - (*tragédia cosmogônica*)
Prólogo: o roubo do anel, ou o poder do ouro
Em tempos legendários, junto às margens do Reno.
Primeiro quadro: As três filhas do Reno, Woglinde (sop), Wellgunde (sop) e Flosshilde (ms), guardiãs do ouro do Reno, ondulam sobre o rio. Elas zombam de Alberich

---

5. A palavra "tetralogia" é uma referência aos concursos que se realizavam na Grécia antiga. Por ocasião das festas em honra ao deus Dionísio (as Dionisíacas), cada poeta apresentava quatro peças, uma trilogia dramática e uma farsa dita "satírica".

(bar-b), anão repulsivo e lúbrico da raça subterrânea dos Nibelungos, que tenta pegá-las. Ao escutá-las cantarem o hino "Rheingold" (O ouro do Reno), Alberich fica sabendo que o ouro forjado em anel confere um poder ilimitado, com a condição porém de que seu possuidor renuncie ao amor. Maldizendo então o amor, ele furta o ouro e foge.

Segundo quadro: Nas alturas celestes do Walhalla, Wotan (bar-b), rei dos deuses, e sua esposa, Fricka (ms), despertam. Wotan mandou construir seu palácio, o Walhal, pelos gigantes Fasolt (b) e Fafner (b), mas prometeu-lhes em troca Freia (sop), deusa da juventude e da beleza. Mas se Freia partir, os deuses envelhecerão e desaparecerão. Com Froh (t) e Donner (bar), deuses das tempestades, Wotan se pergunta que outra retribuição dar aos gigantes. O astucioso Loge (t), deus do Fogo, sugere substituir Freia pelo ouro do Reno que Alberich roubou. Wotan hesita, pois é tentado pelo poder do anel. Fafner aceita, mas leva Freia como refém.

Terceiro quadro: Wotan e Loge descem a Nibelheim, nas entranhas da terra. Lá, o povo dos anões (os Nibelungos), reduzido à escravidão por Alberich, extrai e forja o ouro. O irmão de Alberich, Mime (t), forjou-lhe um anel que lhe dá o poder absoluto, bem como um capacete mágico, o Tarnhelm, que permite mudar de aparência ou tornar-se invisível. Alberich gaba-se de seu poder diante dos deuses. Loge, adulando-o, leva-o a experimentar o poder de seu capacete. Uma vez Alberich metamorfoseado em dragão e depois em sapo, os deuses se apoderam do capacete e do tesouro, amarrando-o em seguida.

Quarto quadro: No Walhalla, Wotan retira o anel de Alberich. Louco de raiva, o anão profere uma terrível maldição: doravante a morte atingirá todos os que se apoderarem do anel. Mas Wotan, após ter oferecido a Fasolt o ouro em troca de Freia, lhe recusa o anel. Erda (contr), mãe do mundo, surge das profundezas. Ela profetiza o fim dos deuses e adverte Wotan do perigo mortal do anel. Wotan decide então entregá-lo a Fasolt e imediatamente a maldição se cumpre:

os gigantes lutam entre si e Fafner apunhala Fasolt. Irrompe uma tempestade e sobre um arco-íris os deuses sobem majestosamente até o Walhalla. Mas Loge pressente o fim próximo deles, e ouve-se chorar as filhas do Reno.

II. A Valquíria

"Drama musical" em três atos
Título original: *Die Walküre*
estréia em 1870 em Munique

Resumo - *(tragédia cosmogônica)*

Primeira jornada: Siegmund ou o poder do amor

Entre os dois primeiros episódios da *Tetralogia* transcorre um período incomensurável, que viu o nascimento da humanidade. Temendo que os homens viessem a destronar os deuses, Wotan engendrou com Erda nove virgens guerreiras, as Valquírias, encarregadas de levar ao Walhal os heróis mortos em combate: eles constituirão um exército para os deuses. Fafner, transformado em dragão, detém o anel. Wotan não tem o direito de recuperá-lo, mas espera que um herói possa retomá-lo e preservar deste modo o poder dos deuses. Assim, sob o nome de Wälse, uniu-se a uma mortal e engendrou dois gêmeos, os Wälsungen, um menino, Siegmund, e uma menina, Sieglinde. Ora, Sieglinde veio a desposar Hunding, que raptou após ter devastado sua casa e massacrado sua família, enquanto Siegmund, que, sem saber, matou a família de Hunding, vive na infelicidade e na errância.

Ato I: Siegmund (t), exausto e molhado pela tempestade, refugia-se numa choupana construída aos pés de um enorme freixo. É acolhido por Sieglinde (sop), que lhe oferece hidromel e água. Sem se reconhecerem, eles se olham com uma estranha emoção. O terrível Hunding (b) surge. Siegmund conta-lhe sua história, e eles ficam sabendo que são inimigos. Hunding desafia-o a um duelo na manhã seguinte. Mas Siegmund não possui arma. Sieglinde administra uma droga a Hunding e mostra a Siegmund uma espada cintilante, cravada no freixo, que ninguém jamais conseguiu arrancar. Súbito, um luar primaveril inunda a cena e os gêmeos se reconhecem num êxtase. Siegmund retira a espada, que ele batiza Nothung, brande-a e leva sua irmã para a floresta, a fim de que "floresça o sangue dos Wälsungen".

Ato II: Wotan pede à sua Valquíria preferida, Brunilde (sop), para ajudar Siegmund em seu combate contra Hunding. Mas Fricka, guardiã dos laços do casamento, ultrajada com o adultério incestuoso que acaba de acontecer, ordena-lhe vingar Hunding. Wotan confia seu desespero a Brunilde e implora que ela obedeça a Fricka. Na floresta, Sieglinde desmaia. Brunilde, que veio anunciar a Siegmund sua morte próxima mas também seu destino glorioso entre os deuses, fica tão comovida com a força de seu amor por Sieglinde que decide ajudá-lo, apesar da interdição paterna. Mas Wotan quebra a espada de seu filho e Hunding mata Siegmund, antes de morrer por sua vez a um simples gesto do deus. Brunilde leva consigo Sieglinde, e Wotan se lança em sua perseguição.

Ato III: As Valquírias, montadas em seus corcéis alados, trazem os corpos dos heróis a seu rochedo. Brunilde deposita Sieglinde, grávida de Siegmund, na floresta, não distante do antro de Fafner (que se metamorfoseou em dragão para guardar o anel). A Valquíria afirma a seu pai que, ao ajudar Siegmund, respeitou seu desejo profundo. Wotan, apesar da tristeza, pune-a pela desobediência, excluindo-a do exército celeste e do mundo dos imortais. Após mergulhá-la num sono profundo, suscita em torno dela um círculo de fogo. Assim, somente um herói capaz de atravessar as chamas poderá resgatá-la.

III. S<small>IEGFRIED</small>

"Drama musical" em três atos
estréia em 1876 em Bayreuth juntamente com as três outras peças da Tetralogia

Resumo - *(Tragédia cosmogônica)*

Segunda jornada: a conquista do anel e do amor pelo herói Siegfried

Ato I: Na floresta, o anão Mime recolheu Siegfried (t), filho de Siegmund e Sieglinde, que ignora tudo de seu passado. Mime tenta forjar uma espada que permita a Siegfried vencer Fafner e se apoderar do anel. Siegfried, que detesta Mime, interroga-o sobre suas origens. Mime acaba revelando que sua mãe morreu ao lhe dar à luz. Wotan, disfarçado de Viajante, anuncia a Mime que só poderá forjar de novo Nothung um homem que jamais conheceu o medo. Quando Siegfried retorna, Mime testa sua coragem. A seu pedido, Siegfried solda os pedaços da espada de Siegmund e quebra a bigorna.

Ato II: Diante do antro de Fafner, Wotan, sempre disfarçado de Viajante, revela a Alberich as intenções de seu irmão Mime. Chega Siegfried. Senta-se sob uma tília, escuta o canto dos pássaros, lamentando não compreendê-lo. Ele desperta o dragão Fafner ao tocar trompa, e traspassa-o a seguir com a espada: Fafner morre, e com ele a raça dos gigantes. Siegfried, após lamber seu dedo ensangüentado, compreende de súbito o canto do pássaro, que lhe conta a história do anel e do ouro. Siegfried penetra no antro e se apodera do anel, do capacete e do tesouro, enquanto Mime e Alberich lutam entre si. Siegfried mata seu pai adotivo, sob os risos de escárnio de Alberich. Siegfried sente no entanto o desejo de uma companheira. Guiado pelo pássaro, ele se dirige ao rochedo da Valquíria.

Ato III: Wotan, temendo que com Siegfried e Brunilde o poder passe às mãos dos homens, consulta Erda numa gruta. Mas ela não pode mudar o curso do destino, e Wotan se inclina, renunciando ao poder. Antes de desaparecer para sempre na terra, Erda deixa como herança a Brunilde o Saber. Enquanto isso, Siegfried se aproxima do círculo de fogo que protege Brunilde. O deus desafia então seu neto, ameaçando-o com a lança. Siegfried quebra a lança divina: Wotan está definitivamente aniquilado. O herói penetra nas chamas, descobre Brunilde, que ele toma por um guerreiro, e lhe retira a couraça. Deslumbrado, ele a beija. Ela então desperta e os dois são possuídos pelo amor. Renunciando a seus privilégios, Brunilde se entrega a Siegfried.

IV. O CREPÚSCULO DOS DEUSES

"Drama musical" em um prólogo e três atos
Título original: *Die Götterdämmerung*
estréia em 1876 em Bayreuth, junto com as três outras partes da Tetralogia

RESUMO - *(tragédia cosmogônica)*
   Terceira jornada: a vitória do amor sobre o ouro
   Prólogo: No rochedo das Valquírias, as três Nornas, filhas de Erda, fiam o cordão de ouro do Destino. Vendo o cordão se romper, elas profetizam o crepúsculo dos deuses. Siegfried e Brunilde saem da câmara de pedra onde conheceram o amor e se despedem. Brunilde dá ao herói seu corcel Grane; Siegfried entrega-lhe o anel. A orquestra toca um interlúdio, a "Viagem de Siegfried pelo Reno".
   Ato I: Siegfried chega ao palácio dos Gibichungen, onde vivem Gunther (bar), sua irmã Gutrune (sop) e Hagen (b), meio irmão dela, que é também filho de Alberich. Hagen, que quer se apoderar do anel, leva o herói a beber um filtro que o faz imediatamente esquecer Brunilde e apaixonar-se por Gutrune. Siegfried se compromete a trazer Brunilde para Gunther em troca de Gutrune, e a reaver o anel. Graças ao Tarnhelm [*o capacete mágico, N. do T.*], ele toma as feições de Gunther, atravessa as chamas, captura a Valquíria e recupera o anel.
   Ato II: À noite, no castelo dos Gibichungen, Alberich exorta seu filho a matar Siegfried. Preparam-se os festejos pelas bodas de Gunther e Brunilde e de Siegfried e Gutrune. Mas Brunilde reconhece Siegfried e percebe, horrorizada, que ele porta o anel. Tomada de dor e de cólera, proclama

que ele é seu marido, enquanto Siegfried jura sua boa fé. Hagen e Brunilde convencem Gunther que é preciso matar Siegfried. Brunilde revela que a única parte vulnerável de Siegfried são as costas.

Ato III: As Filhas do Reno, ora sedutoras, ora ameaçadoras, imploram em vão que Siegfried lhes devolva o anel. Hagen faz o herói beber uma nova poção que anula o efeito da primeira. Durante uma caçada, Siegfried relata seu encontro com Brunilde. Hagen, acusando Siegfried de infidelidade para com Gutrune, apunhala-o nas costas e depois mata Gunther, que disputa com ele o anel. Mas o dedo de Siegfried morto se ergue, impedindo-o de tomar o anel. O Saber retorna então a Brunilde, que compreende tudo: Siegfried e ela devem morrer para expiar todos os crimes provocados pelo anel maléfico. Ela manda erguer uma fogueira para Siegfried, põe o anel em seu dedo e se imola nas chamas. Um incêndio gigantesco propaga-se pelo espaço, até o Walhalla. O Reno transborda e suas águas atingem a fogueira. Então as três Filhas do Reno retomam o anel e arrastam Hagen em sua passagem. Este se afoga. As Filhas do Reno cantam a alegria do ouro reencontrado.

ANÁLISE DA TETRALOGIA - *(um monumento romântico que realiza o velho sonho do "teatro total")* Por suas dimensões, mas também por sua riqueza ao mesmo tempo musical, poética e dramática, *O Anel do Nibelungo* é a obra mais grandiosa jamais concebida para a ópera e para o teatro em geral. Em dezesseis horas de espetáculo, essa epopéia flamejante reconstitui nada menos que a história dos deuses e a gênese da humanidade. De um simples ponto de vista teatral, o espetáculo é extremamente impressionante. Com efeito, a aventura do Anel, povoada de criaturas fabulosas ou sobre-humanas (deuses e heróis, anões e ondinas, gigantes e dragões), nos transporta sucessivamente às alturas celestes dos deuses, às entranhas da terra ou às profundezas do Reno. O espectador assiste a cataclismos e prodígios que às vezes desafiam a encenação: uma tempestade se desencadeia, os deuses sobem num arco-íris, amazonas montam cavalos alados, o herói atravessa as chamas após ter combatido um dragão, um pássaro se põe a falar, as águas do rio transbordam e um incêncio gigantesco toma conta do espaço...

Com essa obra da maturidade, Wagner completa o processo de regeneração da ópera tradicional iniciado em *O Navio Fantasma** e prosseguido em *Tannhäuser** e *Lohengrin**: substituir a divisão clássica em "números" por um discurso musical e dramático contínuo, e reunir todas as artes (poesia, música, teatro, dança, pintura) no interior de um verdadeiro "drama musical". Ele realiza assim o velho sonho do "teatro total" cuja fórmula a ópera buscava desde Monteverdi (*Orfeo**). Eis por que, como para todas as suas óperas, Wagner escreveu o texto da *Tetralogia*. Extraindo a matéria de seu poema da mitologia escandinava (*Os Cantos dos Eddas*) e alemã (*A canção dos Nibelungos*), Wagner retorna mais uma vez ao mito, única forma literária, segundo ele, que se ocupa do "homem verdadeiro". Ao mesmo tempo, afirma sua vontade de romper com a ópera clássica e seus temas mitológicos de inspiração greco-latina. O universo do Anel, no qual coexistem divindades pagãs e heróis cristãos, originado do folclore nacional nórdico e germânico, é profundamente romântico. Essa cosmogonia trágica reconstitui a história de um declínio e de um renascimento. A busca arrebatada do anel (símbolo do poder) pelos deuses culmina, de roubo a assassinato, de traição a violência, em sua autodestruição, possibilitando o surgimento de uma nova humanidade, que reconhecerá apenas o poder único do amor. Os heróis (Siegmund, Siegfried, Brunilde) têm uma função mediadora. Entre o mundo corrompido dos deuses, do qual carregam o peso da maldição, e a raça futura dos homens cujos valores encarnam (pureza e amor), seu sacrifício representa uma redenção que anula os efeitos da falta original (o roubo do ouro). O poema de Wagner é portanto pessimista e otimista ao mesmo tempo: o desastre atinge os deuses demasiado ávidos, os heróis morrem vencidos por leis ou sortilégios que não dominam, mas ao final do ciclo o amor triunfa sobre o poder, e uma nova era começa.

Pode-se interpretar essa fábula complexa sob diferentes ângulos, tal como testemunham as múltiplas exegeses que foram feitas. Assim, análises histórico-políticas quiseram mostrar que Wagner denunciava a expansão do capitalismo no final do século dezenove: os Nibelungos, reduzidos à escravidão em sua mina pelo cruel e cúpido Alberich, representariam os trabalhadores alienados pela monstruosa tirania do capitalismo, cujo símbolo é o ouro. O herói Siegfried seria um revolucionário, uma espécie de anarquista que vem instaurar os valores do amor e da generosidade numa sociedade fundada no egoísmo e na propriedade. A história do Anel presta-se também a uma interpretação filosófica. À lei opõe-se a liberdade; à paixão pelo ouro e o poder opõe-se a paixão amorosa. Wotan, preso pelos juramentos que fez aos gigantes e a Fricka, não é livre, nem tampouco Siegfried, que, capaz de compreender a linguagem dos pássaros e de atravessar o fogo, mas privado de consciência, ignora o poder do ouro e os complôs que se tramam a seu redor. Nesse mundo em que a lei e a matéria pesam como uma maldição, o deus Wotan escolhe a renúncia (Wagner foi marcado pelo filósofo Schopenhauer), enquanto a morte de Siegfried aparece como uma libertação. Reencontramos aqui o tema predileto de Wagner, já desenvolvido em *O Navio Fantasma** e *Tristão e Isolda**, esse tema místico e cristão da redenção pelo amor, do amor e da morte. Essa tragédia metafísica que anuncia a morte dos deuses e o fim da transcendência, evocando o famoso "Deus está morto" de Nietzsche, tem também ressonâncias modernas.

O mito wagneriano não pode se reduzir a uma interpretação unívoca. Se ele se deixa moldar por ideologias diversas e por vezes confusas, deve sua originalidade e sua força poética à sua riqueza simbólica (a obra está repleta de símbolos que fazem as delícias dos psicanalistas: a água, o fogo, a espada, a couraça...) e à profundidade psicológica com que o compositor dotou suas criaturas. Inicialmente fascinado pelo herói Siegfried, que simboliza o futuro, Wagner infletiu aos poucos o sentido de sua obra, e tornou a centrá-la no deus Wotan, que representa o mundo do passado. A espontaneidade pura e apaixonada de Siegfried, seu amor pela natureza, o enquadram naquela sobre-humanidade romântica com que o jovem Wagner sonhava no começo de sua concepção da obra. Mas, por suas hesitações e suas fraquezas, por sua evolução que o faz passar pouco a pouco do orgulho à renúncia, Wotan, o rei dos deuses, é a mais humana e a mais comovedora das personagens.

A língua poética do *Anel*, que se apóia no verso livre e na aliteração, inspira-se no antigo verso alemão. Muito expressiva, ela contém muitos arcaísmos, jogos sobre o sentido e a etimologia das palavras, onomatopéias (como a famosa "Heiajaheia!" das Filhas do Reno). Mas o texto foi primeiramente concebido para formar um todo com a música. Matéria poética e matéria musical se fundem num discurso contínuo. O texto é cantado num perpétuo *arioso* que concilia a melodia do antigo *lied* e a salmodia do recitativo. Nem declamação nem "número", o canto wagneriano, flexível e expressivo, rompe com a concepção italiana ou francesa do lirismo, exigindo ao mesmo tempo dos cantores excepcionais qualidades dramáticas e vocais: o "tenor heróico" wagneriano (*Heldentenor*) e a soprano que interpreta Brunilde têm um papel particularmente difícil. A voz e os instrumentos se unem numa "melodia infinita" que se expande ou se eleva ao ritmo do drama. Essa concepção sinfônica da ópera atribui à orquestra um papel tão importante quanto à voz. Igualmente abundante e poderosa como a das sinfonias de Beethoven, mas dissimulada sob o palco no "abismo místico", a orquestra da *Tetralogia* tem as dimensões dessa gigantesca epopéia. Ela não acompanha o canto, mas o completa. Pode ter uma função pitoresca (descreve o fogo, a tempestade ou o brilho da espada), dramática (os trombones evocam a maldição) ou psicológica (exprime com freqüência os pensamentos e os sentimentos inconscientes das personagens).

Essa obra abundante, que desenrola um fio musical ininterrupto, encontra sua coerência nos numerosos *leitmotive* que formam sua trama temática. O uso desses temas condutores, amplamente esboçado nas óperas precedentes, torna-se aqui sistemático. À medida que se desdobram as quatro óperas, eles vão formando uma rede cada vez mais densa e significativa. Em *O Ouro do Reno*, os temas são simplesmente expostos. A partir do motivo do *Reno* se desenvolvem o tema do *Ouro*, do *Anel*, do *Walhalla*, da *Maldição*, da *Espada*. Em *A Valquíria*, os principais motivos são o *Amor*, a *Espada*, a *Cólera de Wotan*, a *Morte de Siegmund*, o *Sono de Brunilde*, a *Despedida de Wotan*, as *Chamas*. Em *Siegfried*, aparecem os motivos do *Amor à Vida*, do *Viajante*, do *Canto da Forja*, da *Saudação ao Sol* e ao *Amor*. Em *O Crepúsculo dos Deuses*, os *leitmotive* se superpõem até formarem uma sinfonia: os temas dominantes são os do *Amor de Brunilde*, da *Maldição do Ouro*, da *Marcha Fúnebre de Siegfried* e da *Redenção pelo Amor*. Esse é apenas um catálogo sumário, uma vez que *O Anel do Nibelungo* compreende cerca de duzentos *leitmotive*...

Submerso pelo fluxo contínuo da música, o ouvinte pode portanto se orientar graças a esses *leitmotive,* que desempenham o papel de memória ativa, mas também porque no interior da "melodia infinita" certos episódios se destacam, como rochedos no mar. É o caso, em *A Valquíria*, do hino à primavera, do duo de amor entre Siegmund e Sieglinde, do longo monólogo em que Wotan confia a Brunilde sua aflição, da cena em que a Valquíria anuncia ao herói sua morte próxima, e da comovedora despedida de Wotan de sua filha. Em Siegfried, podemos citar a cena espetacular em que o herói forja a espada, os poéticos "Murmúrios da Floresta", o canto do Pássaro e a admirável cena do despertar de Brunilde por Siegfried; em *O Crepúsculo dos Deuses*, a célebre Marcha Fúnebre de Siegfried. Esses trechos, que são antes seqüências do que números pré-fabricados, podem ser puramente orquestrais, como "As Águas do Reno", "A Cavalgada das Valquírias" ou "A Travessia do Fogo por Siegfried".

A *Tetralogia* inspirou escritores, notadamente Thomas Mann em *O Sangue dos Wälsungen*, pintores como Fantin-

Latour, além de influenciar numerosos compositores. A orquestra e os *leitmotive* desempenham um importante papel em Richard Strauss (*Salomé**), Berg (*Wozzeck**) ou Schönberg (*Moisés e Aarão**). No entanto, não se trata de uma obra revolucionária: ela pertence ao século dezenove. Se não é a ópera mais audaciosa de Wagner (*Tristão e Isolda** leva muito mais longe a inovação musical), é seguramente a mais ambiciosa e a mais característica. O fato de ela marcar o crepúsculo da era romântica nada retira de sua magia. Assim o poeta Charles Baudelaire, que via em Wagner o cantor do Romantismo, escreveu em homenagem à sua música um poema célebre que começa com este verso: "La musique souvent me prend comme une mer!" (Seguidamente a música me toma como um mar!) Regida pelo duplo signo do Reno e do ouro, da água e do fogo, *O Anel do Nibelungo* é uma ópera caudalosa cujo tesouro musical e simbólico faz cintilar as águas profundas do mito, numa luz cujo brilho não cessa de fascinar.

GRAVAÇÃO RECOMENDADA - Philips (gravações ao vivo): **421475-2** (*O Ouro do Reno*), **412478-2** (*A Valquíria*), **412483-2** (*Siegfried*), **412488-2** (*O Crepúsculo dos Deuses*).

Orquestra e coros do Festival de Bayreuth. Dir. Karl Böhm. Birgit Nilsson (Brunilde), Wolfgang Windgassen (Siegfried), Theo Adam (Wotan), Gustav Neidlinger (Alberich), James King (Siegmund), Leonie Rysanek (Sieglinde), Christa Ludwig (Fricka), Thomas Stewart (Gunther), Joseph Greindl (Hagen).

PARSIFAL

ÓPERA ALEMÃ DO SÉCULO XIX
DE RICHARD WAGNER (1813-1883)

"Cerimônia cênica" em três atos
Libreto alemão de Richard Wagner (baseado em várias lendas, entre as quais *Perceval le Gallois,* de Chrestien de Troyes)
estréia em 1882 em Bayreuth

O COMPOSITOR - *(um revolucionário romântico em busca do absoluto;* ver *O Navio Fantasma*)*

ORIGEM E ACOLHIDA - Para sua última ópera, Wagner inspirou-se na lenda celta mas também num conto hindu. Percival, o herói de Chrestien de Troyes, tornou-se "Parsifal", de acordo com uma etimologia fantasista, tirada, segundo Wagner, do árabe ("Parsi", puro, e "fal", louco). *Parsifal*, representada em Bayreuth, foi um grande sucesso artístico e financeiro. As únicas críticas vieram do filósofo Nietzsche, que denunciou o dolorismo malsão da obra. Hoje, essa ópera é universalmente admirada: muitos a consideram inclusive como a obra-prima de Wagner. Freqüentemente são tocados em concerto o prelúdio e a última parte, "O Encantamento da Sexta-feira Santa".

RESUMO - *Lenda mística em Montsalvat, na Idade Média.*
 Ato I: Numa floresta ao amanhecer, perto do castelo do Graal, Gurnemanz (b), o mais velho dos cavaleiros do Graal, reza com seus escudeiros. Transportado numa liteira, o rei Amfortas (bar-b) vem banhar seu ferimento no lago. Uma mulher desgrenhada e selvagem lhe entrega um bálsamo: é Kundry (sop), mensageira dos cavaleiros. Gurnemanz explica aos escudeiros a origem do ferimento de Amfortas. Depositário do Graal (taça na qual Cristo bebeu durante a Última Ceia e que recolheu seu sangue) e da Sagrada Lança (a que atravessou o flanco de Cristo), Titurel, pai de Amfortas, fundou a confraria dos castos cavaleiros do Graal. Ele recusou que nela fosse admitido o mágico Klingsor, o qual, por não dominar seus desejos, havia se castrado. Para se vingar, Klingsor atraiu Amfortas a um jardim encantado, povoado de deslumbrantes Meninas-Flores; Amfortas cedeu à sedução de uma mulher, e Klingsor, após ter-se apoderado da Sagrada Lança, o feriu no flanco. Agora, só "um inocente de coração puro" pode curar o rei. Não seria esse jovem estranho (t) que surge? Ele é acusado de ter matado um cisne, ave sagrada no domínio do Graal, mas não tem

nenhuma consciência moral; ignora inclusive seu nome. Gurnemanz leva-o ao castelo, onde Titurel ordena a Amfortas que seja mostrado o cálice sagrado: dele emana uma luz vermelha e intensa, que reanima os cavaleiros mas reaviva o ferimento de Amfortas. O jovem não reage. Decepcionado, Gurnemanz manda-o embora.

Ato II: Em seu castelo, Klingsor (b) obriga Kundry a servi-lo seduzindo o jovem desconhecido. Ele faz surgir o jardim encantado: as Meninas-Flores cercam o jovem e o agarram avidamente. Kundry, transformada numa mulher muito bela, chama-o por seu nome: Parsifal. Ela o abraça e lhe dá um longo beijo. Parsifal, então, subitamente compreende tudo: o sofrimento de Amfortas, a dupla natureza de Kundry, o mistério do Graal, sua própria missão. Ele se desvencilha da tentadora. Klingsor atira então a lança sagrada contra ele, mas ela fica suspensa no ar. Parsifal apodera-se dela. Com um sinal da cruz, aniquila o mundo de Klingsor. Kundry cai desfalecida.

Ato III: Anos se passaram. É a manhã da Sexta-feira Santa. Gurnemanz, que vive como eremita, descobre Kundry. Diz a ela que os cavaleiros do Graal sucumbem: Titurel morreu e Amfortas está à beira da morte. Um cavaleiro surge, vestido com uma armadura negra. É Parsifal, que atravessou longas provas. Consagrado "rei do Graal" por Gurnemanz, Parsifal batiza Kundry e depois se dirige ao castelo. Na escura sala do Graal, Amfortas se recusa a realizar a cerimônia e implora a seus cavaleiros que o matem. Parsifal toca então seu flanco com a Lança Sagrada: Amfortas está finalmente curado. A seguir ele desoculta o Graal, que irradia uma luz regeneradora. Os cavaleiros se ajoelham diante do Redentor, enquanto Kundry morre docemente a seus pés.

ANÁLISE - *(uma apoteose mística e musical)* Última obra de Wagner, *Parsifal* apresenta-se como uma ópera religiosa. Essa "cerimônia cênica", na qual, como escreveu o compositor, "os mais sublimes mistérios da fé cristã são mostrados em cena", foi escrita para ser representada exclusivamente no templo wagneriano, em Bayreuth, e para ser escutada no recolhimento: Wagner inclusive proibiu os aplausos no final do espetáculo.

Como Mozart em *A Flauta Mágica**, Wagner põe em cena uma iniciação mística, o itinerário espiritual de um jovem que, ao cabo de uma difícil ascese, passa da ignorância ao conhecimento mais elevado, de uma indiferença quase animal a uma compaixão universal. A obra repousa sobre uma temática cristã: a obsessão do pecado original (do qual a chaga de Amfortas representa o traço simbólico), a oposição entre o desejo carnal e a piedade redentora, a dupla face da mulher (Kundry, tentadora e salvadora, mãe e prostituta, ao mesmo tempo Eva e Maria). No entanto, essa religião colorida de misticismo e de fantástico não se prende a uma igreja ou a uma doutrina particular. Síntese de influências diversas, ela reúne as contribuições de um cristianismo revisto e corrigido pelo filósofo Schopenhauer, do esoterismo cátaro e mesmo do budismo.

Antes de tudo, *Parsifal* se inscreve no prolongamento das óperas precedentes de Wagner. Face aos heróis do amor-paixão (*Tristão e Isolda**), Parsifal encarna o amor-caridade. Como em *Tannhäuser**, a sensualidade (Klingsor, Kundry) está em conflito com a espiritualidade (os cavaleiros do Graal), mas aqui a oposição é superada, já que Parsifal converte o desejo erótico em amor fraterno. Esse bárbaro ingênuo, filho da natureza, é irmão de Siegfried (*O Anel do Nibelungo**) e de Walther (*Os Mestres Cantores**): mas alia à espontaneidade a experiência que torna sábio, como Hans Sachs em *Os Mestres Cantores**, e sua pureza é o resultado de uma prova. O tema do Graal e a figura do herói messiânico já estavam presentes em *Lohengrin** (Lohengrin, cavaleiro do Graal, declara ser o filho de Parsifal): à diferença de Lohengrin, porém, Parsifal não se separa dos homens. O Graal é o equivalente espiritual do ouro do Reno: mas, enquanto no final de *O Anel do Nibelungo** o ouro volta a mergulhar no Reno, interdito para sempre aos homens indignos, o Graal, no término de *Parsifal*, espalha sua luz duradoura e benfazeja sobre a humanidade agradecida. Os dois grandes temas que freqüentam as óperas de Wagner desde *O Navio Fantasma**, o mal de viver e a redenção pelo amor, não são mais tratados em escala individual, mas estendidos à sociedade inteira: a resposta à corrupção fundamental do mundo não é mais o sacrifício, e sim a regeneração – pela arte, em *Os Mestres Cantores** , pela religião, em *Parsifal*.

Jamais Wagner compôs música tão enfeitiçadora e majestosa. Os movimentos lentos e os timbres graves predominam (Titurel, Gurnemanz, Klingsor são baixos; Amfortas é barítono). Os coros, grandiosos, inspirados por Bach, contribuem para esse clima de solenidade. O jogo dos *leitmotive* tem um desenvolvimento ao mesmo tempo mais simples e mais rico que nas óperas precedentes: todos os temas parecem originados do tema da Ceia exposto no prelúdio, pois o tema principal da obra é a Fé, cujas nuances mais sutis Wagner soube exprimir em música, oscilando sem cessar entre a confiança serena e a ansiedade dolorosa finalmente aliviada pela Piedade. A música é menos ilustrativa, mais abstrata e mais depurada que nas óperas anteriores. Em conformidade com o caráter místico desse drama que busca reconciliar a carne e o espírito, ela tende a uma espécie de fusão, favorecida pela acústica específica de Bayreuth (ver *O Anel do Nibelungo**), que permite criar novas sonoridades com base na mistura de timbres. Wagner vai mais longe ainda que em *Tristão e Isolda**, fazendo alternar diatonismo e cromatismo para traduzir a oposição entre o Bem e o Mal. O canto de Kundry, que passa do grito à melodia mais tensa, prefigura as vociferações da heroína de *Elektra**, de Strauss. Mais do que nunca, o discurso musical e dramático se desenrola de forma contínua. Pode-se todavia destacar alguns trechos particularmente sublimes: o prelúdio, os lamentos de Amfortas e a cerimônia do primeiro ato; no segundo, o confronto violento e apaixonado entre Klingsor e Kundry, o episódio das Meninas-Flores, que, por seu encanto e sua leveza, contrasta com o resto da ópera, e a assustadora cena de sedução de Kundry; no terceiro ato, "o Encantamento da Sexta-feira Santa", admirável página, de uma serenidade extática.

Sobre essa ópera, a mais fascinante e a mais misteriosa de Wagner, as análises se multiplicaram. Os psicanalistas atribuem à neurose o universo histérico e masoquista de *Parsifal*, dominado pelo sofrimento e as mutilações sexuais. Os nazistas, a começar por Hitler, propuseram uma interpretação bem mais inquietante, descobrindo nessa obra a apologia da pureza racial: para Hitler, a chaga de Amfortas representava a contaminação judaica, e a confraria dos cavaleiros, aquela "raça pura composta de machos" com que ele sonhava repovoar a Alemanha. Mas, se o texto de *Parsifal* pode perturbar por seus miasmas fanáticos, a beleza serena da música serve de antídoto. Wagner afirmava: "Minha arte é minha prece". Essa prece e essa apoteose mística e musical não se dirigem apenas a cavaleiros do Graal, a melômanos fiéis e sábios: assim como Parsifal, ao assistir à cerimônia, recebe a graça sem saber, não é necessário compreender para ser tocado. Wagner eleva a ópera a alturas celestes, mas não inacessíveis. Basta entregar-se à música, como bem percebeu o compositor francês Gabriel Fauré: "*Parsifal* representa o ocaso esplêndido e tranqüilo de uma arte gigantesca. Qualquer análise é impossível, pois, para explicar essa música, as palavras faltam. É preciso escutar *Parsifal*, é preciso escutar, olhar e deixar-se levar pela indizível emoção."

GRAVAÇÃO RECOMENDADA - DG 413347-2: Orquestra Filarmônica de Berlim. Dir. Herbert von Karajan. Peter Hoffmann (Parsifal), Kurt Moll (Gurnemanz), José van Dam (Amfortas), Siegmund Nimsgern (Klingsor), Dunja Vejzovic (Kundry).

RIGOLETTO

ÓPERA ITALIANA DO SÉCULO XIX
DE GIUSEPPE VERDI (1813-1901)

Ópera em três atos
Libreto italiano de Francesco Maria Piave (baseado no drama de Victor Hugo, *Le Roi s'amuse* [O rei se diverte])
estréia em 1851 em Veneza

O COMPOSITOR - *(o Shakespeare da ópera)* Verdi é o compositor de ópera mais representado e o mais amado. Filho de um estalajadeiro analfabeto, esse gênio da arte lírica, nascido no mesmo ano que Wagner, era um camponês de coração nobre, um homem generoso e humanista. Suas primeiras óperas são obras patrióticas, que defendem o nacionalismo italiano e o Risorgimento [*o movimento pela independência e a unificação da Itália, N. do T.*]; mais tarde engajou-se inclusive ao lado de Garibaldi. Além de um célebre *Requiem* e algumas músicas sacras e instrumentais, Verdi compôs vinte e seis óperas, das quais as mais célebres são *Nabucco, Macbeth, Rigoletto*, Il Trovatore*, La Traviata*, Um Baile Mascarado, A Força do Destino, Dom Carlos, Aída*, Otelo** e *Falstaff*. Chegaram a comparar o estilo verdiano a arrulhos intermináveis, acompanhados por um "grande violão", opondo-o a seu contemporâneo Richard Wagner (que ele admirava, aliás). Em realidade, nada em Verdi é gratuito, contrariamente a seus predecessores que, como Donizetti ou Bellini, privilegiavam os efeitos de virtuosidade pura. Verdi sempre colocou sua extraordinária inspiração melódica a serviço da ação e da expressão dramática, a ponto de subverter os hábitos do *bel canto* e as categorias vocais tradicionais (o que levou alguns a cognominá-lo "o Átila das vozes"). Seu instinto teatral, seu gosto pelas situações contrastadas e as paixões violentas, sua capacidade de compreender e de interessar a humanidade inteira lembram o maior autor dramático, Shakespeare.

Enfim, o estilo de Verdi evoluiu constantemente para se aproximar da melodia contínua, tanto assim que no fim da vida o acusaram de haver cedido a "influências wagnerianas".

ORIGEM E ACOLHIDA - A peça de Victor Hugo *Le Roi s'amuse*, recebida com escárnio e considerada imoral, havia desaparecido rapidamente da cena francesa. A censura veneziana, por sua vez, proibiu Verdi de representar, como na peça de Hugo, um monarca diante de um bufão; além disso, julgava a "maldição" blasfematória e as cenas de amor demasiado licenciosas. Uma vez edulcorada e transposta por Piave (Paris tornou-se Mântua, Francisco I foi substituído pelo duque de Mântua, Triboulet foi chamado de Rigoletto), o drama foi musicado (em apenas quarenta dias!) por Verdi. *Rigoletto* é a primeira parte da "Trilogia romântica", que prossegue com *Il Trovatore** e *La Traviata**. Desde sua estréia, a ópera conheceu um imenso sucesso popular. A crítica, porém – como acontece ainda hoje com alguns esnobes –, fazia cara feia e saudava ironicamente a "arte do vulgo" realizada por Verdi. *Rigoletto* tornou-se uma das óperas mais representadas do repertório internacional.

RESUMO - *(melodrama burlesco e trágico)*
Mântua, século XVII.

Ato I: O duque de Mântua (t) oferece um baile em seu palácio. Apaixonado por uma jovem que viu na igreja, ele corteja a condessa Ceprano. Rigoletto (bar), seu bufão, corcunda e disforme, zomba cruelmente do conde Ceprano e dos cortesãos, que, furiosos, juram vingar-se. Também faz troça do conde Monterone (bar), cuja filha foi seduzida pelo duque, mas Monterone profere contra ele uma maldição que faz Rigoletto estremecer. À noite, após um encontro com Sparafucile (b), um matador profissional que lhe propõe seus serviços, Rigoletto procura sua filha, Gilda (sop). Embora ela não fale do jovem que viu na igreja, ele a proíbe de sair. O jovem em questão, que não é outro senão o duque disfarçado de estudante, chega e canta seu amor a Gilda. Os cortesãos vendam os olhos de Rigoletto e raptam sua filha, que eles julgam ser sua amante. O bufão geme: "Ah! a maldição!"

Ato II: Rigoletto busca sua filha sob as zombarias dos cortesãos. Gilda sai dos aposentos do duque, em lágrimas. Rigoletto consola-a ternamente e promete vingá-la.

Ato III: Rigoletto mostra a Gilda o duque, sempre disfarçado, que entra numa estalagem, pede vinho e proclama a inconstância das mulheres ("Como a pluma ao vento"), empreendendo a seguir a conquista de Madalena, irmã de Sparafucile. Gilda está consternada. Rigoletto paga Sparafucile para matar o duque e pede a Gilda para fugir, travestida de homem. Madalena, seduzida pelo belo desconhecido, pede a seu irmão para poupá-lo, enquanto Gilda decide sacrificar-se por seu sedutor. Tomando Gilda por um homem, Sparafucile fere-a de morte, colocando-a depois num saco que entrega a Rigoletto. O pai descobre a filha moribunda. Os dois se despedem de maneira pungente, e ela morre. A "maldição" se cumpriu.

ANÁLISE - (*uma densidade humana e musical inédita na ópera italiana*) *Rigoletto* era a ópera preferida de Verdi. O tema, em primeiro lugar, lhe parecia o melhor que já havia tratado: "Há situações muito fortes, há vivacidade, patético, variedade..." O libreto original lhe permite, com efeito, desarrumar o idealismo empolado da *opera seria* romântica, misturando ousadamente o grotesco e o sério, a comédia e a tragédia. A dupla natureza da personagem de Rigoletto, divertidor público e burro de carga, odioso e lastimável, ilustra essa ambigüidade que é o princípio da estética hugoana. Ao escolher levar à cena lírica esse anti-herói, Verdi afirma sua vontade de conjugar a emoção musical com a densidade humana, de extrair a beleza da verdade: "Creio que seria uma bela coisa pintar essa personagem de aspecto disforme e motivo de gracejos, animada interiormente de um amor profundo e patético". A ópera concentra-se em torno de Rigoletto. Mas, em vez de insistir na singularidade do bufão, de reduzi-lo a um caso patológico, Verdi faz dele uma encarnação quase mítica do amor paterno. A pintura histórica, a crítica política e social se apagam em proveito de um drama passional complexo, no qual podemos encontrar ressonâncias psicanalíticas e até metafísicas: o melodrama de Hugo torna-se uma tragédia digna de Shakespeare.

Numa série de quadros violentamente contrastados, rápidos e impressionantes, Verdi descreve os dramas íntimos, reconstituindo ao mesmo tempo os cenários e os ambientes. A variedade dos estilos musicais cria uma impressão de vida prodigiosa. O clima é sucessivamente brilhante e sombrio, refinado e brutal, alegre e triste, turbulento e concentrado. As luzes do baile se extinguem bruscamente para dar lugar ao impasse obscuro no qual Rigoletto se encontra com o matador profissional; ao ritmo alegre das danças mundanas sucede uma marcha austera; do faustoso salão ducal passa-se à sórdida estalagem onde o bramido da tempestade na noite anuncia a catástrofe final. À canção esperta do duque ("La donna è mobile, qual piuma al vento", A mulher é volúvel como a pluma ao vento) responde o grito dilacerante de Rigoletto ("Ah! la maledizione!"). As personagens se iluminam por contraponto: a zombaria venenosa de Rigoletto se opõe às imprecações dolorosas do conde Monterone, os gracejos dos cortesãos aos lamentos do bufão, o desembaraço cínico do duque à candura sonhadora de Gilda, a despreocupação sedutora do libertino à paixão tirânica do pai. Sombra e luz coexistem no interior das personagens. O duque é belo, mas sem coração; Rigoletto, mau e feio, está cheio de ternura; a pura Gilda é também uma mulher apaixonada. Mesmo conservando o tradicional triângulo tenor-soprano-barítono, Verdi inverte e aprofunda os papéis, colocando o tenor atrás e o barítono em primeiro plano.

Trata-se de uma ópera movimentada como uma comédia e concentrada como uma tragédia. Esse senso de unidade através da diversidade culmina no célebre quarteto do terceiro ato, auge de um dramatismo musical digno de Mozart, em que Verdi nos mostra ao mesmo tempo o ardor galante do duque, os requebros satisfeitos de Madalena, a angústia de Gilda e o furor de Rigoletto: o próprio Hugo lamentou não poder no teatro, tal como na ópera, "fazer as personagens falarem simultaneamente de tal maneira que o público perceba suas palavras e seus diversos sentimentos".

A intensidade da ópera vem desse domínio do desenvolvimento múltiplo. Verdi ultrapassa aqui a divisão tradicional da ópera em "números", para atingir uma verdadeira continuidade musical e cênica. Rica e colorida, a orquestra não desempenha apenas um papel de acompanhamento do canto, mas assume uma função temática. Assim, desde os primeiros compassos, ressoa o tema sombrio e fragoroso associado à maldição: esse *leitmotiv* trágico retorna para marcar as intervenções de Rigoletto como uma obsessão. O coro, tradicionalmente utilizado para introduzir um ato, desempenha um papel determinante. O canto está sempre integrado à ação. As poucas *arias* têm uma justificação psicológica. Assim, a balada donjuanesca do duque no primeiro ato ("Questa o quella", Esta ou aquela...), seu monólogo do segundo ato ("Ella mi fu rapita", Raptaram-na de mim) e sua famosa canção do terceiro ato combinam com o caráter sedutor, brilhante e superficial da personagem. Na ária de Gilda "Caro nome" (Nome bem-amado) no primeiro ato, as variações traduzem a perturbação afetiva. Esse drama dinâmico, construído sob o signo da dualidade, é dominado pelo duetos: "Concebi *Rigoletto* sem árias, sem *finales,* como uma longa cadeia de duetos". Entre estes, podemos citar o diálogo de Rigoletto e Sparafucile, ou o dueto apaixonado do duque com Gilda no segundo ato. Mas os mais belos são os três duetos entre o pai e a filha: o do segundo ato ("Piangi, fanciulla", Chora, minha menina) e o final ("Lass in cielo", Lá no céu...) são verdadeiros duetos de amor.

Verdi varia os modos de canto, aliando tradição e modernidade. O lirismo se curva constantemente à expressão dramática: a verdade do *recitativo cantando* do bufão contracena com a sedução puramente melódica do *bel canto* encarnada pelo duque. O monólogo amargo de Rigoletto, comparando-se a Sparafucile no primeiro ato ("Pari siamo", Somos iguais), e seu discurso aos cortesãos ("Cortigiani..."), no segundo, ilustram bem esse *recitativo cantando* intensamente expressivo que tem a liberdade da fala e o mesmo poder de emoção de uma *aria* clássica.

Ópera admirável e pungente, *Rigoletto* inaugura o que se costuma chamar "a segunda feição" de Verdi (ele já havia composto dezesseis óperas). A concisão refinada da escrita testemunha uma preocupação nova na ópera italiana: pôr o acento na tragédia interior, no drama humano. Doravante, em vez de escutar um cantor, ouve-se uma personagem. Ouve-se o amor depois do ódio, e, debaixo do riso, a angústia. Rigoletto é uma das criaturas mais expressivas e mais comoventes do teatro lírico. Seu enfezamento ridículo e sua determinação apaixonada, sua exultação vingadora e seu desespero repercutem em cada um de nós. Comparados ao bufão, a maior parte dos heróis tradicionais parecem fantoches.

GRAVAÇÃO RECOMENDADA - **RCA GD 86506**: Orquestra da RCA italiana. Dir. Georg Solti. Robert Merrill (Rigoletto), Anna Moffo (Gilda), Alfredo Kraus (duque de Mântua).

IL TROVATORE
(*O trovador*)
ÓPERA ITALIANA DO SÉCULO XIX
DE GIUSEPPE **VERDI** (1813-1901)

Ópera em quatro atos (oito quadros)
Libreto italiano de Salvatore Cammarano (baseado na peça espanhola de Antonio Garcia Guttierez, *El Trovador*)
estréia em 1853 em Roma

O COMPOSITOR - (*o Shakespeare da ópera;* ver *Rigoletto**).

ORIGEM E ACOLHIDA - Depois de *Rigoletto**, Verdi compôs simultaneamente duas óperas muito diferentes, que foram representadas com alguns meses de intervalo: *La Traviata** e *Il Trovatore*. Contrariamente a *La Traviata**, que foi um fracasso, *Il Trovatore*, tirada da peça de sucesso de um êmulo espanhol de Victor Hugo, suscitou um verdadeiro delírio de entusiasmo. No dia seguinte à estréia, nas ruas de Roma, os italianos exclamavam: "Viva Verdi, o maior compositor que a Itália já teve!" A popularidade dessa ópera continua imensa, embora tenha sido criticada como a menos moderna das obras-primas de Verdi.

RESUMO - *(melodrama romântico)*
Província de Aragão, na Espmanha, início do século XV.

Ato I: O irmão mais moço do conde de Luna desapareceu há muitos anos. Conta-se que uma feiticeira fez-lhe um feitiço antes de ser queimada, e que a filha dela raptou e matou a criança. Leonora (sop), prometida ao conde de Luna (bar), confia à sua criada Inês seu amor por um trovador chamado Manrico (t), que não é outro senão o irmão de Luna. Os dois rivais se enfrentam, sem saber que são irmãos.

Ato II: Num acampamento de boêmios, uma mulher, Azucena (ms), evoca a execução de uma feiticeira. Ela revela a Manrico, que acredita ser seu filho, que não lançou nas chamas o irmão do conde, mas seu próprio filho. Mas se desdiz em seguida e confirma que Manrico é de fato seu filho. Leonora, acreditando-o morto, prepara-se para entrar no convento. Manrico reaparece no entanto e a convence a segui-lo.

Ato III: Azucena, capturada, declara que é a mãe de Manrico. Luna exulta. No momento em que Manrico e Leonora estão para se casar, eles ficam sabendo que Azucena é levada à fogueira. Manrico parte em seu socorro.

Ato IV: Noite no Castelo de Aliafera. Manrico é prisioneiro numa torre. Luna quer matar a mãe e o filho, mas

Leonora suplica o perdão ao trovador. Em troca, ela será dele. Mas tudo acaba mal: Leonora se envenena e Luna mata Manrico. Antes de morrer, por sua vez, Azucena exclama: "Estás vingada, mãe!", e revela ao conde que ele matou seu irmão.

ANÁLISE - *(um festival de canto num clima de romantismo desenfreado)* Verdi gosta de pôr em cena situações extremas e paixões violentas. Compreende-se que a história do *Trovatore* o tenha inspirado. Com efeito, esse melodrama flamejante e lunar acumula, sem escrúpulos, os equívocos trágicos, os lances teatrais e os cadáveres. Situando a ação numa Idade Média de folhetim, o libreto combina estranheza e heroísmo, sentimentalidade e histeria, misturando os universos da cavalaria e da feitiçaria. Esse romantismo desenfreado alimenta-se de contrastes: rivalidade amorosa entre dois irmãos que se ignoram (Luna e o Trovador), antagonismo político dos ciganos e dos soldados, oposição entre o passado e o presente, entre a obsessão da vingança e a história de amor, conflito interior de Azucena, dilacerada entre o amor materno e o amor filial.

O gênio do compositor transcende a mediocridade e as inverossimilhanças de um libreto que beira o grotesco. É verdade que ele permanece aqui na mais pura tradição da *opera seria* romântica, ilustrada por Donizetti (*Lúcia de Lammermoor**) e Bellini (*Norma**). Respeita todas as convenções do gênero: a divisão em "números", a discrição da orquestra, a primazia das vozes. As árias desenvolvem-se com freqüência de maneira autônoma, sem ligação direta com o texto. No entanto elas estão carregadas de tal ardor que sustentam o drama por si sós. Verdadeiro festival do canto, *Il Trovatore* é uma magnífica homenagem à grande tradição lírica italiana. Entre os trechos célebres, podemos citar, no primeiro ato, a cavatina de Leonora ("Tacea la notte placida", A noite tranqüila estava silenciosa), a ária de Manrico ("Deserto sulla terra", Sozinho na terra); no segundo ato, o coro dos ciganos batendo a bigorna, a ária de Azucena ("Stride la vampa", A chama assobia), a romança do conde de Luna ("Il balen de suo sorriso", O brilho de seu sorriso); no terceiro ato, as árias de Manrico "Ah, si ben mio..."(Ah, meu amor...) e "Di quella pira..." (Daquela fogueira...); no quarto ato, o vibrante *miserere* cantado pelos monges e o duo entre Azucena e Manrico ("Al nostri monti", Rumo às nossas montanhas). Verdi leva o *bel canto* a seu apogeu, mas o desvia de sua função decorativa habitual: serve-se da melodia para caracterizar as personagens, e une o virtuosismo à expressividade. A uma técnica perfeita os intérpretes devem aliar uma voz muito extensa e um agudo senso dramático, em particular Azucena, primeiro grande papel verdiano de mezzo-soprano, que prefigura a Amnéris de *Aída**.

Com essa ópera melancólica e arrebatada, Verdi volta-se uma última vez para o passado glorioso da ópera italiana. Se as inovações são menos flagrantes que em *Rigoletto** e em *La Traviata**, o compositor continua a reformar, embora exaltando-a, a concepção tradicional do canto.

GRAVAÇÃO RECOMENDADA - RCA RD 86194: New Philharmonia. Dir. Zubin Mehta. Placido Domingo (Manrico), Leontyne Price (Leonora), Fiorenza Cossotto (Azucena), Sherill Milnes (Luna).

LA TRAVIATA

(*A extraviada*)
ÓPERA ITALIANA DO SÉCULO XIX
DE GIUSEPPE VERDI (1813-1901)

Ópera em três atos (quatro quadros)
Libreto italiano de Francesco Maria Piave (baseado em *A Dama das Camélias*, de Alexandre Dumas filho)
estréia em 1853 em Veneza

O COMPOSITOR - (*o Shakespeare da ópera; ver Rigoletto**)

ORIGEM E ACOLHIDA - Depois de *Rigoletto** e *Il Trovatore**, *La Traviata* é a terceira grande obra-prima de Verdi. A peça (originalmente uma novela) de Dumas reconstitui a história de amor entre o autor e uma célebre cortesã, Marie Duplessis, que também foi amada por Alfred de Musset e Franz Liszt. Essa ópera foi um verdadeiro fracasso, por causa do tema mas também dos intérpretes: a cantora que interpretava Violetta era uma senhora gorda de muito boa saúde, e era difícil acreditar que ela morria de tuberculose. O fracasso e o escândalo logo se transformaram em sucesso. Hoje, é uma das óperas mais populares do repertório. Ela inspirou um filme do cineasta Franco Zefirelli, em 1982.

RESUMO - *(melodrama realista: "love story" versão franco-italiana)*

Em Paris e seus arredores, ano de 1850.

Ato I: Violetta (sop), cortesã sustentada pelo barão Douphol, oferece uma grande recepção. Apresentam-lhe Alfredo (t), um jovem que a ama em segredo. Atacada por uma crise de tísica, ela se isola. Alfredo lhe declara seu amor. Perturbada, ela hesita em se comprometer.

Ato II: Três meses se passaram. Violetta cedeu ao amor de Alfredo. Eles vivem felizes da casa de campo de Violetta. Mas Alfredo parte para Paris, a fim de acertar as dívidas de Violetta. Aparece o pai de Alfredo, Georgio Germont, que pede a Violetta que renuncie a seu filho para salvar a honra da família. Violetta aceita o sacrifício. Ao retornar Alfredo, ela se lança em seus braços chorando e parte sem nada lhe explicar. Ele recebe uma carta de adeus que interpreta como uma traição. Seu pai procura acalmá-lo, mas quando o jovem revê Violetta em Paris, enfurecido, atira-lhe no rosto o dinheiro que ganhou no jogo, como preço de sua estada no campo.

Ato III: Violetta, no último estágio da tuberculose, encontra-se acamada e abandonada por todos. Nas ruas festejam o Carnaval. Ela fica sabendo que Germont revelou a verdade a seu filho. Alfredo chega e eles se lançam nos braços um do outro. Violetta sente-se reanimar, mas morre num último acesso, diante de Germont e Alfredo arrasados.

ANÁLISE - *(um estilo eloqüente e ousado, entre romantismo e verismo)* Última parte da "Trilogia" verdiana, *La Traviata* é mais moderna que *Rigoletto** e que *Il Trovatore**. Sua originalidade deve-se primeiramente ao realismo do tema. Ao escolher levar à cena um drama contemporâneo em que uma prostituta atacada de tuberculose é alçada à dignidade de heroína trágica, Verdi demonstra uma grande audácia. Em vez de fazer o público sonhar com grandes afrescos históricos, fantasias mitológicas ou aventuras de capa e espada de importação anglo-saxônica, ele o remete a seu universo cotidiano e lhe apresenta um espelho pouco complacente. Alfredo e seu pai encarnam a burguesia do século dezenove, com sua frivolidade frouxa, seu moralismo mesquinho e cruel. Por oposição, Violetta, essa "traviata" que se sacrifica por amor quando está condenada pela doença e pela sociedade, suscita ao mesmo tempo a piedade e a admiração. Afastando-se da imagem aristocrática da ópera, *La Traviata* prefigura o verismo. Mas, contrariamente a Dumas, para quem a anedota importa menos que a tese moral e social que ilustra, Verdi privilegia o drama humano e a análise psicológica.

A música de Verdi, de uma eloqüência sutil e concisa, nos perturba sem *pathos* e sem ênfase. Ela transfigura o melodrama numa tragédia que conjuga a desmedida romântica e a minúcia realista, que descreve estados não apenas psicológicos mas físicos. Embora com uma grande unidade de tom e de forma, a partitura é extremamente nuançada e móvel. Já no prelúdio, Verdi anuncia os três grandes temas da obra, do mais grave ao mais leve: a morte, o amor, a vida mundana. Resume assim as três grandes etapas desse drama que nos leva da alegria artificial e ruidosa dos salões parisienses à intimidade desolada do pequeno quarto onde Violetta agoniza; a felicidade está entre os dois, representada pela casa de campo, espécie de paraíso onde o amor se expande, longe das coerções e dos preconceitos. Essa celebração do natural verifica-se na escrita vocal: mesmo nas passagens mais líricas, o canto se apresenta como uma tradução imediata do texto. Preocupado com a verdade e a expressividade, Verdi não recorre às ornamentações do *bel canto*, mas o recitativo é tão elaborado, tão rico de emoção que se assemelha às árias. Assim, no início, quando Alfredo confessa seu amor por Violetta, a passagem do recitativo à ária é imperceptível: "Di quell'amor, quell'amor ch'è palpito" (Desse amor que me comove). As duas grandes árias de Violetta, no primeiro ato ("Sempre libera", Sempre livre) e no terceiro ("Addio del passato bei sogni ridenti", Adeus, belos sonhos sorridentes do passado), não são *arias*, mas os suspiros de uma alma que busca sua voz, o grito de dor de um ser humano atingido em sua carne. No terceiro ato, o canto se reduz àqueles cochichos entrecortados e furtivos que se ouvem à cabeceira dos moribundos, a fim de preparar a cena mais patética da ópera: a despedida de Violetta a Alfredo ("Amami, Alfredo", Ama-me, Alfredo). Embora todas as personagens sejam fortemente caracterizadas (em particular Germont, cuja ária bastante convencional, no segundo ato, reflete o conformismo moral), a ópera é dominada pela heroína. O papel de Violetta exige uma grande plasticidade vocal e dramática: sob esse aspecto, a interpretação vibrante de Maria Callas permanece inigualável.

Por suas inovações harmônicas, rítmicas, melódicas, *La Traviata*, que realizou a proeza de ser uma obra ao mesmo tempo muito popular e muito refinada, anuncia as grandes obras-primas da maturidade de Verdi: *Aída**, *Otelo**, *Falstaff*.

GRAVAÇÃO RECOMENDADA - EMI 7491878 (gravação ao vivo mono): Orquestra do Scala de Milão. Dir. Franco Ghione. Maria Callas (Violetta), Alfredo Kraus (Alfredo), Mario Sereni (Germont).

AÍDA

ÓPERA ITALIANA DO SÉCULO XIX
DE GIUSEPPE VERDI (1813-1901)

Ópera em quatro atos e sete quadros
Libreto italiano de Antonio Ghislanzoni (baseado num roteiro francês de Camille du Locle e numa intriga de Auguste Mariette)
estréia em 1871 no Cairo

O COMPOSITOR - *(O Shakespeare da ópera;* ver *Rigoletto*)*

ORIGEM E ACOLHIDA - Essa ópera, uma das mais populares de todo o repertório, foi, na origem, uma obra de circunstância. O vice-rei do Egito, Ismail Pacha, havia inaugurado a Ópera do Cairo em 1869 com *Rigoletto**. No mesmo ano teve lugar a inauguração do canal de Suez. Como desejava dar um brilho particular às festividades que acompanharam esse acontecimento, ele encomendou a Verdi, por uma soma fabulosa, uma Grande Ópera à francesa sobre um tema egípcio. A ópera não foi representada na data prevista: por causa da guerra franco-alemã, os cenários não puderam ser enviados a tempo de Paris ao Cairo. Todavia, *Aída* conheceu imediatamente um sucesso triunfal.

RESUMO - *(tragédia inspirada numa lenda egípcia)*
    Em Mênfis e Tebas, na época dos faraós.
    Ato I: O grande sacerdote Ramfis (b) anuncia ao general Radamés (t) que, tendo o rei da Etiópia, Amonasro (bar), invadido o Egito, a deusa Ísis o designou para chefiar os exércitos egípcios. Ora, Radamés está apaixonado por Aída (sop), filha de Amonasro e escrava da filha do faraó, Amnéris (ms). Aída está dividida entre o amor e a pátria.
    Ato II: Amnéris descobre que sua escrava ama o mesmo homem que ela. As duas mulheres se enfrentam. Radamés retorna vitorioso. Entre os cativos etíopes está o pai de Aída, incógnito. O jovem obtém do sacerdote Ramfis

o indulto dos prisioneiros. Ramfis oferece-lhe a mão de sua filha, mas Radamés só pensa em Aída.

Ato III: Por ordem de seu pai, Aída leva Radamés a revelar o caminho que os exércitos egípcios vão tomar para vencer os últimos inimigos. Amonasro deixa escapar sua alegria. Amnéris, que os espiava, faz com que os três culpados sejam detidos. Radamés, consciente de ter traído a pátria, entrega-se aos sacerdotes.

Ato IV: Amnéris propõe a Radamés salvar-lhe a vida, com a condição de que esqueça Aída. Como ele recusa desdenhosamente, os sacerdotes o condenam a ser emparedado vivo na cripta do templo de Ísis. Aída penetra no túmulo para partilhar com ele o suplício. Os dois se unem na morte, enquanto Amnéris lamenta-se sobre o túmulo.

ANÁLISE - *(uma obra intimista sob as aparências de Grande Ópera) Aída* tem todas as aparências da Grande Ópera: um tema meio histórico, meio legendário, personagens que pertencem às mais altas esferas (duas princesas, um rei e um general) e animadas por paixões violentas, uma instrumentação colorida, um cenário grandioso, monumental e exótico, amplificado por massas corais impressionantes (coro dos escravos de Amnéris, coro do povo egípcio, coro dos sacerdotes) e realçado por balés (dança dos escravos, dança das sacerdotisas). Entretanto, mesmo se algumas encenações transformam *Aída* em ópera de grande espetáculo, trata-se de uma obra profundamente intimista: *Aída* celebra tão pouco o triunfo da Grande Ópera quanto o heroísmo patriótico.

Assim, a fanfarra do segundo ato (os célebres "clarins de Aída") glorifica a vitória do general, mas é o dobre de finados para o amante: Radamés, ao ganhar a guerra, perde sua bem-amada. A posição social de Amnéris (personagem que é a mais complexa e interessante) não lhe serve para obter o homem que ela deseja, mas somente para humilhar-se ainda mais. Os clarins do poder e da glória anunciam a opressão social encarnada por Ramfis e os sacerdotes, enquanto o canto *de profundis* de Aída e Radamés, no quarto ato, celebra uma libertação. Abaixo, e no entanto além do universo petrificado contra o qual Amnéris, ela própria encerrada numa paixão demasiado carnal, se choca obstinadamente, eleva-se o duo místico dos amantes que só podem se unir na morte: "O terra, addio" (Adeus, vale de lágrimas). Verdi opera aqui uma verdadeira inversão dos valores. Distante dos afrescos históricos e pomposos de um Meyerbeer (*Roberto o Diabo**), é o sistema rígido da Grande Ópera, à imagem da sociedade dos sacerdotes, estereotipado, sufocante, que Verdi subverte sutilmente: conserva suas formas e seu brilho, mas para chegar progressivamente à sua exata antítese. No final da ópera, restam apenas, do general e da princesa, dois seres humanos, cuja felicidade se exala num canto sublime, totalmente depurado (verdadeira proeza vocal, uma vez que os intérpretes devem cantar encerrados dentro de um túmulo). Esse hino derradeiro à interioridade, preparado pelo noturno do terceiro ato, exige do espectador o mesmo recolhimento que o *Parsifal** de Wagner.

Situada após *Dom Carlos* e antes de *Otelo** e *Falstaff*, *Aída* inaugura, com efeito, o chamado último período de Verdi, rico em inovações, caracterizado pelo crescente papel da orquestra e a renúncia ao *bel canto*. Em *Aída*, a orquestra não se reduz a um acompanhamento, tendo uma função dramática. Para traduzir o conflito entre o amor e a sociedade, Verdi opõe dois temas musicais recorrentes: o tema ascendente de *Aída*, cheio de doçura, que descreve um amor tímido e delicado, e o tema descendente dos sacerdotes, em forma de marcha militar, que sugere o peso esmagador de uma autoridade implacável. O terceiro ato (chamado o ato do Nilo) é rico em efeitos orquestrais: violinos e flautas evocam a sensualidade serena e enfeitiçadora de uma noite africana. Verdi afasta-se de seus predecessores – Bellini ou Donizetti – ao conceder aos intérpretes muito poucas árias isoladas com refrões: a romança de Radamés no primeiro ato, "Celeste Aída", e as duas árias de Aída, uma delas a patética "Ocieli azzurri" (Ó céus azulados), no terceiro ato. Todas as outras se integram ao discurso musical, de modo que o canto declamado, o *bel canto* e a orquestra se fundem numa continuidade que chegou a ser qualificada de wagneriana. Mas o autor de *Rigoletto** e *La Traviata** buscava antes de tudo ultrapassar-se a si mesmo. Com *Aída*, Verdi diz adeus à ópera tradicional, tal como seus heróis à vida: um adeus solene e cheio de esperança.

Gravação Recomendada - DECCA 417416-2: Coros e Orquestra da Ópera de Roma. Dir. Georg Solti. Leontyne Price (Aída), Jon Vickers (Radamés), Rita Gorr (Amnéris), Robert Merrill (Amonasro).

OTELO

ÓPERA ITALIANA DO SÉCULO XIX
DE GIUSEPPE VERDI (1813-1901)

"Drama lírico" em quatro atos
Título original: *Otello ossia il Moro di Venezia* (Otelo ou o mouro de Veneza)
Libreto italiano de Arrigo Boito (baseado na tragédia de Shakespeare, *Otelo*)
estréia em Milão em 1887

O Compositor - *(o Shakespeare da ópera; ver Rigoletto*)*

Origem e Acolhida - Verdi sempre se interesssou pelas tragédias de Shakespeare, como testemunham três de suas óperas: *Macbeth* (1847), *Otelo* e *Falstaff* (1894). No entanto, o libreto de Boito simplifica consideravelmente o drama inicial. Esta ópera, que Verdi compôs com mais de setenta anos, foi um sucesso em toda a Europa e eclipsou o *Otelo* de Rossini.

Resumo - *(drama do ciúme)*
    Numa cidade marítima da ilha de Chipre, no final do século XV.
    Ato I: Ao desembarcar em Chipre, o navio que conduz o exército veneziano é aclamado pela multidão: o general mouro Otelo (t) anuncia sua vitória sobre os turcos. No en-

tanto, o oficial da marinha de Otelo, Iago (bar), com ciúmes do capitão Cassio (t), não partilha dessa alegria. Após ter embriagado Cassio, leva-o a bater-se com o jovem Roderigo; Montano, o ex-governador da ilha, é ferido. Otelo, furioso, destitui Cassio. A mulher de Otelo, Desdêmona (sop), aparece. Os dois esposos, sozinhos na noite, cantam seu amor.

Ato II: Iago persuade Cassio a pedir sua reabilitação junto a Desdêmona, e dá a entender a Otelo que Desdêmona o traiu. Assim, quando Desdêmona defende a causa de Cassio junto a Otelo, este começa a suspeitar dela. Iago, que se apoderou sub-repticiamente de um lenço pertencente a Desdêmona, atiça o ciúme de Otelo contando-lhe um sonho de Cassio que revela seu amor por Desdêmona, e afirmando-lhe que Cassio possui um lenço que Otelo ofereceu à sua mulher. O mouro jura vingar-se.

Ato III: Desdêmona continua a defender Cassio. Otelo chama-a de aduladora e desespera-se à idéia de que ela o enganou. Iago leva Cassio a enaltecer os encantos de sua amante, Bianca, enquanto Otelo, que escuta, escondido, imagina que ele fala de sua mulher. Cassio mostra o lenço a Iago. Otelo decide então matar Desdêmona. A embaixada veneziana chama Otelo de volta a Veneza e designa Cassio como governador da ilha. Otelo injuria sua mulher e atira-a no chão; a seguir, tomado de uma crise de nervos, perde os sentidos.

Ato IV: Desdêmona vai deitar-se. Canta a "canção do salgueiro", faz uma oração à Virgem e adormece. Otelo entra em seu quarto, desperta-a e anuncia que vai matá-la. Desdêmona implora o perdão, mas ele, tomado de furor, a estrangula. Emília, dama de companhia de Desdêmona e mulher de Iago, revela então a maquinação do pérfido. Iago, em fuga, é perseguido pelos soldados. Otelo se fere com um punhal e abraça Desdêmona, antes de expirar junto dela.

ANÁLISE - *(uma obra-prima da velhice que dá um novo nascimento à ópera italiana)* Nessa tragédia passional e sangrenta, reencontramos os ingredientes dramatúrgicos favoritos do compositor: os temas do ciúme e da vingança, a violência dos contrastes, a pureza da heroína e a grandeza do herói. Contrariamente a algumas óperas de Verdi anteriores a *Otelo* (como *Il Trovatore**), o libreto é de qualidade. Boito, poeta e compositor, reduz o drama de Shakespeare à sua intriga e o reconstrói com um conhecimento dramático excepcional em torno da personagem diabólica de Iago, cujo célebre credo, no segundo ato, não se encontra em Shakespeare: "Credo in um dio che m'ha creato simile a sè" (Creio num deus que me criou à sua imagem). Iago aparece aqui como uma das numerosas figuras do Diabo que encontramos tão freqüentemente na ópera do século dezenove (*Der Freischütz**, *Fausto**, *Roberto o Diabo**...). Se nesse ponto Boito simplificou a tragédia de Shakespeare, Verdi soube intensificar o drama, representando simultaneamente os sentimentos das quatro personagens principais no virtuosístico quarteto do segundo ato. Abandonando a complexidade psicológica do drama, Verdi e Boito enfatizam a rapidez fatal do encadeamento trágico. No célebre trio do lenço, no terceiro ato, ouvimos apenas, como Otelo, trechos do diálogo entre Iago e Cassio, enquanto a orquestra evoca sutilmente o processo do ciúme.

Com mais de setenta anos, Verdi dá um novo nascimento à ópera italiana ao inventar uma forma nova: em *Otelo*, a divisão tradicional em recitativos e *arias* é substituída por uma construção majs maleável em cenas. O lirismo do *bel canto* recupera o vigor do estilo fundado por Monteverdi em *Orfeo**: a música, muito expressiva, está a serviço de cada nuance do texto, numa espécie de melodia contínua que pode ser comparada à de Wagner. Na verdade, já é o procedimento que Puccini utiliza em suas primeiras óperas (*Manon Lescaut**, *La Bohème**). A orquestra, duas vezes maior que em *Rigoletto**, é muito viva e colorida. Verdi multiplica as audácias harmônicas e abaixa as tessituras vocais, chegando a criar para o papel de Otelo um novo tipo de tenor com a voz mais escura, próxima à do barítono.

Realizando uma verdadeira continuidade dramática, polarizada em torno dos momentos intensos da ação, Verdi conserva mesmo assim a primazia da voz. Inventa um novo estilo de recitativo, uma declamação melódica flexível e densa que combina com as inflexões naturais da voz. Sob esse aspecto, o duo de amor do primeiro ato, em que Otelo, com um ardor veemente, e Desdêmona, toda enlanguescida, evocam o nascimento de seu amor, faz pensar no duo de *Tristão e Isolda** de Wagner. Ainda que as verdadeiras grandes árias sejam raras, podemos reter o soberbo monólogo de Otelo, no terceiro ato, a "canção do salgueiro" ("Piangea cantando") e a Ave Maria de Desdêmona, no quarto ato. Mas essa ópera de uma concepção muito moderna não termina com um grande duo final como *Aída**. O desfecho trágico é tratado com um surpreendente despojamento, que concentra toda a violência. Em poucos instantes, Otelo estrangula Desdêmona, sem dar-lhe tempo de falar, e depois se apunhala, após saber da traição de Iago e cantar algumas frases líricas muito concisas. Estamos longe das convenções da ópera tradicional. O punhal corta-lhe literalmente a respiração e ele morre num soluço: a orquestra retoma o tema perturbador do beijo (que aparece no duo de amor do primeiro ato), e Otelo repete as mesmas palavras: "un bacio... un bacio ancora... ah! un altro bacio..." (um beijo, um beijo ainda, ah! um outro beijo...).

"Inventar o verdadeiro": tal era a divisa de Verdi. Com essa obra-prima sóbria e fortemente expressiva, o velho compositor regenera a ópera italiana e mostra o caminho ao movimento verista, do qual Puccini (*Tosca**) é o mais digno representante.

GRAVAÇÃO RECOMENDADA - RCA GD 81969: Orquestra da Ópera de Roma. Dir. Tullio Serafin. Jon Vickers (Otelo), Leonie Rysanek (Desdêmona), Titio Gobbi (Iago).

FAUSTO
ÓPERA FRANCESA DO SÉCULO XIX
DE CHARLES GOUNOD (1818-1893)

Ópera em cinco atos
Libreto francês de Jules Barbier e Michel Carré (baseado no *Fausto* de Goethe)
estréia em 1859 em Paris

O COMPOSITOR - *(um romântico de veia religiosa)* Nascido numa família de músicos, Charles Gounod, após viagens pelas capitais européias e estudos de teologia, dedicou-se à música. Além de doze óperas (*Fausto*, *Mireille*, *Roméo et Juliette*), compôs muita música religiosa. Esse místico é um puro representante da escola francesa. Contribuiu para arrancar a ópera francesa da ostentação grandiloqüente da Grande Ópera.

ORIGEM E ACOLHIDA - Esta ópera francesa se inspira numa lenda alemã da qual Goethe já havia extraído um célebre poema dramático. A ópera de Gounod sucede à "lenda dramática" de Berlioz, *La Damnation de Faust* (A Danação de Fausto), que passara despercebida em 1846. Em sua estréia, foi recebida com entusiasmo, mas, apesar de uma carreira fabulosa (2400 representações em um século), permaneceu muito controvertida. Na Alemanha, não é representada com o título de *Fausto*, mas de *Margarethe*.

RESUMO - *(conto fantástico: tragédia de amor tendo por fundo um conflito metafísico)*
Alemanha, século XVI.
Ato I: O velho doutor Fausto (t) nada mais espera da vida. Antes de esvaziar uma taça de veneno, invoca o Diabo. Imediatamente surge Mefistófeles (b) e lhe propõe um pacto: em troca de sua alma, devolverá sua juventude. Para convencê-lo, mostra-lhe a imagem de uma bela jovem, Marguerite.
Ato II: Em meio a uma quermesse, jovens conversam à mesa de um café. Valentin (bar), que vai partir para a guerra, confia sua irmã, Marguerite, a seu amigo Siebel. Surge

um estranho que se põe a cantar a canção de roda do Bezerro de ouro, e prediz aos jovens sua morte próxima. É o Diabo. Valentin expulsa-o, fazendo o sinal da cruz com sua espada. Fausto aborda Marguerite (sop) à saída da igreja, mas ela se esquiva virtuosamente.

Ato III: Ao lado das flores enviadas por Siebel, Mefistófeles deposita um cofre de jóias junto à porta da casa de Marguerite. Fausto comove-se diante dessa "morada casta e pura". A jovem se enfeita com as jóias e se admira: "Ah, estou rindo de me ver tão bela". Quando Fausto surge, ela cai em seus braços.

Ato IV: Marguerite, grávida de Fausto, tenta em vão rezar. Valentin retorna da guerra, surpreende Fausto e o desafia a um duelo. Fausto, que tem a mão guiada pelo Diabo, mata-o. Valentin expira maldizendo sua irmã.

Ato V: Para distrair Fausto, Mefistófeles leva-o para ver a dança das feiticeiras na Noite de Walpurgis, mas Fausto exige rever Marguerite. Ela está na prisão por ter matado seu filho. Fausto quer tirá-la de lá, mas, ao ver o Diabo, ela o repele e cai morta. O Céu ganhou uma alma.

ANÁLISE - *(o modelo da sensibilidade e da finesse francesas)* Juntamente com *Carmen** de Bizet, *Fausto* é a ópera francesa mais célebre e a mais representada. No entanto, o libreto medíocre de Barbier e Carré não oferece senão uma pálida imagem do *Fausto* de Goethe: a dimensão poética e metafísica do mito é sacrificada em proveito da história de amor, e as personagens principais (Fausto e Mefistófeles) são eclipsadas pela de Marguerite. Reencontramos a tradição da Grande Ópera francesa na cena da quermesse no primeiro ato, com seus coros e sua famosa valsa, o coro dos soldados no quarto ato ("Glória imortal") ou o balé da Noite de Walpurgis. Mas esses episódios espetaculares, que asseguraram a popularidade da obra, não representam senão concessões ao gosto da época.

Com efeito, as principais qualidades dessa ópera são a fineza, a elegância e o frescor. Música e espetáculo, canto e orquestra, melodias e recitativos estão perfeitamente equilibrados. Gounod desembaraça as melodias de todo maneirismo à italiana: a linha flexível dessas melodias, de uma sensibilidade depurada, traduz a espontaneidade da emoção. Assim, no terceiro ato, a célebre cavatina de Fausto ("Salut, demeure chaste et pure", Salve, morada casta e pura) se destaca com simplicidade no violino, na flauta e no oboé. A passagem mais conhecida é a grande "ária das jóias" no terceiro ato, cantada por Marguerite ("Ah! je ris de me voir si belle en ce miroir", Ah! estou rindo de me ver tão bela nesse espelho"): trata-se de uma das peças mais difíceis para soprano *coloratura*. O grande duo de amor entre Fausto e Marguerite no jardim, no fim do terceiro ato, é o ponto alto da ópera, com duas melodias sublimes: "Laissez-moi contempler ton visage" (Deixa-me contemplar teu rosto) e "O nuit d'amour, ciel radieux" (Ó noite de amor, céu radioso). A personagem de Marguerite, suave e apaixonada, domina a obra, e seu apelo etéreo, no final ("Anges purs! Anges radieux!", Anjos puros, anjos radiosos!), é impressionante.

Em sua época, Gounod foi tachado de wagnerismo; mais tarde, disseram que *Fausto* era o apogeu da arte burguesa do século dezenove. Na realidade, Gounod inova ao libertar-se da influência italiana e alemã. Mantém-se à distância da tradição do *bel canto*, mas também da moda do verismo e do wagnerismo, e transmite um novo impulso à ópera francesa, preparando o renascimento que virá com Massenet (*Werther**), Bizet (*Carmen**) e Debussy (*Pelléas et Mélisande**).

GRAVAÇÃO RECOMENDADA - EMI 7699832: Orchestre de L'Opéra. Dir. André Cluytens. Nicola Gedda (Fausto), Victoria de Los Angeles (Marguerite), Boris Christoff (Mefistófeles).

A BELA HELENA
ÓPERA FRANCESA DO SÉCULO XIX
DE JACQUES OFFENBACH (1819-1880)

Ópera bufa em três atos
Ttítulo original: *La Belle Hélène*
Libreto francês de Henri Meilhac e Ludovic Halévy
estréia em 1864 em Paris

O COMPOSITOR - *(o mestre da "pequena grande ópera")*
Este compositor francês de origem alemã começou escrevendo canções, lançando-se a seguir na ópera bufa e na opereta (que ele chamava a "pequena grande ópera"). Suas obras mais conhecidas são *Orphée aux Enfers* (Orfeu no Inferno), *A Bela Helena*, *Barbe-bleue*, *La Vie Parisienne*, *La Périchole* e *Les Contes d'Hoffmann*. Entre 1864 e 1870, triunfa não apenas em Paris mas no mundo inteiro. Embora recolhendo os aplausos da sociedade burguesa do Segundo Império, Offenbach descreve com humor seus costumes e suas instituições. Sua música, de uma alegria irresistível à de grande riqueza melódica, é superior a de outras operetas e de muitas óperas.

ORIGEM E ACOLHIDA - *A Bela Helena* inscreve-se na linha de *Orfeu no Inferno*, que marcou para Offenbach o começo da glória. Nessa ópera, ele parodiava a mitologia grega para melhor insinuar alusões cheias de ironia à sua época. *A Bela Helena* explora o mesmo filão. Representada no *Théatre des Variétés*, com a diva Hortense Schneider e o grande tenor José Dupuis, a ópera obteve um grande sucesso, ainda que alguns se indignassem de ver ridicularizados os heróis antigos, e outros se melindrassem com seu caráter escabroso. *A Bela Helena* triunfou rapidamente nos palcos internacionais. Hoje, essa ópera é considerada a obra-prima de Offenbach.

RESUMO - *(paródia mitológica)*

Em Esparta, na Antigüidade.

Ato I: Diante do altar de Júpiter prepara-se uma festa em honra a Adônis. O povo deposita oferendas, que o sacerdote Calcas (b) considera muito escassas. Helena (sop), mulher do rei Menelau, invoca Vênus: "Precisamos de mais amor". Ela interroga Calcas a respeito do concurso de beleza no monte Ida, onde Vênus prometeu ao pastor Páris o amor da mais bela mulher do mundo. Helena, sabendo que se trata dela, inquieta-se um pouco por Menelau, mas se resigna diante da "fatalidade". Orestes (sop), o sobrinho de Helena, acompanhado de cortesãs, entoa uma canção. Páris (t), disfarçado de pastor, seduz imediatamente a rainha. Mas eis que se apresentam os reis: os dois Ajax, o "impetuoso Aquiles" (t), Menelau, "o marido da rainha" (t), Agamêmnon, "o rei barbudo" (bar). Eles organizam um concurso de ditos espirituosos que Páris, "o homem da maçã", vence facilmente. Helena, encantada, convida-o para jantar. Para que fiquem a sós, Calcas anuncia que, por ordem de Zeus, Menelau deve partir para Creta e lá ficar um mês.

Ato II: Helena resiste ao assédio insistente de Páris. Os reis jogam "o jogo do ganso"; Calcas trapaceia. A rainha pede ao sacerdote um sonho agradável: assim que ela adormece, Páris se introduz em seu quarto e a faz pensar que se trata apenas de um sonho. Eles esquecem a hora e Menelau os surpreende. Furioso, ele acusa os reis, que zombam dele e depois decidem expulsar Páris de Esparta.

Ato III: Numa estação balneária, Orestes e suas amigas falam de Vênus, que, para se vingar, inflamou de desejo todas as mulheres da Grécia. Menelau convoca o grande Áugure de Vênus. Numa galera, com a bandeira de Citera, aparece Páris disfarçado. Ele anuncia que Vênus perdoará, se Helena fizer uma peregrinação a Citera. Assim que Helena entra a bordo, Páris se desmascara e revela sua intenção de raptá-la.

ANÁLISE - *(uma paródia desopilante da mitologia e uma sátira feroz do Segundo Império)* O atrativo mais evidente de

A Bela Helena consiste na paródia da mitologia grega. Os deuses são tratados com familiaridade ("Jupin" para Júpiter). Os reis e os heróis, choramingas ou valentões, são mostrados como tolos. O augusto sacerdote Calcas é cúpido e confessa que sua vocação verdadeira teria sido "homem de prazer". A "fatalidade" contra a qual Helena "lu-u-u-ta" de maneira tão engraçada remete ao fatum[6] antigo constantemente invocado nas tragédias e óperas clássicas. O cômico nasce do descompasso entre a majestade do quadro antigo e o deboche da música, conduzida por um texto recheado de trocadilhos, de gíria, de alusões anacrônicas ou irreverentes. Assim, a canção cômica de Orestes desfigura graciosamente os nobres coros antigos: "Tsing la la, Tsing la la, Oya képhalé, képhalé, oh la la!" A passagem mais célebre é certamente o desfile burlesco dos reis, que a repetição inesperada de uma sílaba torna particularmente divertido: "Je suis le mari de la reine -Ri de la reine, -ri de la reine" (Sou o marido da rainha...) ou "Le roi barbu qui s'avance, -Bu qui s'avance, -bu qui s'avance" (O rei barbudo que avança...).

Por trás da paródia transparece uma sátira feroz dos costumes do Segundo Império. Helena assemelha-se a uma grande burguesa que se entedia; as frívolas companheiras de Orestes encarnam aquelas mulheres sustentadas por amantes que na época eram chamadas "créatures" (mulheres de má conduta) ou "cocotes"; Orestes é o protótipo do filhinho de papai de vida desregrada, pródigo e despreocupado, e Calcas, o representante de um clero ávido de dinheiro e de poder. O que caracteriza essa sociedade burguesa é a sede de prazer ("Je suis gai, soyez gais, il le faut, je le veux"[7], canta Páris) e sobretudo a hipocrisia: em matéria de amor e de dinheiro, como diz Helena, "o mal não é trapacear, mas se deixar pegar".

Sátira moral e paródia estética vão de par. Offenbach debocha da Grande Ópera histórica e mitológica posta em

---

6. Palavra latina que significa destino, fatalidade

7. Sou alegre, sejamos alegres, isso é bom, isso eu quero.

moda por Meyerbeer (*Roberto o Diabo**), mas também das operetas vulgares. Seu gênio musical e seu senso do teatro varrem os estereótipos líricos e os clichês do *vaudeville*. Ele se inspira em Gluck no duo de amor ("Oui, c'est un rêve", Sim, é um sonho), em Rossini (o trio patriótico de *Guilherme Tell**) e inclusive em Wagner, de quem parodia o prelúdio de *Lohengrin** . A ópera está repleta de belíssimas páginas musicais: o gracioso interlúdio em ritmo de valsa, entre o primeiro e o segundo atos, a ária de Páris ("Au mont Ida") e as de Helena ("Amours divins, ardentes flammes", Amores divinos, ardentes chamas) no primeiro ato e no segundo ("Dis-moi Vénus quel plaisir trouves-tu à faire ainsi cascader ma vertu?", Diz-me, Vênus, que prazer encontras em fazer minha virtude cair na farra?). Compreende-se por que grandes cantoras, como Jessye Norman, tenham querido interpretar o papel de Helena. Essa música, com demasiada freqüência classificada na categoria das operetas populares, é mais sofisticada do que parece: não foi Offenbach cognominado "o pequeno Mozart dos Champs-Elysées"?

GRAVAÇÃO RECOMENDADA - EMI 7471578: Coros e Orquestra do Capitólio de Toulouse. Dir. Michel Plasson. Jessye Norman (Helena), John Aler (Páris), Gabriel Bacquier (Agamêmnon), Jean-Philippe Lafont (Calcas).

OS TROIANOS
ÓPERA FRANCESA DO SÉCULO XIX
DE HECTOR BERLIOZ (1803-1869)

Poema lírico" em cinco atos e duas partes
Texto francês de Berlioz (baseado na *Eneida*, de Virgílio)
estréia em 1869 em Paris, com o título Les Troyens à Carthage (Os Troianos em Cartago)

O COMPOSITOR - *(um titã romântico, anticonformista e exuberante)* De Berlioz, compositor autodidata, escritor e grande crítico musical, são conhecidos sobretudo o *Requiem* e a *Sinfonia Fantástica*. Homem de impulso e de paixão, na linha de Beethoven e de Weber, ele encarna, com o poeta Victor Hugo e o pintor Eugène Delacroix, o Romantismo francês. Pela riqueza e a originalidade de sua invenção melódica e orquestral, esse titã anticonformista e exuberante exerceu uma influência considerável tanto na França como na Alemanha, em músicos como Wagner e Strauss, ou na Rússia, num Mussorgsky. Entretanto, não chegou a se impor no teatro lírico: com exceção de *Béatrice et Bénédict*, suas óperas (*Benvenutto Cellini*, *La Damnation de Faust* e mesmo *Os Troianos*, sua obra-prima) foram fracassos.

ORIGEM E ACOLHIDA - Desde a infância, Berlioz sonhava pôr em música o mito da tomada de Tróia e a história de Enéias e Dido, que inspirou muitos compositores de óperas. Encorajado pela amiga de Liszt, a princesa de Sayn-Wittgenstein, Berlioz trabalhou nela durante anos. A obra se compõe de duas partes, *A Tomada de Tróia* e *Os Troianos em Cartago*, que Berlioz desejava que fossem representadas em duas jornadas. Somente a segunda parte foi encenada na estréia. A ópera só foi representada integralmente vinte e um anos após a morte de Berlioz. Ela é bastante difícil de representar por durar, com os intervalos, quatro horas e meia, e por exigir numerosas mudanças de cenário, uma multidão de coristas e intérpretes tolerantes.

RESUMO - *(epopéia trágica e legendária)*
   Em Tróia, depois em Cartago.
   Primeira parte: A Tomada de Tróia
   Ato I: Após dez anos de cerco, os gregos parecem ter levantado acampamento. Os troianos descobrem um cavalo de madeira. Sinon, um grego, aconselha Príamo, o rei, a introduzir o cavalo em Tróia. Cassandra (sop) pressente um infortúnio, mas ninguém a crê.
   Ato II: Durante seu sono, Enéias (t) vê a sombra do herói Heitor, que lhe ordena fugir e ir fundar na Itália um

império. Os gregos saem do cavalo e massacram a população. Enéias parte, enquanto as mulheres se matam para escapar aos gregos.

Segunda parte: Os Troianos em Cartago

Ato III: Em Cartago, a rainha Dido (ms), cujo marido, Siqueu, está morto, acolhe a frota dos troianos. Enéias propõe-se a combater os númidas, que ameaçam Cartago.

Ato IV: Na floresta, irrompe uma tempestade. Dido e Enéias se refugiam numa gruta. Enéias conta a Dido, entregue a seu novo amor, os infortúnios de Tróia.

Ato V: Os deuses lembram a Enéias que ele deve partir. Ele está dividido entre seu dever e seu amor. Desesperada, Dido diz adeus a seu povo, à sua irmã, ao céu da África e às "noites de embriaguez". Sobe numa fogueira e se mata com a espada de Enéias. Ao coro dos cartagineses, que proclama seu ódio contra a raça de Enéias, sucede a Marcha troiana, transformada em canto de triunfo dos romanos.

ANÁLISE - *(uma grande tragédia épica e lírica inspirada por Virgílio, Shakespeare e Gluck)* Essa epopéia que reconstitui o destino trágico de um povo (os troianos) e de um indivíduo (Dido) lembra a *opera seria* do século dezoito e, em particular, as "tragédias líricas" de Gluck (*Orfeu**), de quem Berlioz apreciava o despojamento expressivo. Mas ela é marcada sobretudo por influências literárias, a do poeta latino Virgílio, autor da *Eneida*, e principalmente a de Shakespeare, que Berlioz venerava, como todos os artistas românticos. A construção facetada e fortemente contrastada se inspira nas tragédias shakespearianas: a ópera se apresenta como uma série de episódios em que cenas intimistas ou meditativas fazem contraponto às passagens heróicas e às cenas de multidão. As personagens secundárias não são tratadas como figurantes: as sentinelas que praguejam contra seu chefe, o jovem Hylas, que exprime sua nostalgia numa canção ingênua e comovente, têm um ar muito shakespeariano. Enfim, a mistura das formas obedece a uma estética romântica inspirada em Shakespeare: a ópera compreende trechos clássicos, *arias* (a mais emocionante é a de Cassandra no início: "Les grecs ont disparu", Os gregos desapareceram), recitativos (como o de Enéias no final: "Inutiles regrets", Inúteis lamentos, seguido da ária "Ah! quand viendra le temps des adieux", Ah, quando virá o tempo das despedidas), duos (como o entre Anna e Dido), conjuntos (o extraordinário septeto "Tout n'est que paix et charme autour de nous", Tudo é apenas paz e encanto ao nosso redor), mas também trechos orquestrais (como a "Caçada real e tempestade", que é uma verdadeira sinfonia descritiva), balés (como o "passo das escravas núbias"), pantomimas (a mais impressionante é a cena em que Andrômaca imita sua dor enquanto uma clarineta substitui sua voz). Berlioz casa a sóbria grandeza do classicismo com o fervor romântico: a cena pungente da morte de Dido, digna de Purcell (*Dido e Enéias**), contrasta com o lirismo apaixonado do duo de amor entre Dino e Enéias ("Nuit d'ivresse, nuit d'extase infinie", Noite de embriaguez, noite de êxtase infinito), cujas palavras, aliás, são tomadas da peça de Shakespeare *O Mercador de Veneza*.

Ao escrever *Os Troianos*, Berlioz queria suplantar seu rival alemão Wagner. Como em Wagner, o tema é tirado da mitologia, e o próprio Berlioz escreveu o libreto. Alguns aspectos podem parecer concessões à tradição da Grande Ópera francesa que triunfava então nos palcos internacionais: a amplidão monumental, a divisão em "números", a importância das partes corais e coreográficas, a alternância de cenas espetaculares e cenas sentimentais. Mas Berlioz transcende as convenções da Grande Ópera, e junta a interioridade à potência, a nobreza à invenção, a variedade à unidade. A riqueza dos timbres, o brilho do colorido orquestral animam esse afresco épico com uma vida extraordinária. Mas a abundância musical e dramática é estruturada por um tema recorrente, a Marcha troiana: trata-se de um verdadeiro *leitmotiv* (ainda que Berlioz prefira chamá-lo uma "idéia fixa") que sofre transformações à maneira do motivo wagneriano. Do mesmo modo, a ordem dos deuses retorna de forma lancinante, lembrando a missão de Enéias e o destino do povo troiano ("Itália!"), inscrevendo a aventura individual na história coletiva.

Embora essa ópera celebre o heroísmo à maneira das tragédias antigas, a tonalidade geral é mais romântica que épica. A verdadeira fatalidade é a da solidão e do sofrimento humanos, e Berlioz jamais nos comove tanto como quando nos faz ouvir os lamentos de Cassandra que ninguém escuta, a dor de Andrômaca, os gritos do povo massacrado, a canção do marinheiro desterrado, o lamento de Dido abandonada ou a deploração de Enéias prisioneiro de sua missão. Essa poesia altaneira e generosa é única no repertório francês.

GRAVAÇÃO RECOMENDADA - PHILIPS 416432-2: Orquestra da Royal Opera de Covent Garden. Dir. Colin Davis. Jon Vickers (Enéias), Joséphine Veasey (Dido), Berit Lindholm (Cassandra).

BORIS GODUNOV
ÓPERA RUSSA DO SÉCULO XIX
DE MODESTO MUSSORGSKY (1839-1881)

Ópera em quatro atos e um prólogo (dez quadros)
Libreto russo de Modesto Mussorgsky (baseado na tragédia histórica de Alexandre Pushkin)
estréia em São Petersburgo em 1874

O COMPOSITOR - *(um gênio precursor que encarna a alma russa)* Este autodidata de gênio, de origem ao mesmo tempo aristocrática e camponesa, tinha um temperamento anticonformista que o fez aderir às idéias progressistas do Grupo dos Cinco. Em reação contra Wagner e a música ocidental, esses cinco compositores russos (Cui, Balakirev, Rimsky-Korsakov, Borodin e Mussorgsky) pregavam uma música popular e nacionalista, fundada na importância dos coros, na caracterização das personagens e no colorido histórico. Mussorgsky é sobretudo conhecido por *Uma Noite no Monte Calvo* e *Os Quadros de uma Exposição*, mas a música vocal prevalece em sua obra. De suas três óperas, as mais célebres são *Boris Godunov* e *A Khovantchina* (terminada por Rimsky-Korsakov). Ele compôs igualmente melodias que são tão belas quanto suas óperas. Rejeitando a "beleza pura", Mussorgsky subordina a arte à expressão da vida, em nome da "verdade artística": "as escavações pacientes nos veios mais secretos da natureza humana, sua descoberta, eis a verdadeira missão do artista". Inspirada pelo folclore russo, sustentada por uma harmonia e uma instrumentação por vezes rudes mas extraordinariamente eficazes, sua melodia aproxima-se da fala. Por seu temperamento (ele era solitário, depressivo, alcoólatra e sujeito a crises de epilepsia), mas também por seu gênio visionário, seu humanismo e sua força criadora, Mussorgsky lembra o romancista Dostoievski. Áspera e inspirada, sua música encarna a alma russa, e, embora prefigure as mais audaciosas inovações do século vinte, não se assemelha a nenhuma outra.

ORIGEM E ACOLHIDA - Mussorgsky teve por duas vezes recusada *Boris Godunov*: primeiro em 1868 e depois em 1872. Finalmente, em 1874, a ópera foi representada. Ela obteve um grande sucesso, mas o descrédito de seus amigos Borodin e Balakirev, que a tacharam de amadorismo, afundou Mussorgsky no desespero e no alcoolismo. Acreditando agir bem, Rimsky-Korsakov revisou a partitura de *Boris Godunov* e a tornou mais polida e mais européia, enriquecendo a orquestra e praticando numerosos cortes. É nessa versão mutilada que a obra-prima de Mussorgsky costuma ser representada.

RESUMO - *(tragédia histórica)*
Na Rússia e na Polônia, entre 1798 e 1805.
Prólogo: O secretário da Duma (assembléia russa) anuncia à multidão em prece que Boris Godunov (bar-b)

hesita em assumir o trono. Por insistência do povo que o aclama, Boris é coroado czar da Rússia, mas, desde que mandou matar o herdeiro legítimo, o jovem Dimitri, o poder o inquieta.

Ato I: Cinco anos mais tarde, o país, assolado pela fome e a peste, acusa Boris por suas desgraças. Na cela de um mosteiro, o velho monge Pimeno (b), que escreve a história da Rússia, conta a Grigori (t), jovem noviço, que Boris subiu ao trono após um assassinato. Grigori, que se queixa de sua reclusão, decide castigar Boris. Foge do convento e chega a uma estalagem em companhia de dois monges bêbados, Varlaam e Missail. Surgem os guardas, mas Grigori consegue escapar.

Ato II: No Kremlin, o czar Boris reconforta sua filha Xenia (sop), que chora a morte do noivo. Ele medita sobre o peso de seu cargo e sobre sua solidão, e a imagem do menino ensangüentado não lhe sai da cabeça. O príncipe Chuisky anuncia que um usurpador se faz passar pelo czarevitch Dimitri. Boris, numa crise de alucinações, vê surgir o menino assassinado, soluça e implora o perdão de Deus.

Ato III: Na Polônia, a ambiciosa Marina Mniszek (sop ou ms) espera aproveitar-se do amor do falso Dimitri (Grigori) para chegar ao trono da Rússia. O jesuíta Rangoni (bar) conta com essa intriga para restabelecer o catolicismo na Rússia. Atiçando o amor-próprio do rapaz, Marina convence Dimitri a marchar sobre Moscou.

Ato IV: Na Duma, Chuisky relata que o czar delira. Um pobre de espírito, o Inocente (t), acusa publicamente Boris de ser o assassino do czarevitch. Boris recebe a visita do monge Pimeno, que lhe fala de milagres que acontecem sobre o túmulo de Dimitri. Boris se debilita e morre, após designar seu filho como sucessor. Mas o usurpador se faz aclamar pela multidão, enquanto o Inocente se lamenta: "Chora, povo da Rússia, chora, povo da fome!"

ANÁLISE - *(uma grande tragédia histórica conduzida por uma música genial, crua e autêntica) Boris Godunov* se apresenta como um afresco histórico, rico em personagens e em peripécias, que concede uma grande importância aos coros e contém inclusive uma cena de balé. Mas a obra-prima de Mussorgsky nada tem em comum com a Grande Ópera, interessada na busca de efeitos espetaculares. Antes de mais nada, a obra, longe de se conformar à tradicional divisão em "números", se apresenta como um vasto panorama: Mussorgsky justapõe quadros autônomos, cada um deles com sua própria atmosfera e concluído com calma, sem final espalhafatoso. Como grande dramaturgo, ele faz alternar as cenas coletivas (o grandioso coroamento do czar, no início) com cenas intimistas (o monge Pimeno em sua cela), as cenas triviais e alegres (a estalagem no segundo ato) com cenas mundanas (a festa polonesa no terceiro ato) ou pungentes (a morte de Boris no quarto ato). Se a fragmentação do tempo e do espaço lembra as tragédias de Shakespeare, reencontramos também aquela efervescência de vida própria aos romances de Dostoievski, e mesmo personagens secundárias como a ama-de-leite, Xenia, Feodor, Varlaam ou Chuisky são fortemente caracterizadas.

De fato, o compositor quis captar a alma do povo russo com suas sombras e suas luzes, a verdade humana tanto dos poderosos quanto a dos humildes. Essa tragédia coletiva e individual em que se sucedem intrigas e assassinatos, mentiras e impostura, constitui uma verdadeira meditação sobre a essência do poder. Aos sofrimentos do povo responde a terrível solidão do czar; aos gritos dementes de Boris ecoa o lamento doido do Inocente. Paralelamente às reviravoltas do povo, a todo momento enganado, sacudido entre a esperança e a miséria, assistimos à decomposição de um homem dilacerado entre sua imagem de chefe poderoso e seu ser profundo, assediado pela recordação do crime. A intensidade trágica culmina em seu magnífico monólogo no segundo ato ("Tenho o poder supremo"). Por não ter a pureza dos heróis convencionais (a tessitura de sua voz de barítono-baixo ilustra a dualidade da personagem), Boris é tão perturbador quanto essa multidão que grita de fome, amontoada diante da porta do palácio ou reunida na floresta. O povo russo, tratado como uma personagem integral, é representado pelos coros (que, mais ainda que em Glinka, desempenham um papel dramático de primeira importância), mas também pelo Inocente, essa personagem incompreendida e perseguida que, de acordo com a tradição cristã, encarna a lucidez profética do pobre de espírito. É significativo que a ópera termine com o lamento dilacerante do Inocente. A meditação sobre o poder desemboca no confronto trágico da sabedoria e da loucura.

Como Glinka (*Uma Vida pelo Czar**), primeiro compositor russo a explorar o patrimônio dos cantos populares, Mussorgsky remonta às fontes vivas da música russa; no entanto, sua linguagem musical é completamente nova. A obra é construída por temas recorrentes, mas, ao contrário dos *leitmotive* wagnerianos que se superpõem e se combinam, esses temas são investidos de uma força evocadora que não justifica nenhuma ênfase. Mussorgsky justapõe vários estilos musicais que são recriados ou parodiados: música sacra tradicional (o relato de Pimeno, a paródia dos monges que largaram a batina), melodias populares truculentas (as canções do estalajadeiro, de Varlaam, da ama-de-leite), *bel canto* italiano (ridicularizado na cena polonesa). Mas a grande inovação de Mussorgsky consiste em criar, a partir do folclore russo, uma declamação diretamente saída da fala: "Ao estudar a fala humana, consegui encontrar a melodia que cria essa fala. Pude assim incorporar o recitativo na melodia. Gostaria de chamar isso de melodia modelada pelo espírito". A beleza sem afetação dessa escrita vocal vem de sua autenticidade: Mussorgsky nos faz sentir a ligação profunda entre a música e a linguagem, e diríamos que ele capta o momento em que a fala e o pensamento se articulam, em que a emoção ainda rude faz brotar as palavras na garganta.

Boris Godunov é uma ópera farol, do mesmo modo que *Orfeo**, de Monteverdi, ou *Pélleas et Mélisande**, de Debussy. A música de Mussorgsky, de uma vitalidade prodigiosa, situa-se no oposto do romantismo elegante e entristecido de seu compatriota Tchaikovsky (*Eugênio Oneguin**); ela é muito mais moderna que a de Wagner (*O Anel do Nibelungo**). Por seu realismo poético, prefigura Puccini; por suas inovações rítmicas e harmônicas, anuncia Bartok e Janacek; o recitativo se assemelha à declamação de Debussy. Mas o gênio de Mussorgsky escapa a toda classificação, pois o que sua ópera nos faz ouvir é a pulsação mesma da vida.

GRAVAÇÃO RECOMENDADA -**Chant du Monde LDC 278853-55**: Coro e orquestra do Bolshoi de Moscou. Dir. Mark Ermler. Evguéni Nestérenko (Boris).

CARMEN

ÓPERA FRANCESA DO SÉCULO XIX
DE GEORGES BIZET (1838-1875)

Ópera em quatro atos
Libreto francês de Meilhac e Halévy (baseado na novela *Carmen*, de Prosper Mérimée)
estréia em 1875 em Paris

O COMPOSITOR - *(um músico audacioso, incompreendido em sua época)* Esse músico muito dotado, nascido numa família de músicos, conquistou o Grand Prix de Rome, uma bolsa de aperfeiçoamento de estudos, e recebeu uma formação centrada mais no teatro lírico que na música instrumental. Teve especialmente por mestre Jules Halévy (*La Juive*), de quem desposou a filha. Suas obras mais conhecidas são as três óperas *La Jolie Fille de Perth* (A bela filha de Perth), *Les Pêcheurs de Perles* (Os pescadores de pérolas), *Carmen*, e a música de *A Arlesiana,* que compôs para Daudet. Bizet distingue-se de contemporâneos tais como César Franck, Ernest Chausson e Camille Saint-Sans, por seu senso do teatro. Sua música, extremamente vigorosa e original, esbarrou na incompreensão do público de sua época. *Carmen* foi sua última obra-prima:

Bizet morreu três meses após a estréia, aos trinta e seis anos. Só bem mais tarde foi apreciado e reconhecido.

ORIGEM E ACOLHIDA - Em sua estréia, *Carmen* provocou um escândalo. No entanto, Bizet havia procurado Meilhac e Halévy, os libretistas favoritos de Offenbach (*A Bela Helena**). Esses dois especialistas da ópera-cômica suavizaram muito a novela de Mérimée, a fim de mostrar personagens menos violentas, mais sentimentais, mais de acordo com os estereótipos do gênero. Mesmo assim o público burguês da ópera-cômica, que freqüentava o teatro Favart sobretudo para casar sua progenitura, não reconheceu, nesse drama sangrento conduzido por uma música forte, os divertimentos engraçadinhos e de acordo com as normas a que estava habituado. *Carmen* não teve um sucesso imediato: alguns ficaram melindrados com essa "virago de roupas sujas e cantos obscenos", enquanto a crítica da época acusava a obra de "wagnerismo". O diretor da Ópera retirou-a de cartaz por considerá-la vulgar. Em troca, Tchaikovsky afirmou: "Estou convencido de que dentro de dez anos *Carmen* será a ópera mais popular do mundo inteiro." O autor de *Eugênio Oneguin** não se enganava: não há no mundo, hoje, ópera mais representada do que *Carmen*, seja em sua forma original, com diálogos falados, seja na outra versão, com recitativos compostos por Ernest Guiraud que substituem os diálogos.

RESUMO - *(tragédia realista)*
  Espanha, por volta de 1820.
  Ato I: O cabo Don José (t) é encarregado de prender Carmen (sop), cigana apaixonada e leviana, que provocou uma rixa na manufatura de charutos onde trabalha. Ela seduz Don José, que a deixa partir.
  Ato II: Don José volta a encontrar Carmen na taberna de Lillas Pastia, onde Escamillo (bar-b), o célebre toureiro, acaba de fazer uma aparição muito comentada. Perdidamente apaixonado e enfeitiçado por Carmen, Don José deserta, e foge com ela para as montanhas.

Ato III: Carmen se cansa dos ciúmes de Don José. Este provoca a um duelo Escamillo, que veio buscar aquela que ama. Carmen interpõe-se. O toureiro vai embora, convidando-os para sua próxima corrida. Alertado pela loura Micala (sop), sua noiva, Don José parte com ela para assistir sua mãe, moribunda.

Ato IV: Escamillo entra triunfante na arena, em companhia de Carmen. Aparece Don José, que a implora que fique com ele. Mas ela recusa com arrogância e quer voltar a encontrar Escamillo, o herói. Enlouquecido de dor, Don José a apunhala.

ANÁLISE - *(uma ópera com as cores da vida, a meio caminho entre opereta e tragédia)* À imagem de sua heroína, que reúne os encantos provocantes de uma coquete, o charme venenoso da mulher fatal e a vitalidade extraordinária de uma mulher jovem e livre, a obra-prima de Bizet alia as seduções da opereta, da tragédia e do drama realista.

Carmen encanta primeiramente por traços próprios à ópera-cômica: um ritmo frenético e alegre, saltitante como uma música de dança, numerosos diálogos falados, árias arrebatadoras, tornadas tão famosas que todo o mundo as ama e as sabe de cor. Quem não conhece a irresistível *Habanera* do primeiro ato, que traduz a fascinação propriamente enfeitiçadora da cigana ("L'amour est enfant de Bohème", O amor é filho da Boêmia), e a seguidilha ("Près des remparts de Séville", Junto às muralhas de Sevilha), ou então a peça que destaca a voz de Escamillo ("Toréador, prends garde", Toreador, cuidado)? Reencontramos o clima da opereta, popular, terno e alegre, no coro das operárias da fábrica de charutos e no conjunto "Le douanier c'est notre affaire" (O fiscal é problema nosso), nas árias comoventes da doce Micala, no coro alegre e encantador dos garotos ("Taratata taratata taratata") ao qual ecoa a canção de Carmen ("Tralalala"), marcada por uma insolência sonhadora.

Mas o caráter aparentemente leviano de certos trechos é incapaz de ocultar o verdadeiro tema: uma tragédia passional que só pode se resolver com a morte. Ao mesmo tempo em que suas personagens um tanto comuns se alçam à dignidade de heróis trágicos, a opereta se encaminha pouco a pouco para a tragédia, e a música de Bizet recupera a intensidade da novela de Mérimée. Assim, a grande ária de Don José ("La fleur que tu m'avais jetée", A flor que me lançaste) é um longo grito de amor pungente. Quanto a Carmen, ela não é uma cigana com castanholas, mas uma personagem negra, feroz e apaixonada. Seu *arioso* despojado e grave, no célebre trio das cartas, pertence à tragédia mais sombria. Como em toda tragédia, a fatalidade é a personagem principal da ópera: desde o prelúdio, três temas se entrelaçam: o da Corrida, do Toreador e do Destino (ou da Morte). Esse tema do Destino, selvagem e sombrio, é um verdadeiro *leitmotiv*: faz pairar a sombra da morte desde a abertura, acompanha a primeira aparição de Carmen, reaparece no trio das cartas, reforçado por metais *fortissimo*, e, obviamente, na última cena. O duo final entre Carmen e Don José, precedido pelo lamento patético do pobre cabo ("Mais moi Carmen je t'aime encore", Mas eu, Carmen, ainda te amo), mostra o confronto, trágico por excelência, entre Eros e Thanatos, o amor e a morte.

Na verdade, a música de Bizet, transbordante de vida, não tem nem a frivolidade açucarada da opereta, nem a solenidade por vezes exangue da tragédia. Não há nenhum tempo morto nessa ópera, que passa sem transição da farsa ao drama, da *aria* ao coro, da melancolia da lembrança à excitação da dança. Desde o prelúdio, o retinir dos pratos salpica os ouvidos de cores e de luz, enquanto as sonoridades langorosas das flautas nos convidam para a festa e o amor. Ao longo de toda a ópera, a orquestra se mostra tão ruidosa, tão alegre e de cores vistosas quanto as personagens. Essa música cheia de animação, repleta de sol e de vida, transportava de admiração o filósofo Nietzsche, que via nessa obra "mediterrânea" o antídoto às "brumas alemãs" da ópera wagneriana. O mundo de *Carmen* é realista, sem ceder a um exotismo minucioso e engalanado: estilizado e expressivo, tem as cores variegadas da vida, como os quadros de Courbet. Por seu destino, Carmen se inscreve no universo clássico da tragédia, mas ela também aparece como uma heroína moderna, uma mulher cheia de vida, com a coragem de se rebelar contra a tirania das leis e dos homens: "o que eu quero é ser livre e fazer o que me agrada".

Carmen permaneceu sem descendência (excetuados alguns empréstimos de Tchaikovsky em *A Dama de Espadas*). De fato, a ópera de Bizet assemelha-se à sua heroína: deixa-se cortejar por todos os gêneros sem pertencer a nenhum, e escapa, definitivamente, a qualquer classificação. Talvez esteja aí o segredo de seu charme[8].

GRAVAÇÃO RECOMENDADA - EMI 749240-2: Orquestra Nacional. Dir. Sir Thomas Beecham. Victoria de Los Angeles (Carmen), Nicola Gedda (Don José), Jeanine Micheau (Micala), Ernest Blanc (Escamillo).

EUGÊNIO ONEGUIN
ÓPERA RUSSA DO SÉCULO XIX
DE PIOTR ILITCH TCHAIKOVSKY (1840-1893)

"Cenas líricas" em três atos e sete quadros
Libreto russo de Tchaikovsky e Shilovski (baseado no poema de Alexandre Pushkin)
estréia em 1879 em Moscou

O COMPOSITOR - *("o Verdi russo")* Tchaikovsky é, com Mussorgsky, o compositor russo mais ilustre. Ouvem-se com freqüência suas seis sinfonias, seus concertos para piano e para violino, e seus balés (*O Lago dos Cines*, *A Bela Adormecida no Bosque*, *Quebra-Nozes*), mas ele também com-

---

8. Na origem, a palavra *carmen* designa um canto mágico, capaz de enfeitiçar aquele que o ouve. É dessa palavra latina que vem a palavra "charme"..

pôs dez óperas, entre as quais duas obras-primas, que o fizeram ser cognominado "o Verdi russo": *Eugênio Oneguin* e *A Dama de Espadas*. Muito influenciado pela música ocidental, grande admirador de Mozart e da ópera italiana, é tido como o menos russo dos russos. No entanto, encarna maravilhosamente a alma eslava, com sua sensibilidade exacerbada e sua obsessão pela fatalidade. Embora adulado pelos palcos internacionais como regente de orquestra, viveu uma existência triste e solitária, e morreu vítima de cólera aos cinqüenta e três anos.

ORIGEM E ACOLHIDA - Enquanto algumas óperas têm sua fonte num acontecimento da vida do autor, aqui se produziu o contrário. Originalmente, *Eugênio Oneguin* foi o objeto de uma encomenda, mas Tchaikovsky se apaixonou pela personagem de Tatiana, que a seus olhos encarnava a mulher ideal. Ora, enquanto compunha com "uma felicidade indizível" a música dessa ópera, ele se viu na mesma situação que seu herói: recebeu uma declaração inflamada de uma jovem. Para não agir como o "insensível dândi" Oneguin, decidiu desposá-la. Essa união de fachada (ele era homossexual) o levou à beira do suicídio, e terminou dois meses depois com um divórcio. Eis o que ilustra bem o masoquismo romanesco do compositor.

RESUMO - *(história de amor romanesca)*
    Final do século XVIII, na Rússia.

Numa pequena propriedade no campo, e depois em São Petersburgo.

Ato I: Tatiana (sop), jovem sonhadora e melancólica, e sua irmã, Olga (contr), de temperamento mais alegre e realista, recebem a visita do poeta Lenski (t) e de seu amigo Eugênio Oneguin (bar), homem frio e indiferente. Enquanto Lenski declara seu amor a Olga, Oneguin se mostra muito distante em relação a Tatiana. Caída de amores, ela lhe escreve uma carta apaixonada. Mas Oneguin pede à jovem que se contenha e se conforme com uma amizade fraterna.

Ato II: Durante um baile oferecido pelo aniversário de Tatiana, Oneguin corteja Olga para se vingar das observações desagradáveis que ouve a seu respeito. Furioso, Lenski provoca-o a um duelo. Ao amanhecer, Oneguin mata seu amigo.

Ato III: Dois anos mais tarde, num baile, Oneguin vê uma jovem resplandecente. É Tatiana. Ela está casada com o príncipe Gremin (t), que está radiante de felicidade. Oneguin, fascinado, declara seu amor a Tatiana. A jovem, perturbada, lhe declara que ainda o ama, mas que agora pertence a um outro. Ela se afasta de Oneguin e o deixa desesperado.

ANÁLISE - *(sob vestes européias, um coração eslavo e sentimentos universais) Eugênio Oneguin* não é uma ópera revolucionária, mas uma obra agradável de ouvir e profundamente comovente. No momento em que o Grupo dos Cinco[9] busca libertar-se dos moldes herdados da música ocidental e prega um retorno ao folclore russo, Tchaikovsky permanece nos domínios da ópera italiana e francesa. As cenas de baile dão oportunidade à música de dança (valsa e mazurca, no segundo ato; *polonaise*, *écossaise* e valsa lenta, no terceiro). A estrutura da ópera respeita a divisão clássica em "números", mas com uma certa flexibilidade. O "Verdi russo" demonstra uma inspiração melódica muito rica, ilustrada, no segundo ato, pela ária patética de Lenski antes do duelo, e pelas grandes árias do príncipe Gremin, de Oneguin e de Tatiana, no terceiro. Mas, como seu compatriota Glinka (*Uma Vida pelo Czar**), Tchaikovsky substitui com freqüência as árias por um recitativo muito melódico: assim, na célebre cena da carta, no primeiro ato, um recitativo expressivo permite mostrar a perturbação afetiva de uma jovem apaixonada. A orquestra, variada e colorida, participa amplamente da ação dramática, em conformidade com os princípios da ópera ocidental.

---

9. Formado em 1862, o Grupo dos Cinco reunia cinco compositores russos: Balakirev, Mussorgsky, Cui, Borodin, Rimsky-Korsakov.

Sob vestes européias, Tchaikovsky abriga um coração eslavo. Ainda que sua música seja menos autenticamente russa que a de Mussorgsky, ele recupera, quando põe em cena personagens do povo (camponeses, amas-de-leite), ritmos propriamente russos. A ópera se organiza em torno da personagem principal, que é Tatiana e não Oneguin. O tema de Tatiana, presente desde o prelúdio, volta constantemente à orquestra. Sem ter o valor de um *leitmotiv*, constitui uma evocação melódica destinada a destacar a heroína. Ora, para os russos, Tatiana encarna o ideal feminino: jovem romanesca, ingênua e ardente, depois mulher virtuosa e digna, bastante forte para renunciar à felicidade. O escritor russo Dostoievski via nela o modelo da mulher russa. Ainda hoje ela é dada como exemplo às jovens russas, através do romance de Pushkin, um dos grandes clássicos da literatura russa. A ópera inteira traz a marca desse fatalismo, dessa mistura de melancolia e de exaltação próprios à sensibilidade eslava.

Para além dessa dupla influência, essa ópera suscita uma emoção universal que vem de sua verdade humana. As personagens, pertencentes à pequena burguesia, não são heróis, mas seres simples cujas infelicidades nos tocam por se assemelharem às nossas. *Eugênio Oneguin* nos faz viver a tragédia comum de um encontro malogrado com a felicidade. Ninguém é realmente culpado nessa história de um amor malsincronizado, a não ser uma obtusa fatalidade. Ao contrário da Grande Ópera, com seus efeitos espetaculares, suas batalhas, seus reis e seus heróis, a atmosfera dessa ópera, a meio caminho entre romantismo e verismo, evoca antes o Musset de *On ne badine pas avec l'amour* (Não se brinca com o amor) ou o Tchecov das *Três Irmãs*. Como *Werther** de Massenet, *Eugênio Oneguin* é uma ópera do sentimento. "Esforcei-me, escreve Tchaikovsky, por exprimir em minha música toda a angústia e todo o êxtase do amor." Nessa música, que vem do coração e se dirige ao coração, é tentador buscar ressonâncias autobiográficas: ao escutar *Eugê-*

nio Oneguin, pode-se pensar no drama pessoal de um homem terno e solitário, cuja existência foi obscurecida pela nostalgia de uma impossível felicidade.

GRAVAÇÃO RECOMENDADA - Chant du Monde 278.485/86: Coros e Orquestra do Teatro do Bolshoi de Moscou. Dir. Mstislav Rostropovitch. Iuri Mazurok (Oneguin), Galina Vichnievskaïa (Tatiana), Tatiana Tougarinova (Olga), Vladimir Atlantov (Lenski).

CAVALLERIA RUSTICANA
ÓPERA ITALIANA DO SÉCULO XIX
DE PIETRO MASCAGNI (1863-1945)

"Melodrama" em um ato
Libreto italiano de Giovanni Targioni-Tozzetti e Guido Menasci
(baseado nas *Cenas Populares* de Giovanni Verga)
estréia em 1890 em Roma

COMPOSITOR - *(o iniciador do verismo italiano)* Regente de orquestra renomado, Mascagni exerceu grande influência sobre a vida musical italiana de sua época. Sua primeira ópera, que compôs aos vinte e seis anos, *Cavalleria Rusticana*, lhe assegurou uma celebridade internacional. Embora tenha recusado o rótulo de verista, Mascagi é considerado o iniciador da corrente musical italiana chamada "verismo". Depois dele, e de maneira mais brilhante, Leoncavallo, autor de *Palhaços*, e sobretudo Puccini (*La Bohème**, *Tosca**...), ilustraram essa renovação.

ORIGEM E ACOLHIDA - Com essa ópera, extraída de uma célebre novela de Verga, Mascagni venceu um grande concurso musical (o concurso Sonzogno). Ao escutá-la, Verdi teria dito: "Posso morrer traqüilo". O sucesso de *Cavalleria Rusticana* (literalmente, "Cavalaria rústica") foi fulminante, mas nenhuma de suas óperas seguintes alcançou a mesma glória.

RESUMO - *(tragédia realista)*
Na praça de uma aldeia siciliana, no Domingo da Páscoa.

Santuzza (sop ou ms), jovem aldeã triste e melancólica, vagueia em busca de Turiddu (t), seu amante infiel. Ela conta a Mamma Lucia (ms), mãe deste último, a história de seu amor infeliz: ao retornar do exército, Turiddu reencontrou Lola (contr), que lhe estava prometida, casada com Alfio (bar), o carroceiro da aldeia. Por despeito, seduziu Santuzza, que passou a amá-lo apaixonadamente. Mas eis que ele agora volta a freqüentar seu antigo amor. Turiddu aparece e discute com Santuzza, que lhe censura suas infidelidades. A discussão é atiçada por Lola, que zomba da moça e lhe arrebata Turiddu. Desesperada, Santuzza revela a Alfio a ligação amorosa de sua mulher. Desafiado a um duelo por Alfio, Turiddu, arrependido, faz suas últimas recomendações à sua mãe confiando-lhe Santuzza, e parte para seu destino. A cortina desce com o grito de uma mulher: "mataram Turiddu!"

ANÁLISE - *(a primeira ópera verista) Cavalleria Rusticana* é uma patética história de amor e de vingança sobre a qual o sol mediterrâneo lança sua luz crua; o som dos sinos e o perfume das laranjeiras em flor fazem reinar um clima de sensualidade e devoção, enquanto a violência primitiva das paixões impele a festa da Páscoa para um desfecho sangrento. Essa tragédia, simples e brutal como uma crônica policial, ilustra os costumes do povo siciliano, dominados pelo senso da família, a importância dos ritos religiosos, o ciúme e a honra. Ao colocar em cena seres rudes, ao mostrar a vida cotidiana de uma aldeia com suas alegrias e seus dramas, a ópera de Mascagni marca o início de uma nova estética, mais tarde chamada o verismo. Como seu nome indica, essa corrente musical italiana, surgida na virada do século, caracteriza-se por uma preocupação com a verdade; pode-se compará-la ao movimento literário francês do naturalismo, tal como foi encarnado por Zola. Nessa época, a sociedade italiana, que acaba de afirmar sua identidade com o *Risorgimento*, reclama temas realistas, extraídos da vida contemporânea e não mais da bagagem mitológico-romântica. Na França, *Carmen** já havia mostrado o caminho. As cenas de multidão, cheias de animação e frescor, evocam a ópera de Bizet: coro de camponeses no início da ópera, cena da prece coletiva, canção báquica de Turiddu ("Viva il vino spumeggiante", Viva o vinho espumoso).

O verismo italiano participa do nacionalismo: rejeitando a concepção sinfônica da ópera herdada de Wagner, Mascagni retoma a grande tradição italiana do canto e realiza uma ópera popular em que a emoção é conduzida pelas melodias. A partitura de *Cavalleria Rusticana* contém trechos inspirados e célebres: a "siciliana" de Turiddu cantando nos bastidores, no início da ópera, seu amor por Lola, a romança de Santuzza ("Voi lo sapete, o mamma", Você sabe, mamãe), o confronto dramático entre Turiddu e Santuzza, o adeus de Turiddu à sua mãe, e a fulgurante cena final, que termina com um grito muito realista. Mascagni, no entanto, mesmo privilegiando a voz, não retorna ao *bel canto*. Dentro da evolução traçada por Verdi no final de sua obra (em *Otelo** e *Falstaff*), os recitativos impressionam por sua concisão enérgica e febril. Mascagni também não renuncia à orquestra, como testemunha o *intermezzo* sinfônico executado pelas cordas, que assume uma função de descontração.

Juntamente com *Palhaços,* de Leoncavallo (que costuma figurar como segunda parte das representações), *Cavalleria Rusticana* é a primeira ópera verista, a iniciadora daquela "jovem escola italiana" que triunfou no início deste século. A maior parte dos adeptos do verismo caiu hoje no esquecimento, se excetuarmos aquele que lhe deu a mais alta expressão, muito além da teoria: Puccini.

GRAVAÇÃO RECOMENDADA - RCA GD 86510: Orquestra da RCA Victor. Dir. Renato Vellini. Zinka Milanov (Santuzza), Jussi Björling (Turiddu), Robert Merrill (Alfio).

WERTHER
ÓPERA FRANCESA DO SÉCULO XIX
DE JULES MASSENET (1842-1912)

"Drama lírico" em quatro atos e quatro quadros
Libreto francês de Edouard Blau, Paul Milliet e Georges Hartmann
(baseado no romance *Os Sofrimentos do Jovem Werther*, de Johann Wolfang Goethe)
estréia em 1892 em Viena, em 1893 em Paris

O COMPOSITOR - *(uma espécie de músico oficial francês)*
Após brilhantes estudos (Grand Prix de Rome) e um começo difícil, Massenet tornou-se aos poucos, graças ao sucesso de suas óperas – em particular de *Manon* – uma espécie de músico oficial francês. Esse compositor que venerava Berlioz e Wagner, mas declarava só gostar da "música feita sem pensar muito", foi eleito para a Academia de Belas-Artes contra seu rival Saint-Sans. Entre suas vinte e seis óperas, só contam realmente *Manon* e *Werther*. Massenet encarna um certo espírito francês, caracterizado pela facilidade, a leveza, a sentimentalidade. Homem de teatro antes de tudo, porém mais "burguês" que artista, era adorado pelo público, mas desprezado pela crítica e invejado por seus confrades. O crítico Willy o qualificou de "Wagner para grandes cocotes". Mais próximo de nós, o compositor Francis Poulenc prestou-lhe uma bela homenagem: "todo músico (se for francês) tem um pouco de Massenet em seu coração, assim como cada italiano tem uma parcela de Verdi ou de Puccini". De fato, foi preciso esperar Debussy, que aliás sofreu sua influência, para eclipsar Massenet na história do teatro lírico francês.

ORIGEM E ACOLHIDA - Em 1885, Massenet vai a Bayreuth para escutar *Parsifal**. Visita, em Wetzlar, a casa onde Goethe escreveu *Os Sofrimentos do Jovem Werther*, romance epistolar e autobiográfico. O romance o entusiasma. Após dois anos de trabalho, apresenta sua ópera ao diretor da Ópera-Comique, Léon Carvalho, que recusa Werther sob pretexto de que "esse triste tema não desperta interesse"! Representada em Viena, numa tradução alemã com o célebre tenor Van Dyck no papel-título, o triunfo é imediato. Carvalho pede então a Massenet para repatriar sua ópera.

RESUMO - *(tragédia romântica)*

Nos arredores de Frankfurt, de julho a dezembro de 178...

Ato I: Enquanto os filhos do Magistrado repetem o cântico de Natal, dois amigos, Schmidt e Johann (t e b), falam de um certo Werther e de Alberto, o noivo de Carlota, a filha mais velha do Magistrado. Werther (t), nos arredores, se maravilha com a beleza da natureza. O Magistrado lhe apresenta Carlota (ms) e lhe pede que a leve ao baile em Wetzlar. Anoitece. Alberto volta de viagem e conversa com Sofia (sop), a irmã de Carlota, sobre seu casamento. Werther e Carlota retornam do baile. O jovem declara seu amor a Carlota em termos exaltados. Mas ela ouve de repente seu pai lhe anunciar que Alberto está de volta, e explica a Werther que sua mãe a fez jurar aceitá-lo como esposo. "Morrerei disso", declara Werther.

Ato II: Johann e Schmidt, sentados à mesa de uma taberna, vêem passar Alberto e Carlota, que estão casados há três meses. Eles entram no templo. Werther, desesperado ("um outro é o marido dela"), está prostrado num banco. Alberto lhe sugere consolar-se com Sofia. Mas Werther se aproxima de Carlota, que sai do templo. Pede-lhe para partir com ele até o Natal.

Ato III: É a véspera do Natal. Na casa de Alberto, Carlota relê, chorando, as cartas de Werther. Ele aparece, e a implora a reconhecer seu amor. Ela recusa, e Werther decide acabar com a vida. No momento em que Alberto, enciumado, prepara-se para questionar Carlota, Werther manda pedir uma pistola. Por ordem de seu marido, Carlota a entrega, mas logo precipita-se para a rua.

Ato IV: Carlota entra no quarto de Werther e o vê mortalmente ferido. Ela confessa enfim seu amor: Werther morre feliz em seus braços, e ela se desespera. Lá fora ouve-se o cântico de Natal e os gritos de alegria das crianças.

ANÁLISE - *(uma ópera sentimental)* Comparada ao drama panteísta e pré-romântico de Goethe, a intriga dessa ópera não é mais que um melodrama sentimental próprio para fazer chorar as mocinhas: como o *Fausto** de Gounod, o *Werther* de Massenet conserva do original apenas uma imagem ingênua. A Carlota da ópera está realmente apaixonada por Werther; o herói não morre sozinho, mas nos braços de sua bem-amada, respeitando assim a mais pura tradição operística (como Violetta em *La Traviata**, Mimi em *La Bohème**). O encanto delicado de *Werther,* ópera de clima intimista (o único coro é o das crianças, no começo e no final), consiste essencialmente em sua música: tudo, desde a partitura musical muito densa até o discurso vocal claro e fluente, está subordinado à expressão dos sentimentos.

Nessa ópera triunfa a técnica empregada por Massenet em *Manon:* o uso dos *leitmotive* destinados a caracterizar os sentimentos das personagens à medida que eles evoluem. A orquestra desempenha um papel muito importante. Os instrumentos descrevem, sugerem ou sublinham os estados de alma: o oboé acompanha a invocação à Natureza de Werther; o violoncelo, o duo amoroso dos enamorados ao luar, a trompa traduz uma melancolia dolorosa (na cena da leitura das cartas). Quando Werther vê Carlota, o som da clarineta sugere a perturbação que se apodera do jovem. Os dois pólos dramáticos da ópera (sofrimento de amor, apaziguamento pela natureza e pela morte) se encarnam nos dois temas principais, que aparecem desde o prelúdio: ao tema do amor, apaixonado, dolorido, se opõe o tema da natureza, sereno e consolador.

Esse encargo temático da orquestra libera o canto, que se desenvolve com desembaraço em *arias*, recitativos ou diálogos falados. O papel de Werther é um dos preferidos dos tenores. Com efeito, apesar da fluidez da escrita vocal, algumas árias são célebres: a invocação à Natureza de

Werther ("O nature pleine de grâce", Ó natureza cheia de graça), o duo do Luar entre Carlota e Werther no primeiro ato ("Il faut nous séparer", Precisamos nos separar), a ária patética de Werther ("J'aurais, sur ma poitrine", Eu teria, em meu peito...), a "ária das lágrimas" no momento da leitura das cartas por Carlota (que pode ser comparada à cena da carta em *Eugênio Oneguin* de Tchaikovsky*), o famoso "lied de Ossian" ("Pourquoi me réveiller", por que me despertar) de Werther no terceiro ato. A essas árias famosas, pode-se no entanto preferir os recitativos, menos grandiloqüentes e mais sinceros, como o belo monólogo melancólico de Werther no segundo ato: "Oui, ce qu'elle m'ordonne" (Sim, o que ela me ordena). Essa ópera do sentimento concentra-se inteiramente nos desabafos langorosos do herói, nas expressões de dor da heroína. Devaneio, êxtase, lamentos... A música de Massenet nos faz ouvir os suspiros do coração.

GRAVAÇÃO RECOMENDADA - EMI 769573-2: Orquestra Filarmônica de Londres. Dir. Michel Plasson. Alfredo Kraus (Werther), Tatiana Troyanos (Carlota).

MANON LESCAUT

ÓPERA ITALIANA DO SÉCULO XIX
DE GIACOMO PUCCINI (1858-1924)

"Drama lírico" em quatro atos
Libreto italiano de cinco autores: Praga, Oliva, Ricordi, Illica, Giacosa (baseado no romance do abade Prévost)
estréia em Turim em 1893

O COMPOSITOR - *(o herdeiro genial de Verdi)* Originário de uma dinastia de músicos e formado em música religiosa já no começo de sua juventude, Giacomo Puccini decidiu sua vocação na noite em que assistiu a uma representação de *Aída**, de

Verdi. Puccini encarna o verismo italiano com Mascagni (*Cavalleria Rusticana**) e Leoncavallo (*Palhaços*), mas num nível bem diferente. O objetivo de Puccini é atingir a verdade: "O que eu quero é ser sincero, ser verdadeiro; é oferecer com todas as minhas forças, e por todos os meios, o sentido da vida." Suas óperas nos mergulham num universo que não é mais épico ou legendário, mas cotidiano: "Não sou feito para as ações heróicas. Gosto dos seres que têm um coração como o nosso, que são feitos de esperanças e de ilusões, que têm impulsos de alegria e horas de melancolia, que choram sem urrar e sofrem com uma amargura completamente interior." Mas o verismo pucciniano é uma recriação teatral e musical, um realismo poético. Puccini é exímio em criar ambientes e traduzir as nuances dos sentimentos. Entretanto, sua popularidade por vezes o prejudicou, e alguns o acusaram de vulgaridade e complacência. Na realidade, sua escrita sempre suave e refinada, por vezes muito audaciosa, não cessou de amadurecer e de evoluir. O escritor inglês Bernard Shaw escreveu que Puccini era "o herdeiro de Verdi": herdeiro genial, que soube conciliar o lirismo verdiano e o sinfonismo wagneriano numa síntese de incontestável originalidade. Puccini é, na verdade, um poeta, como sugeria um outro poeta, Oscar Wilde: "Puccini é um Alfred de Musset que escreve notas". Entre suas doze óperas, além de *Manon Lescaut*, *La Bohème**, *Tosca**, *Madame Butterfly** e *Turandot**, encontramos obras menos conhecidas mas admiráveis, como *La Rondine*, *La Fanciulla del West*, *Il Tabarro*, *Suor Angelica*, *Gianni Schicchi*.

ORIGEM E ACOLHIDA - Terceira ópera de Puccini, *Manon Lescaut* foi representada no mesmo ano que o *Falstaff* de Verdi. Conheceu imediatamente um imenso sucesso na Itália e no estrangeiro. Hoje, na França, permanece injustamente eclipsada pela *Manon* de Massenet.

RESUMO - *(história de amor romanesca e trágica)*
   Século XVIII, em Amiens, depois em Paris, no Havre e na América.

Ato I: Na praça principal de Amiens, uma multidão de estudantes e moças passeia e conversa. Entre eles está um jovem nobre, Des Grieux (t). Chega uma carruagem, na qual se encontram uma jovem, Manon Lescaut (sop), seu irmão (bar) e Geronte (b), coletor de impostos reais. Des Grieux se apaixona por Manon. Aproveitando-se do veículo com que Geronte pretendia levar a jovem, eles fogem para a capital.

Ato II: Manon deixou Des Grieux. Tendo se tornado amante de Geronte, leva uma vida de luxo em sua mansão parisiense, mas confessa a Lescaut, seu irmão, seu cansaço. Lescaut traz de volta Des Grieux, que recrimina Manon por sua infidelidade. Lescaut os pressiona a partir, se quiserem escapar à cólera de Geronte. Mas Manon demora-se em juntar suas jóias, e é detida pelos arqueiros do rei como prostituta e ladra.

Intermezzo: Trecho melódico e pungente executado pela orquestra, que exprime a aflição de Des Grieux, incapaz de poder libertar Manon.

Ato III: Lescaut e Des Grieux não conseguem a liberdade de Manon, que deve ser deportada para a Luisiânia. Desesperado, Des Grieux implora ao comandante do navio que o leve a bordo.

Ato IV: Tendo conseguido fugir, os dois amantes marcham numa planície desértica da América. Esgotada, Manon cambaleia. Evocando o passado, ela deplora sua "beleza fatal". Após uma despedida dilacerante, ela morre. Des Grieux cai desfalecido sobre seu corpo.

ANÁLISE - *(uma música suave e inventiva que traduz a verdade das paixões)* Por seu tema (a história de uma prostituta que se redime) e por sua violência emocional, *Manon Lescaut* lembra *La Traviata**. Como Verdi, Puccini é um gênio dramático. O ritmo muito rápido que imprime à ação e a força dos contrastes atestam seu senso do teatro. Às cenas iniciais, pitorescas, animadas, superficiais, ele faz suceder cenas de intimidade intensas e dolorosas. O coro dos estudantes e das moças na praça de Amiens, no primeiro ato, contrasta com o duo de amor apaixonado no quarto de Manon, no segundo ato. Ao grande quadro do terceiro ato, em que as prostitutas desfilam diante de burgueses zombeteiros ou indignados, opõe-se o despojamento irreal das últimas cenas, em que os dois amantes erram pelo deserto. Em oposição às formas galantes do madrigal ou do minueto, os gritos patéticos dos heróis restituem a verdade da paixão. Quando Des Grieux reencontra Manon, ela consegue apenas balbuciar: "Tu, tu, amore? Tu?" (Tu, tu, meu amor? Tu?). O romantismo se exaspera em verismo, mas, como em Verdi, o realismo é dominado pela tragédia.

Como *La Traviata**, *Manon Lescaut* é uma obra fácil de escutar, mas muito inventiva e elaborada. Puccini combina o lirismo italiano com o sinfonismo wagneriano. Certas páginas, de grande brilho, se ligam à tradição do *bel canto*: podemos citar a ária melancólica de Manon no segundo ato ("In quelle trine morbide", Naquelas rendas macias...), ou a difícil de ser cantada "L'ora o Tirsi, vaga e bella" (A hora, ó Tirsis, é graciosa e bela), as árias célebres de Des Grieux (no primeiro ato: "Donna non vidi mai simile a questa", Jamais vi mulher igual a esta; e no segundo: "Ah, Manon, mi tradisce il tuo folle pensier", Ah, Manon, teus pensamentos loucos me traem...). Entretanto, apesar do caráter muito melódico dessas peças, de uma sensualidade suave e insinuante, trata-se apenas de breves monólogos: integrado ao discurso contínuo dos instrumentos, o canto se espalha e se evapora, como um perfume trazido e levado pelo vento.

A orquestra tem um papel dramático capital. Puccini utiliza numerosos *leitmotive* para caracterizar as personagens e as situações. A riqueza dos timbres, a invenção harmônica, sugerem atmosferas animadas e complexas. Às vezes, a orquestra inclusive substitui o canto, exprimindo o indizível, como no intervalo sinfônico entre o segundo e o terceiro ato, que descreve a aflição do herói.

Manon inaugura a série das heroínas puccinianas,

aquelas jovens mulheres ternas e frágeis, rejeitadas pela sociedade e prometidas a um fim trágico: mais frívola, mais provocante, porém tão melancólica e apaixonada quanto Mimi em *La Bohème**, Cio-Cio-San em *Madame Butterfly** ou Li em *Turandot**. Sua última ária ("Sola, perduta, abbandonata", Sozinha, perdida, abandonada) é estupenda. Puccini se distancia deliberadamente da *Manon* de Massenet. Ao pôr o acento na versatilidade e na intensidade das paixões, ao dar tanta importância à personagem masculina quanto à heroína, certamente ele é mais fiel ao espírito do romance do abade Prévost: "Massenet o sentia como francês, com o pó-de-arroz e os minuetos, eu o sinto como italiano, com uma paixão desesperada."

GRAVAÇÃO RECOMENDADA - Deutsche Grammophon 413 893-2: Orquestra Filarmônica. Coros da Royal Opera House, Covent Garden. Dir. Giuseppe Sinopoli. Mirella Freni (Manon), Placido Domingo (Des Grieux), Renato Bruson (Lescaut).

LA BOHÈME

ÓPERA ITALIANA DO SÉCULO XIX
DE GIACOMO PUCCINI (1858-1924)

Ópera em quatro atos
Libreto italiano de Giacoso e Illica (baseado no romance francês de Henry Murger, *Scènes de la Vie de Bohème*)
estréia em 1896 em Turim

O COMPOSITOR - (ver *Manon Lescaut**)

ORIGEM E ACOLHIDA - O romance de Murger seduziu Puccini, que havia, ele próprio, fundado na Itália um "Clube da Boêmia". Na noite de estréia, a ópera teve uma acolhida medíocre, embora o regente da orquestra fosse Arturo Toscanini. Na França, Fauré a qualificou de "terrível ópera italiana", contrariamente a Massenet e Ravel, que a admiravam. Hoje, essa ópera é uma das mais populares e mais representadas do repertório.

RESUMO - *(melodrama intimista e social)*
Paris, por volta de 1830.

Ato I: É a véspera de Natal, e faz frio na mansarda onde o poeta Rodolfo (t) e o pintor Marcel (bar) tentam trabalhar. O filósofo Colline (b) e o músico Schaunard (bar) vão visitá-los, levando vinho, mantimentos e charutos. Eles oferecem bebida ao proprietário, Benot, que reclama seu aluguel. Uma vizinha de andar bate à porta: é Mimi (sop), uma costureirinha. Imediatamente, Rodolfo e Mimi se apaixonam um pelo outro.

Ato II: Os jovens festejam a passagem de ano no terraço do café Momus, no Quartier Latin. Chega Musette, a ex-amante de Marcel. Ela desdobra todo o seu charme para reconquistá-lo, às custas de seu protetor, Alcindor, obrigado a pagar a conta.

Ato III: Mimi vem confiar seu sofrimento a Musette, que vive na casa de Marcel: Rodolfo, enciumado, quer deixá-la. Mas Rodolfo diz a Marcel que a vida precária que levam não convém a Mimi, que sofre de tuberculose. Os dois amantes se dizem adeus, enquanto Marcel e Musette discutem entre si.

Ato IV: Em sua mansarda, Rodolfo sente pena de Mimi. Os jovens se divertem com brincadeiras infantis, mas vivem na miséria. Musette lhe informa que Mimi está passando muito mal. De volta à mansarda, Mimi morre nos braços de Rodolfo.

ANÁLISE - *(uma obra-prima de realismo poético)* Como *Manon Lescaut**, *La Bohème* se inspira numa obra francesa e, mais particularmente, parisiense. Essa *love story* patética e realista dá ensejo a Puccini de evocar a Paris romântica de 1830, com seus cafés, seus mercados e suas mansardas, sua atmosfera alegre e suas figuras pitorescas: vendedores ambulantes, costureirinhas galantes, jovens artistas que levam uma "vida boêmia" animada pelas amizades e os amores precários, mas sempre espreitada pela miséria e a doença. Muito distante dos temas heróicos, marcada pelo desejo de "pôr em música paixões verdadeiras" (segundo as palavras do próprio Puccini), essa ópera se inscreve nas preocupações da "jovem escola italiana" inaugurada por Mascagni (*Cavalleria Rusticana**). Mas o verismo de Puccini é transcendido pela poesia.

Esse melodrama em que vemos a heroína morrer de tuberculose nos braços de seu amante desesperado é tão patético quanto *La Traviata**, de Verdi. Não se pode ouvir *La Bohème* sem ficar perturbado: o próprio Puccini tinha lágrimas nos olhos ao escrever a cena da morte de Mimi. Mas, se o compositor, por preocupação com a verdade humana, nos faz ouvir a tosse de Mimi, o grito de desespero e os soluços de Rodolfo ("Mimi! Mimi!), ele não se detém sobre a doença e, mesmo na última cena, não cede a um sentimentalismo lacrimoso. A partitura contém grandes efusões líricas, mas elas equivalem a verdadeiros retratos, como a ária famosa da heroína no primeiro ato, toda feita de nuances e de ternura ("Mi chiamano Mimi", Me chamam Mimi), ou a autobiografia de Rodolfo, peça que constitui um desafio para os tenores. Puccini, porém, não busca destacar o virtuosismo dos cantores, e substitui os vocalises por recitativos. Nessa ópera que celebra a juventude, a frase lírica jamais permanece fixa: o grande vôo do *bel canto* se transforma insensivelmente em declamação, e, do recitativo nu ao canto alado, a linha melódica se desenvolve com espontaneidade, como se se tratasse de uma conversação cantada.

O gênio dramático do compositor se manifesta em sua arte de fazer se aproximarem o humor e o *pathos*, "o sorriso e as lágrimas" (Puccini). Esse drama da pobreza e da doença se revela tanto mais impressionante quanto tem por contraponto a despreocupação da boêmia. Os dois primeiros atos (em particular a primeira cena e a noite de Ano Novo no café Momus), cheios de alegria juvenil, contrastam com os quadros sombrios do terceiro ato. Às cenas de conjunto sucedem conversas ternas e intimistas (o duo de amor no primeiro ato). A tímida Mimi se opõe à brilhante Musette; o casal encantador, apaixonado e frágil, formado por Rodolfo e Mimi, se opõe ao casal frívolo e espalhafatoso de Musette e Marcel: assim, no célebre quarteto das despedidas, no final do terceiro ato, as injúrias destes últimos contrastam com os suspiros dos primeiros, e ouvimos dissolver-se a risada de Musette em meio aos soluços de Mimi.

Os mais belos momentos dessa ópera poética e expressiva são talvez as cenas de atmosfera. Para traduzir o colorido e a animação do mercado, no início do segundo ato, Puccini mistura aos sons da orquestra trechos de recitativos, fragmentos de coros, gritos de vendedores; na cena alucinante da barreira do Inferno, no terceiro ato, ele evoca o frio glacial e a desolação servindo-se de harmonias engenhosas. A orquestra é mais sutil e mais densa que em *Manon Lescaut**. O *leitmotiv* de Mimi, gracioso e melancólico, domina a obra. Essa heroína-vítima, frágil e doce, é a irmã de Manon (*Manon Lescaut**), de Cio-Cio-San (*Madame Butterfly**) e de Li (*Turandot**).

GRAVAÇÃO RECOMENDADA - DECCA 417577-2: Orquestra Filarmônica de Viena. Dir. Herbert von Karajan. Mirella Freni (Mimi), Luciano Pavarotti (Rodolfo), Rolando Panerai (Marcel), Elizabeth Harwood (Musette).

TOSCA

ÓPERA ITALIANA DO SÉCULO XIX
DE GIACOMO PUCCINI (1858-1924)

Ópera em três atos
Libreto italiano de Giacomo e Illica (baseado no drama francês de Victorien Sardou)
estréia em 1900 em Roma

O COMPOSITOR - *(o herdeiro genial de Verdi;* ver *Manon Lescaut**)

ORIGEM E ACOLHIDA - A peça francesa de Victorien Sardou, na qual se inspira essa ópera, deveu seu sucesso à interpretação da grande atriz Sarah Bernhardt. Mas o próprio Sardou reconheceu a superioridade incontestável da obra de Puccini. O sucesso de *Tosca* foi imediato na Itália, embora uma cabala tivesse tentado provocar seu fracasso, fazendo espalhar o boato de um atentado a bomba. Em contrapartida, os críticos musicais malharam Puccini, na Itália, mas também na França: assim, Debussy fustigou o "verismo" da obra. Quanto ao autor, ele não duvidava do valor de sua obra: "A música foi escrita por Deus em primeiro lugar, a seguir por mim". Como em relação a *Tannhäuser** ou a *Carmen**, a opinião do público acabou prevalecendo, e *Tosca* é hoje uma das óperas mais representadas e gravadas.

RESUMO - *(tragédia político-romanesca)*
Roma, em 1800, durante a batalha de Marengo.

Ato I: Angelotti (b), revolucionário evadido do castelo Santo-Anjo, vem refugiar-se numa igreja. O pintor Mario Cavaradossi (t), que pinta a Madona exaltando sua bem-amada, a célebre cantora Floria Tosca, esconde-o na igreja. Tosca (sop) chega e se mostra enciumada com a modelo do quadro, a marquesa Attavanti. Cavaradossi aconselha Angelotti a fugir e refugiar-se em sua casa, disfarçado de mulher. Chega o barão Scarpia (bar), chefe da polícia, acompanhado de seus esbirros. Ele procura atiçar o ciúme de Tosca.

Ato II: No palácio Farnese, Scarpia manda torturar Cavaradossi. Para fazer cessar o suplício de seu amante, Tosca revela o esconderijo de Angelotti. Cavaradossi é então condenado à morte por cumplicidade. Scarpia propõe a Tosca indultá-lo, se ela aceitar ser sua amante. Ela finge consentir, mas o apunhala no último momento.

Ato III: No pátio do castelo Santo-Anjo, Tosca anuncia a seu amante que sua execução será apenas um simulacro. Mas Scarpia mentiu: Cavaradossi é realmente fuzilado. Tosca, desesperada, se mata.

ANÁLISE - *(uma tragédia feroz e febril, de uma intensidade excepcional)* Originada de um melodrama gênero *grand-guignol*, *Tosca* é uma tragédia universal. Pela violência das situações, pela imbricação das paixões individuais e do engajamento político, pela força dos contrastes, essa ópera tem uma tonalidade verdiana. Ao fervor desinteressado dos artistas se opõe a perversidade do policial torturador e de seus esbirros; à devoção de Tosca, a hipocrisia carola do sacristão; à liberdade, a opressão. O contexto histórico (a batalha de Marengo) confere um valor simbólico ao gesto heróico de Tosca, que se inscreve assim no interior da luta dos nacionalistas italianos. No entanto, o compositor não enfatiza tanto o heroísmo quanto a ferocidade das paixões. A ditadura reduz os homens a animais de tocaia ou acossados. A impassibilidade irônica de Scarpia contrasta com o pavor de suas vítimas. Assim, a ação é ao mesmo tempo estática e precipitada, febril e inútil. A tensão atinge seu ponto culminante no segundo ato: em vez do suplício físico de Cavaradossi, Puccini mostra a tortura moral de Tosca e a deleitação sádica de Scarpia. O diálogo dos dois assemelha-se a um combate de feras: ofegante, entrecortado de gritos, soluços e invectivas, ele se desenvolve num longo crescendo para culminar com a punhalada de Tosca. Nem por isso o suspense termina: a tragédia prossegue seu curso enlouquecido até o fulgurante desfecho.

Esse drama febril e glacial que não poupa as lágrimas nem o sangue (as quatro personagens principais morrem de morte violenta), liga-se ao movimento verista. Mas a música, embora muito eficaz, é bem mais refinada que a de Mascagni (*Cavalleria Rusticana**). As vozes são integradas à orquestra num discurso contínuo extremamente fluido, e as árias, quase sempre substituídas por um recitativo que adota as inflexões da linguagem falada. Puccini retoma alguns procedimentos wagnerianos: a composição em grandes seqüências, a importância da orquestra, o recurso ao *leitmotiv* para caracterizar as personagens. O drama começa imediatamente, sem prelúdio, e a sombra sinistra de Scarpia se projeta já nos primeiros compassos: três acordes maciços e fragorosos, que sugerem a brutalidade inumana do barão policial. Toda a ópera é dominada por esse *leitmotiv* esmagador.

Se Puccini reduz os conjuntos e as cenas de atmosferas para realçar os protagonistas, ele não renuncia aos efeitos de contraste: no final do primeiro ato, enquanto coros religiosos entoam um alegre *Te Deum*, Scarpia prepara seu plano diabólico. No segundo ato, o interrogatório policial se desenrola a portas fechadas; do lado de fora, ressoa a cantata das mulheres que celebram a vitória da Itália. O terceiro ato termina no tumulto e no furor, mas começa por um delicioso prelúdio que evoca a aurora romana: ouve-se a canção inocente de um pastor que conduz seu rebanho pelas colinas, acompanhada pelo tinido agudo das sinetas, depois pelos carrilhões das igrejas de Roma que tocam o Ângelus.

Em pleno centro da tragédia, Puccini introduz breves monólogos que permitem determo-nos sobre uma personagem, à maneira de um primeiro plano cinematográfico. Ao ouvirmos Scarpia professar seu cinismo, no começo do segundo ato, como Iago em *Otelo**, percebemos seu ríctus. As árias dos heróis, quase sempre nostálgicas, fornecem mais um plano de fundo psicológico à ação do que um descanso. Antes de se tornar uma assassina, Tosca, no segundo ato, retém seu furor, o tempo de se lembrar que é uma mulher, uma crente e uma artista: "Vissi d'arte, vissi d'amore" (Vivi de arte, vivi de amor). Antes de ser ignobilmente executado, o herói cede diante do homem: Cavaradossi, no terceiro ato, entrega-se a doces lembranças amorosas ("E lucevan le stelle", E as estrelas brilhavam...). Os dois duos de amor (no primeiro e no segundo atos) se referem a uma felicidade fugaz. Essas escapadas líricas têm uma função dramática: como contraponto a uma realidade intolerável, e antes de ser moído pela máquina implacável da ditadura, o devaneio desenha um mundo ideal onde reinam o amor, a arte e a liberdade.

Puccini conjuga intensidade e profundidade: as personagens, que não passavam de fantoches da peça de Sardou, estão aqui carregadas de vida, ou melhor, de verdade. Para interpretar Tosca, é preciso uma atriz trágica de primeira ordem, capaz de exprimir o ciúme, a ternura, o sofrimento, a exasperação, a astúcia, a jovialidade, o desespero. Quanto a Scarpia, "carrasco e confessor", policial cruel e melífluo, velhaco e lúbrico, é uma das figuras mais modernas e mais acabadas do teatro lírico.

Gravação recomendada - **EMI 7471758** (versão mono): Orquestra do Scala de Milão. Dir. Vittorio de Sabata. Maria Callas (Tosca), Giuseppe di Stefano (Cavaradossi), Tito Gobbi (Scarpia).

MADAME BUTTERFLY
ópera italiana do século XX
de Giacomo PUCCINI (1858-1924)

"Tragédia japonesa" em três atos
Libreto italiano de Luigi Illica e Giuseppe Giacosa (baseado numa peça de David Belasco)
estréia em 1904 no Scala de Milão

O Compositor - *(o herdeiro genial de Verdi;* ver *Manon Lescaut*)*

Origem e Acolhida - No final do século dezenove e no começo do vinte, o Extremo-Oriente estava muito em voga na Europa. No entanto, esta ópera foi muito malrecebida. No dia seguinte à estréia, quando a imprensa italiana dava em manchete "Fiasco no Scala", afirmando que se tratava de uma *Bohème* à japonesa, Puccini escreveu a um amigo: "Minha Butterfly continua sendo... a ópera mais sentida e a mais expressiva que jamais compus". O tempo lhe deu razão: após algumas modificações, o fracasso se transformou em triunfo, e hoje *Madame Butterfly* é um dos títulos mais populares do repertório lírico.

Resumo - *(tragédia de amor exótica)*
Em Nagasaki, no Japão.

Ato I: O tenente da marinha americana Pinkerton (t), jovem cínico e ávido de prazeres, acaba de comprar uma jovem japonesa (sop), cujo nome (Cio-Cio-San) significa borboleta – em inglês, "butterfly". Ela o ama com a sinceridade e o ardor de seus quinze anos. Eles se casam, enquanto o tio de Butterfly recrimina-a por renegar a religião de seus antepassados.

Ato II: Reencontramos Butterfly três anos mais tarde, em companhia de sua serviçal, Suzuki (ms), abandonada por Pinkerton, que partiu de volta para a América. Sharpless (bar), o cônsul americano, aconselha a jovem a desposar o príncipe Yamadori. Mas o navio de Pinkerton chega ao porto. Cheia de confiança, Butterfly se prepara para recebê-lo, com o filho que teve dele.

Ato III: Pinkerton não está só: está acompanhado de sua mulher americana, Kate. Ele toma consciência do mal que fez, mas se apressa em partir, deixando as duas mulheres juntas. Butterfly está arrasada. Após ter confiado seu filho a Kate, ela se mata com o sabre de seu pai.

Análise - *(um auge de intensidade e de delicadeza)* Deixando as cores violentas de *Tosca**, Puccini retorna, com *Madame Butterfly*, às meias-tintas: trata-se de uma daquelas tragédias intimistas caras ao compositor, uma pobre história de amor que termina com a morte de uma heroína vencida pela paixão e pela sociedade. No entanto, o quadro é muito diferente do de *Manon Lescaut** ou de *La Bohème**. O drama passional se inscreve num contexto mais amplo: a oposição entre o Oriente e o Ocidente, mais precisamente entre o imperialismo americano (Pinkerton) e os costumes japoneses (a família de Cio-Cio-San). Longe de entregar-se a um exotismo artificial, Puccini se apóia numa realidade histórica: na época colonial, no Japão, os oficiais da marinha estrangeiros podiam se casar com uma gueixa e romper seu compromisso no dia da partida. Preocupado com a autenticidade, como sempre, Puccini se inspira na música do Extremo-Oriente: semeia a obra com pequenos motivos japoneses, utilizando melodias típicas (a canção das cerejeiras em flor), ritmos saltitantes (que evocam um mundo em miniatura, de passinhos curtos e cerimonioso), ou sonoridades que lembram os instrumentos tradicionais do Japão (instrumentos de madeira, sinos, gongos).

Mas essas "japonesices" têm sobretudo um valor pitoresco e humorístico. A tragédia nasce menos do choque de duas civilizações que do fosso entre dois seres, entre a sensibilidade, a pureza, a coragem de Cio-Cio-San, e o egoísmo, a frivolidade, a covardia de Pinkerton. Um ama, o outro se diverte: a história banal torna-se trágica a partir do momento em que ela traduz a oposição entre a sede de absoluto e a tentação do compromisso. Uma vez mais, Puccini sublima o verismo. A tragédia não é social, mas metafísica, universal; o verdadeiro conflito não reside entre o Japão e a América, mas entre Butterfly e o mundo. O cínico Pinkerton não é nem mais cruel nem mais superficial que a própria sociedade, sob sua face japonesa (Butterfly é renegada e perseguida pela família) ou americana (Butterfly é abandonada por seu sedutor). Assim, apesar dos efeitos de cor local, a ação é inteiramente interior. As personagens, mesmo as mais episódicas, são finamente desenhadas e caracterizadas, muito embora a ópera se concentre em torno da heroína. Com uma delicadeza acerada, Puccini dedica-se a pintar musicalmente as múltiplas facetas da paixão: a alegria ingênua ou melancólica, a espera recolhida ou ansiosa, o devaneio, o sofrimento, a resignação desesperada. A pouca movimentação cênica, sobretudo no segundo ato, valoriza as perturbações íntimas, ao mesmo tempo em que mantém uma tensão permanente. A cena da morte de Butterfly, no terceiro ato, sóbria e quase hierática, atinge um auge de intensidade dramática. Essa mulher-criança transfigurada em heroína-mártir, essa "bonequinha" cuja alma frágil e orgulhosa ninguém compreende, é mais elaborada que Mimi (*La Bohème**) ou Li (*Turandot**): Butterfly é o arquétipo dessas enamoradas puccinianas, dessas "mulherzinhas que só sabem amar e sofrer" (Puccini), que relegam as personagens masculinas à categoria de figurantes.

O lirismo fervoroso da ópera homenageia a ternura sublime de Butterfly. Entretanto, não encontramos mais, como em *Tosca**, vestígio do *bel canto*. A única grande ária da partitura é o monólogo patético da heroína no início do segundo ato, em que ela exprime sua esperança do retorno de Pinkerton numa espécie de sonho acordado: "Um bel di vedremo" ("Um belo dia veremos...", que outrora traduziam por "Sobre o mar calmo"). Como Verdi em *Otelo**, Puccini faz suas personagens cantarem segundo o modo do *parlando*, espécie de conversação musical entre *arioso* e recitativo. A linha vocal segue sempre o desenvolvimento dramático, adaptando-se às flutuações dos sentimentos, rompendo-se às vezes até o silêncio nos momentos de choque emocional. No entanto ela é sempre extremamente melódica e se desdobra em volutas embriagadoras, com aqueles movimentos de tensão e descanso característicos de Puccini: podemos citar o magnífico duo de amor no fim do primeiro ato, ou o requintado duo das flores, no segundo. A orquestra, muito colorida e refinada, completamente integrada ao canto, é o verdadeiro motor da intensidade lírica: o canto é sustentado por *leitmotive*, que caracterizam as personagens, mas também os impulsos dramáticos (temas da maldição, do suicídio).

Madame Butterfly, que Puccini considerava como sua ópera mais moderna, é também a mais magnética. Esse tom pastel que se afoga no sangue, essa borboleta pregada com alfinetes pelo amor, ilustram o eterno massacre da sinceridade pelo cálculo, da poesia pela mediocridade. Verdade melancólica, conduzida por uma música tão generosa, tão cálida e tão suave que ela nos embala e nos apazigua, ainda que insista em esquadrinhar um coração machucado.

Gravação Recomendada - DECCA 417577-2: Orquestra Filarmônica de Viena. Dir. Herbert von Karajan. Mirella Freni (Butterfly), Luciano Pavarotti (Pinkerton), Christa Ludwig (Suzuki), Robert Kerns (o cônsul).

TURANDOT

ÓPERA ITALIANA DO SÉCULO XX
DE GIACOMO PUCCINI (1858-1924)

"Drama lírico" em três atos
Libreto italiano de Giuseppe Adami e Renato Simoni (basea-do numa peça de Carlo Gozzi)
estréia em 1926 em Milão sob a direção de Arturo Toscanini

COMPOSITOR - *(o herdeiro genial de Verdi; ver Manon Lescaut*)*

ORIGEM E ACOLHIDA - Após a série das óperas populares (*La Bohème**, *Tosca**, *Madame Butterfly**), Puccini decidiu lançar-se a uma Grande Ópera. Essa foi *Turandot*, inspirada num conto chinês, e do qual um outro compositor, Busoni, já havia extraído uma ópera. No entanto, Puccini morreu antes de haver terminado essa obra. O duo final, que ele queria que fosse tão belo quanto o de *Tristão e Isolda**, foi composto por Franco Alfano, segundo as indicações de Puccini. Toscanini, que dirigia a ópera na noite de estréia, fez uma interrupção após a morte da escrava Li, dizendo: "Aqui se detém a ópera do Mestre. Ela estava assim quando ele morreu". *Turandot* teve uma acolhida muito menos entusiasta que as precedentes óperas de Puccini. Ainda hoje as opiniões se dividem, mas muitos especialistas a consideram como sua obra-prima.

RESUMO - *(conto oriental)*
Numa China fabulosa, em Pequim.
Ato I: Turandot (sop), filha do imperador Altum (t), decretou que só se casaria com um príncipe capaz de resolver três enigmas que ela propusesse, e que os pretendentes

que fracassassem seriam executados em público. Entre os espectadores de uma execução se ocultam Timur (b), um velho rei exilado, sua jovem escrava Li (sop) e seu filho Calaf (t). Quando aparece Turandot, Calaf, que maldizia sua crueldade antes de vê-la, é subjugado por sua beleza e decide tentar a prova. Os ministros do imperador, Ping, Pang e Pong, assim como Li, que o ama, tentam em vão dissuadi-lo.

Ato II: Enquanto os três ministros aspiram a uma vida mais agradável, o povo se diverte em assistir a uma nova execução. Turandot explica que quer vingar uma de suas antepassadas, outrora raptada. Mas Calaf resolve os três enigmas, para a surpresa geral. Assustada, Turandot implora a seu pai que não a dê a esse desconhecido. Calaf aceita morrer se Turandot descobrir seu nome até o amanhecer.

Ato III: Durante a noite, os ministros interrogam Calaf, e a multidão ameaça matá-lo. Soldados chegam, arrastando Li e Timur. A jovem escrava afirma ser a única que conhece o nome do desconhecido, mas se recusa a entregá-lo, mesmo sob tortura. Após explicar a Turandot que é o amor que lhe dá a força de resistir, ela se apunhala, diante da multidão comovida. Calaf recrimina Turandot por sua crueldade. Ele arranca-lhe seu véu e a beija apaixonadamente. Então, a orgulhosa princesa se rende: ela confessa que o ama. Mas Calaf, por sua vez, coloca-se à mercê dela, revelando seu nome. Turandot anuncia a seu pai o nome do desconhecido: "Amor".

ANÁLISE - *(uma Grande Ópera fabulosa, cheia de terror e de emoção) Turandot* não se assemelha, à primeira vista, às outras óperas de Puccini. O compositor nos transporta aqui a um universo legendário muito distante das "fatias da vida"[10] com conotação verista que ele geralmente gosta de mostrar. Em vez de descrever as emoções de amantezinhas proletárias perseguidas pela sociedade, como Manon (*Manon Lescaut**),

---

10. Tradução literal de "tranches de vie", expressão empregada pelo naturalismo francês para designar obras inspiradas pela realidade. (N. do T.)

Mimi (*La Bohème**) ou Cio-Cio-San (*Madame Butterfly**), ele põe em cena uma princesa altaneira e bárbara que utiliza seu poder para fazer decapitar seus pretendentes, uma mulher inacessível cuja beleza, inteligência e crueldade desafiam as normas humanas, e diante da qual se prosterna uma multidão amedrontada e histérica. Na verdade, essa obra é uma vasta síntese: o horror e a solenidade são temperados pelo humor, a fábula se aproxima do realismo, as "chinesices" de antigamente se integram numa linguagem moderna, e o lirismo pucciniano acaba rompendo a frieza da Grande Ópera.

Com efeito, Puccini retoma a tradição da Grande Ópera romântica: o caráter exótico e espetacular de *Turandot*, a violência das paixões, o fundo político, o brilho suntuoso da orquestração, a riqueza e a variedade dos coros fazem pensar na *Aída** de Verdi. Os conjuntos vocais, como o *finale* do primeiro ato, que se encerra com as três pancadas de gongo fatídicas, e a grande cena dos enigmas, no segundo ato, são particularmente impressionantes. Sempre preocupado com o equilíbrio dramático, Puccini mistura os estilos, inserindo entreatos cômicos que fazem contraponto a essa grandiosa e sinistra tragédia. O trio burlesco de Ping, Pang e Pong, no começo do segundo ato, contrasta com o clima de pesadelo do primeiro ato: esses três dignitários triviais e clownescos parecem descendentes chineses das figuras italianas da *commedia dell'arte*. Puccini introduz outras oposições. No primeiro ato, o coro angélico das crianças contrasta com o cortejo que precede o carrasco. No segundo, a frieza imóvel de Turandot se opõe à excitação da multidão. De maneira mais profunda, a coragem de Calaf, a bondade de Timur, a delicadeza de Li, sobressaem em relação ao voyeurismo da multidão, o egoísmo dos ministros, a desumanidade da princesa.

O exotismo, que podia ter um valor documentário em *Madame Butterfly**, reforça aqui a atmosfera fabulosa. Puccini estudou a música antiga chinesa e impregna toda a ópera com ela, multiplicando as sonoridades insólitas (xilofones, gongos), inspirando-se em melodias e motivos rituais (especialmente no coro das crianças no primeiro ato e na marcha do imperador, no segundo). A orquestra está integrada ao canto, mas possui também um papel autônomo. Graças ao terrível *leitmotiv* de Turandot, que lembra o tema de Scarpia em *Tosca**, a ópera é marcada pela presença majestosa e inflexível da bela princesa (embora ela só comece a cantar na metade do segundo ato!). No terceiro ato, um interlúdio puramente instrumental evoca os jardins do palácio à noite. A orquestra tem o mesmo esplendor mineral, o mesmo brilho glacial que a fascinante Turandot. O fragor das percussões, que faz pensar em Stravinsky, traduz a selvageria de um mundo primitivo. Por outro lado, sob a influência de Debussy e de Schönberg, Puccini recorre amplamente ao cromatismo e ao atonalismo para criar uma harmonia insólita, desestruturada, sobrenatural: a aparição da lua e dos fantasmas das vítimas, no primeiro ato, é de uma beleza inquietante e irreal – assim como a lunar Turandot.

Ao contrário das óperas precedentes, a ação se passa no exterior, em praça pública, mas o verdadeiro drama é interior: é a conversão de Turandot ao amor, a contaminação da frieza pela ternura, do intelecto pela sensibilidade. A crueldade da multidão desaparece diante da coragem e da paixão de Li; o orgulho da princesa se dissolve sob os beijos de Calaf. Diríamos que o compositor só escolheu tratar esse conto bárbaro para poder investi-lo de humanidade. Assim, a despeito de sua sofisticação, essa Grande Ópera moderna permanece intensamente lírica: Puccini persiste em querer "fazer, contra tudo e contra todos, uma ópera de melodia". A célebre ária de Calaf no terceiro ato ("Nessun dorma", Que ninguém durma), a ária delicada de Li no primeiro ato ("Li non regge pi", Li não resiste mais), e sobretudo sua despedida patética no terceiro ato ("Prima di questa aurora", Antes da próxima aurora...), são inesquecíveis. É significativo que a linha vocal de Turandot, ilustrada por seu admirável recitativo arioso no segundo ato ("In questa reggia", Neste palácio), se revele mais tensa que essas efusões líricas: ela traduz, com efeito, o congelamento da emoção. Deste modo, Puccini faz uma advertência contra a intelectualização da música: à força de rejeitar todo o melodismo, a ópera corre o risco de se desumanizar e de se afastar do público.

Por uma vez, o amor triunfa sobre a morte, mas o fim trágico de Li, heroína tipicamente pucciniana, lembra estranhamente o suicídio de Cio-Cio-San em *Madame Butterfly**. Como Calaf, Puccini aposta na emoção. A voz da pequena escrava, sozinha "contra tudo e contra todos", se eleva como um ato de fé, como um desafio: ela celebra o triunfo do lirismo tradicional sobre a modernidade sem alma. Foi sobre esse canto de adeus e de amor, desesperado e vitorioso, que Puccini depôs para sempre sua pena.

GRAVAÇÃO RECOMENDADA - DECCA 414274-2: Orquestra Filarmônica de Londres. Dir. Zubin Mehta. Joan Sutherland (Turandot), Luciano Pavarotti (Calaf), Montserrat Caballé (Li), Nicola Ghiaurov (Timur).

PELLÉAS ET MÉLISANDE
ÓPERA FRANCESA DO SÉCULO XX
DE CLAUDE DEBUSSY (1862-1918)

"Drama lírico" em cinco atos e doze quadros
Libreto: drama de Maurice Maeterlinck
estréia em 1902 em Paris

O COMPOSITOR - *(um inovador absoluto)* Pianista virtuoso, Claude Debussy, após ter sido aluno de Massenet, arrebata o Grand Prix de Rome e descobre, quase ao mesmo tempo, Erik Satie, então pianista no Cabaret du Chat Noir, *Parsifal** e *Tristão e Isolda*,* de Wagner e *Boris Godunov**, de Mussorgsky. Encontramos essas diversas influências em sua obra, ainda que elas sejam totalmente transcendidas. A propósito de Debussy, fala-se com freqüência de "impressionismo musical". De fato, pode-se dizer que, em *Prélude à* *l'aprés-midi d'un faune* (Prelúdio ao entardecer de um fauno), *Nocturnes*, *La Mer* (O Mar), ele transforma sensações visuais e auditivas em música. Suas peças para piano (*Estampes*, *Images*) nos sugerem paisagens em movimento. Mas, em realidade, Debussy escapa a qualquer classificação. Trata-se de um inovador absoluto, como testemunha *Pelléas et Mélisande*, sua única ópera.

ORIGEM E ACOLHIDA - Foi em 1892 que Debussy descobriu o texto teatral de Maeterlinck *Pelléas et Mélisande*: para ele foi uma revelação, que lhe inspirou imediatamente o desejo de escrever uma ópera. No entanto, foram-lhe necessários dez anos para levá-la a cabo. Essa única ópera, considerada sua obra-prima, suscitou na época de seu lançamento uma das maiores batalhas da história do teatro lírico. Os dois autores, Debussy e Maeterlinck, haviam se desentendido, porque Debussy recusara que Mélisande fosse interpretada pela futura mulher de Maeterlinck, a cantora Georgette Leblanc. Uma cabala foi montada: a peça foi apelidada de *Pédéraste et Médisante* (Pederasta e Maldizente), e o pequeno Yniold, o filho de Golaud, chamado de "le petit guignol" (horrorzinho); no dia da estréia, a ópera foi recebida com gracejos. No entanto, o compositor André Messager, que era então diretor da Opéra-Comique (o teatro Favart), não cessou de defendê-la, assim como os grandes cantores que a interpretavam, Mary Garden e Jean Périer. Hoje, essa ópera é mundialmente reconhecida como uma das maiores e mais inovadoras, embora não figure entre as mais populares.

RESUMO - *(conto precioso e trágico)* Ato I: Uma noite, numa floresta onde se perdeu, o príncipe Golaud (bar) descobre uma misteriosa jovem, Mélisande (sop). Ele se apaixona e se casa com ela. Mélisande vai viver junto do avô de Golaud, o velho rei Arkel, e do jovem meio-irmão de Golaud, Pelléas (t ou bar), e de Genevive (contr), sua mãe.

Ato II: Na água de uma antiga fonte milagrosa, Mélisande perde seu anel nupcial ao conversar com Pelléas. No mesmo momento, Golaud cai do cavalo. Descobrindo que ela perdeu o anel que lhe havia dado, ele a manda procurá-lo juntamente com Pelléas.

Ato III: À janela da torre, Mélisande penteia seus longos cabelos. Ela se diverte em aprisionar Pelléas em sua cabeleira. Golaud, enciumado, ordena a Mélisande que volte para casa, e leva seu irmão para os subterrâneos insalubres do castelo. Tomado de suspeitas, encarrega seu filho, Yniold (nascido de um primeiro casamento), de espionar sua mulher. O menino revela então que Pelléas se encontrou com a "mãezinha" em seu quarto.

Ato IV: Golaud, enfurecido pelo ciúme, pega Mélisande pelos cabelos e a atira no chão. Arkel se interpõe. À noite, nos jardins, Pelléas e Mélisande declaram seu amor e se beijam longamente. Golaud os surpreende: ele fere Pelléas com a espada e persegue Mélisande na floresta.

Ato V: Mélisande está para morrer, após dar à luz uma menina. Apesar dos remorsos, Golaud obstina-se em perguntar-lhe se ela o enganou. Ela não compreende suas perguntas: seu espírito já partiu. Arkel faz sair do quarto a filhinha de Mélisande.

ANÁLISE - *(o milagre único de uma fusão completa entre palavras e música) Pelléas et Mélisande* subverteu a paisagem lírica do início do século vinte, dominada então por duas grandes tendências, italiana e alemã: o verismo (de que se vale uma ópera francesa como *Louise,* de Gustave Charpentier, lançada dois anos antes) e o neo-wagnerismo. Debussy condena os transbordamentos: recusa o melodismo apoiado no realismo, que caracteriza o verismo, mas também o sistematismo e a ênfase wagneriana. Eliminando as cenas de multidão, os balés, os coros, os conjuntos tonitruantes, todos aqueles efeitos espetaculares que no seu entender sufocam a poesia, ele reivindica a meia-tinta, o mistério, o indizível: "a música é feita para o inexprimível; gostaria que ela desse a impressão de sair da sombra e que por instantes a ela voltasse; que sempre fosse uma presença discreta."

O encontro de Debussy e de Maeterlinck já constitui

em si um milagre. Há muito o compositor havia definido seu librettista ideal: "será aquele que, dizendo as coisas pela metade, me permitirá inserir meu sonho no dele; que conceberá personagens cuja história e a permanência não serão de tempo algum, de nenhum lugar..." É verdade que o poema de Maeterlinck explora motivos tradicionais (o amor e o ciúme, o trio marido-mulher-amante, reproduzido na ópera pelo triângulo tenor-soprano-barítono), mas ele escapa a todo peso e a toda retórica realista ou mítica. A atmosfera é atemporal e as personagens são evanescentes, inapreensíveis, sem identidade psicológica definida, sobretudo Mélisande, em torno da qual gira a ação: "Je ne sais pas ce que je dis... Je ne sais pas ce que je sais... Je ne dis plus ce que je veux" (Não sei o que digo... Não sei o que sei... Não digo mais o que quero). A escrita, de uma preciosidade natural e silenciosa, solene e simples ao mesmo tempo, está ligada a uma estética simbolista, que busca a profundidade sob a clareza; os elementos (a água, a floresta, a gruta, a mão, o anel, a cabeleira) são tão importantes quanto as personagens. Apesar da violência encarnada por Golaud, a tragédia se desenrola sem revolta, quase sem alarde. Não se podia imaginar suporte melhor para a arte de Debussy do que essa linguagem cheia de silêncios, de subentendidos, de perguntas sem respostas e de sentenças enigmáticas, em que o mistério das almas aflora à superfície das palavras mais simples.

Não existe, em toda a história da ópera, fusão tão completa entre o texto e a música. O canto, aqui, é absolutamente inseparável das palavras. Debussy retoma o princípio de continuidade instaurado por Wagner em seus dramas líricos: "Quis que a ação jamais se detivesse, que ela fosse contínua, ininterrupta". Por essa razão, ele elimina toda excrescência vocal que o drama não justifique: "No teatro de música canta-se demais. Deveria-se cantar quando isso vale a pena e economizar os acentos patéticos. (...) A melodia, se posso dizer, é antilírica. Ela é incapaz de traduzir a mobilidade das almas e da vida". Pelléas contém algumas grandes falas mas nenhuma *aria* brilhante, nenhuma melodia fechada em si mesma. O discurso vocal se desenrola segundo um recitativo constante, que acompanha com flexibilidade as inflexões, os acentos, o fraseado da linguagem falada, adaptando-se a todas as flutuações dos sentimentos. Essa sutileza expressiva se inscreve na tradição francesa, mas sem nada da monotonia que se podia deplorar em muitas óperas barrocas francesas. A declamação debussysta, embora perfeitamente inteligível de uma ponta a outra da partitura, é tão animada, tão matizada e variada quanto o *recitar cantando* de Monteverdi: "deve haver diferenças", escreve Debussy, "na energia e na expressão." Assim, a carta lida por Geneviève, no primeiro ato, ou o grande monólogo de Arkel, no quarto ato, têm o andamento e o ritmo da fala, enquanto a deliciosa canção de Mélisande ("Mes longs cheveux descendent...", Meus longos cabelos descem) tem o charme de uma cantilena medieval. O recitativo chega até o *arioso*, no magnífico duo de amor entre Pelléas e Mélisande no quarto ato. Começando por um cochicho apaixonado ("Tu ne sais pas que c'est parce que je t'aime... Je t'aime aussi", Não sabes que é assim porque te amo... Também te amo), a voz se eleva quase como uma *aria* ("On dirait que ta voix a passé sur la mer au printemps!", Dir-se-ia que tua voz passou sobre o mar na primavera!): esse lirismo espontâneo é tão imbuído de verdade quanto o recitativo doloroso de Golaud no final do quinto ato.

Se Debussy recusa a concepção sinfonista de Wagner, nem por isso deixa de atribuir um papel dramático de primeira importância à orquestra. O canto é envolvido num tecido delicado, cintilante e fluido de ritmos, de timbres e de harmonia, que sugere tudo aquilo que a voz não pode exprimir: a atmosfera, os sentimentos inconscientes ou indizíveis. A orquestra é aqui tratada com uma riqueza e uma invenção prodigiosas. Aplicando à música a técnica dos pintores impressionistas, Debussy dissolve os contornos sonoros, desenvolvendo o cromatismo já empregado por

Wagner em *Tristão e Isolda**. Há motivos recorrentes, mas não são motivos condutores à maneira dos *leitmotive* wagnerianos. Associados às situações, às personagens (tema sombrio de Golaud anunciado pelas trompas, tema onduloso e sedutor de Mélisande), esses motivos nem sempre intervêm quando os esperamos. Mensageiros furtivos do inconsciente, eles rondam ao redor das vozes, surgem e desaparecem antes mesmo que os tenhamos identificado. Enfim, todas as cenas são enquadradas por interlúdios instrumentais, que asseguram a continuidade do drama e proporcionam ao mesmo tempo um descanso. Esses interlúdios têm uma função mais ilustrativa que psicológica: graças a essas imagens musicais, podemos contemplar a floresta onde Golaud encontra Mélisande, as cintilações do sol no anel, o anel que cai na fonte, os jardins do castelo de Arkel, o mar revolto, as trevas da gruta, a loura cabeleira de Mélisande, a rosa nas trevas ou a sombra da tília na qual se recosta Pelléas... Paisagens, objetos e ambientes se fundem à aventura humana.

Mélisande não vem de parte alguma, mas é encontrada à beira de uma fonte. Pode-se comparar a ópera de Debussy à sua estranha heroína. *Pelléas et Mélisande* impressiona por sua originalidade absoluta, e no entanto representa um retorno às fontes. Debussy realiza o sonho do qual surgiu a ópera, no início do século dezessete: uma adequação perfeita entre falas e melodia, um *continuum* musical e poético em que a emoção humana se confunde com a emoção estética. Neste sentido ele constitui uma etapa decisiva. O próprio compositor orgulhosamente declarou: "O que se pode escrever depois de *Pelléas*?" Além disso, *Pelléas et Mélisande* é uma resposta à *Tristão e Isolda**. Ao romantismo demonstrativo de Wagner se opõe o pudor cheio de liberdade, suavidade e frescor de Debussy. Essa música sem recordação melódica, sem motivo insistente, de encanto miúdo e não obstante muito presente, não é feita para ser retida, mas para ser amada no instante. Ela requer uma escuta ativa, mas não convém nem aos brutos nem aos intelectuais, aos que querem reduzir a música a uma significação ou encerrá-la num sistema: de nada serve enclausurar Mélisande num castelo, ou obstinar-se, como faz Golaud, em penetrar seus segredos. É preciso escutá-la com o coração puro, com o deslumbramento atento e inocente de Pelléas: "A música, escreve Debussy, deve conservar uma parte de mistério. Em nome de todos os deuses, procuremos não desembaraçá-la dele nem tampouco explicá-lo".

GRAVAÇÃO RECOMENDADA - EMI 7610382 (mono): Orquestra sinfônica. Dir. Roger Désormire. Irne Joachim (Mélisande), Jacques Jansen (Pelléas), Henri Etcheverry (Golaud), Paul Cabanel (Arkel), Geneviève Cernay (Geneviève), Lela Ben Sédira (Yniold).

SALOMÉ

ÓPERA ALEMÃ DO SÉCULO XX
DE RICHARD STRAUSS (1864-1949)

"Drama" em um ato (quatro cenas)
Libreto alemão de Hedwig Lachmann (baseado na peça de Oscar Wilde)
estréia em 1905 em Dresden, sob a direção de Strauss

O COMPOSITOR - *(entre Mozart e Wagner)* Regente de orquestra de renome internacional, Richard Strauss foi também um imenso compositor. Autor de poemas sinfônicos (*Assim falava Zaratustra*), de sinfonias, de concertos e de *lieder*, escreveu quinze óperas, das quais as mais célebres são *Salomé**, *Elektra**, *O Cavaleiro da Rosa**, *Ariana em Naxos*, *A Mulher sem Sombra*, *Arabella*, *Capriccio*. Sua música, extremamente colorida e abundante, de uma violência ao mesmo tempo selvagem e refinada, deve muito a Wagner, mas também a Mozart. Convencido de que a forma deve servir a expressão, Strauss distende ao máximo a voz humana, fazendo-a alcançar registros propriamente inauditos.

Origem e Acolhida - A peça de Oscar Wilde foi durante muito tempo interditada pela censura inglesa. Em 1902, dois anos após a morte de Wilde, ela foi representada em Berlim pelo célebre diretor de teatro Max Reinhardt. Muito impressionado por esse drama sensual e macabro, Richard Strauss decidiu imediatamente fazer dele uma ópera. *Salomé*, a despeito – ou por causa – do escândalo que provocou, conheceu um sucesso fulminante que jamais foi desmentido.

Resumo - *(tragédia místico-escabrosa)*

Por volta do ano 30 a.C., no terraço do Palácio de Herodes, tetrarca da Judéia.

– No interior do palácio se desenrola um festim. Narraboth (t), o oficial sírio que comanda a guarda de Herodes (t), celebra a beleza da princesa Salomé, filha de Herodíade e enteada de Herodes. Do fundo da cisterna onde está aprisionado, o profeta Iokanaan (João Batista, bar) profere obstinadamente sinistras imprecações.

– Salomé (sop) sai ao terraço e exprime sua repugnância pelos homens depravados que a cercam, em especial Herodes. A voz de Iokanaan eleva-se subitamente. Perturbada, Salomé pede para vê-lo. O profeta se põe a fustigar os vícios de Herodíade, de Salomé e de Herodes. Essas injúrias não diminuem o ardor da princesa. "Quero beijar tua boca!", ela exclama. Iokanaan a maldiz; Narraboth, desesperado, se mata.

– Para juntar-se a Salomé, Herodes faz o festim continuar no terraço. Ele discute com Herodíade e Salomé, enquanto os judeus discutem acerca de Deus e do Messias. Ébrio de vinho e de concupiscência, Herodes implora a Salomé que dance para ele. É a "dança dos sete véus", em cujo final Salomé, quase nua, exige uma recompensa: a cabeça de Iokanaan numa bandeja de prata. Quando esta lhe é trazida, ela beija-lhe a boca após uma longa declaração exaltada.

– Herodes, horrorizado por essa cena, ordena então que os soldados matem Salomé. Ela morre esmagada sob os escudos deles.

ANÁLISE - *(uma ópera audaciosa, de uma violência refinada) Salomé*, que causou escândalo em sua estréia, nada perdeu de seu perfume sulfuroso. Strauss põe em cena a perversidade humana: numa atmosfera noturna, preciosa e decadente, seres monstruosos – neuróticos, diríamos hoje – proclamam sua concupiscência e suas aversões. Essa ópera tem por tema a crueldade do desejo, a eterna relação entre Eros e Thanatos, o sexo e a morte: Narraboth, apaixonado por Salomé, suicida-se por impotência, Salomé não pode amar Iokanaan a não ser morto, Herodes manda matar Salomé, que lhe resiste. O erotismo orientalizante da célebre dança dos sete véus (executada em princípio por uma dançarina) atinge o insuportável na cena de delírio necrófilo em que Salomé declara publicamente seu amor ao profeta decapitado, descobrindo ao mesmo tempo com delícia "o acre sabor do sangue". A obra, muito densa, é composta de um único movimento, como um poema sinfônico, mas é também muito teatral. Sua força dramática se deve à intensidade da ação e ao tratamento, antecipadamente expressionista, dos símbolos: nessa ópera em que a espiritualidade mais feroz se opõe à sensualidade mais perturbadora, a brancura da lua, de Salomé, do corpo de Iokanaan, contrasta com o vermelho da orgia e do sangue.

Diretamente herdada de Wagner (*O Anel do Nibelungo**, *Tristão e Isolda**), porém mais penetrante, mais física, a exuberância da música testemunha uma concepção sinfônica da ópera. A orquestração poderosa, caracterizada por uma prodigiosa iridescência de timbres e de ritmos, serve de contraponto ao canto, mais ainda que em Wagner. Os *leitmotive* que comprimem a opulência orquestral são mais concisos que em Wagner e são objeto de associações e variações refinadas. Strauss, como Wagner, exige muito dos cantores, mas substitui a "melodia infinita" por um recitativo contínuo próximo da linguagem falada, muito variado e expressivo. A prece de Iokanaan e a cena final do beijo constituem as únicas pausas líricas: nessas passagens em que a exaltação atinge o paroxismo, a orquestra é relegada ao segundo plano para liberar a melodia.

Essa ópera audaciosa lembra um pouco, por seu clima deletério e apaixonado, *O Coroamento de Popéia**, de Monteverdi. Por outro lado, os comportamentos neuróticos que ela põe em cena correspondem às preocupações da psicanálise nascente. Sua influência se exerceu sobre numerosos compositores (especialmente sobre Alban Berg, o autor de *Wozzeck**), mas a violência de *Salomé* não foi ultrapassada senão pela selvageria de *Elektra**.

GRAVAÇÃO RECOMENDADA - **EMI 7493582**: Orquestra Filarmônica de Viena. Dir. Herbert von Karajan. Hildegard Behrens (Salomé), José van Dam (Iokanaan), Agns Baltsa (Herodíade).

ELEKTRA
ÓPERA ALEMÃ DO SÉCULO XX
DE RICHARD STRAUSS (1864-1949)

Tragédia em um ato
Libreto alemão de Hugo Von Hoffmannsthal (baseado m Ésquilo e Sófocles)
estréia em 1909 em Dresden

O COMPOSITOR - *(entre Mozart e Wagner; ver Salomé*)*

ORIGEM E ACOLHIDA - Esta ópera teve a princípio apenas um "sucesso de estima", segundo as palavras do próprio Strauss. A criadora do papel de Clitemnestra, Ernestine Schumann-Heink, declarou: "nunca mais cantarei esse papel. Foi horrível. Éramos um bando de loucas... Nada é mais exorbitante que *Elektra*". Embora continue sendo uma ópera difícil, *Elektra* é hoje considerada uma obra-prima.

RESUMO - *(tragédia legendária)*
Em Micenas, numa época legendária.
No pátio do palácio real, as servas que vêm tirar a água

da cisterna falam de Elektra (sop), a filha de Agamêmnon e de Clitemnestra. Desde o assassinato de seu pai por Clitemnestra (ms) e seu amante Egisto, a jovem, dominada por essa idéia fixa, injuria a mãe e o padrasto, chora a morte de seu pai e jura vingá-lo com a ajuda de seu irmão Orestes, e sua irmã, Crisotêmis. Tomando conhecimento de que Clitemnestra e Egisto planejam jogá-la num cárcere, ela recusa seguir os conselhos da irmã e fugir. A rainha aparece. Elektra deixa-a apavorada ao anunciar-lhe que Orestes ainda vive e que a matará com o machado com que ela atingiu Agamêmnon. Mas Clitemnestra retoma confiança: anunciam-lhe que Orestes está realmente morto. Elektra decide então vingar-se ela própria. No momento em que procura desenterrar o machado, um estranho a surpreende: é seu irmão, Orestes (bar). Acompanhado de um velho, ele se introduz no palácio. Elektra espera, escondida na sombra. De repente, ouve o grito de sua mãe. Vendo Egisto (t), ela o conduz ao palácio e o apunhala, berrando o nome de Agamêmnon. Enquanto Crisotêmis agradece aos deuses, Elektra dança como uma demente antes de cair morta no chão.

ANÁLISE - *(uma obra paroxística, nos limites da música e da voz)* Em *Elektra*, ópera mais brutal e mais sombria ainda que *Salomé**, Strauss faz explodir as pulsões primitivas. Essa ópera dominada pelas mulheres é freqüentemente ligada às pesquisas de Freud sobre a histeria. De fato, a heroína Elektra tira sua força de uma idéia fixa, verdadeira neurose obsessiva (vingar o pai), e se alimenta de ódio, de visões expiatórias e sanguinárias. Strauss redescobre o clima "demoníaco e extático" da Grécia primitiva. Nessa obra dionisíaca[11], a ação, as personagens e a música são tratadas com aquela desmedida que chamavam, na tragédia antiga, de hubris. A ópera consiste numa série de confrontos entre Elektra (que ocupa constantemente a cena) e as outras personagens: sua mãe Clitemnestra, sua irmã Crisotêmis, seu

---

11. Dionisíaco: de Dionísio, nome grego do deus Baco, deus do vinho, dos êxtases, dos transbordamentos em geral.

irmão Orestes, seu tio Egisto. O movimento dramático e musical é o de um crescendo perpétuo. Os súbitos momentos de calma (reencontros com o irmão e a irmã) não fazem senão tornar mais sensível a tensão verdadeiramente elétrica que reina o tempo todo, atingindo seu paroxismo em duas cenas: a conversa de Elektra com Clitemnestra, seguida da "dança do escalpo", e a cena final, com a dança de morte de Elektra. Com efeito, contrariamente à lenda, Elektra morre após o cumprimento da vingança. Bêbada de alegria, ela se consome numa espécie de bacanal frenética. Mais enfeitiçadores ainda que a dança lasciva de Salomé, os transes extáticos de Electra, verdadeiro ritual de possessão, sugerem o laço indissolúvel do ódio e do amor, do amor e da morte: "Ai! Liebe totet!" (Ah! O amor mata!).

Incômoda como sua heroína, que as servas qualificam de "gata selvagem", a música de *Elektra* se caracteriza por sua aspereza: Strauss quis atingir "o limite extremo da harmonia e da capacidade de audição dos ouvidos de hoje". Essa música suntuosa, mas abrupta (a ópera não contém nem prelúdio nem cenas de transição) e irritante (a orquestra e as vozes berram constantemente), leva à exacerbação os meios de expressão dos séculos dezoito e dezenove, e em particular os procedimentos wagnerianos empregados em *Tristão e Isolda**. O *leitmotiv* de Agamêmnon paira sobre toda a obra. A orquestra, extremamente rica e abundante, tem uma presença ainda maior que em Wagner, de tal modo que os cantores devem lutar com ela para não serem submersos. O papel de Elektra é muito difícil: exige uma tessitura muito ampla e uma maleabilidade excepcional, uma voz superaguda e profunda ao mesmo tempo, capaz de mudanças bruscas de registro, de expressão, de fraseado. O canto, em *Elektra*, mais próximo da declamação que em *Salomé**, obedece a um expressionismo imprecatório. Tal concentração de violência evoca os quadros de Munch ou de Kandinsky; no domínio da ópera, *Elektra* prefigura o

Wozzeck* de Berg. Essa obra paroxística, espécie de absoluto musical, é uma prova, em todos os sentidos do termo, para os cantores, os instrumentistas... e os ouvintes.

GRAVAÇÃO RECOMENDADA - DECCA 417345-2: Orquestra Filarmônica de Viena. Dir. Georg Solti. Birgit Nilson (Elektra), Marie Collier (Crisotêmis), Tom Krause (Orestes), Regina Resnik (Clitemnestra).

O CAVALEIRO DA ROSA
ÓPERA ALEMÃ DO SÉCULO XX
DE RICHARD STRAUSS (1864-1949)

"Comédia para a música" em três atos
Libreto alemão de Hugo von Hoffmannsthal
estréia em 1911 em Viena

O COMPOSITOR - *(entre Mozart e Wagner; ver Salomé*)*

ORIGEM E ACOLHIDA - Depois de *Salomé** e *Elektra**, Strauss resolveu escrever uma ópera mais sorridente, no estilo de Mozart. O poeta Hofmannsthal, que já havia feito o libreto de *Elektra**, inspirou-se em várias obras (especialmente em *Monsieur de Pourceaugnac*, de Molière, *Bodas de Fígaro**, de Mozart-Da Ponte, ópera extraída da comédia de Beaumarchais, e *O Casamento da Moda*, série de quadros pintados por Hogarth. Desde a estréia, *O Cavaleiro da Rosa* obteve um sucesso estrondoso. Continua sendo a ópera mais popular de Strauss.

RESUMO - *(comédia melancólica)*
Em Viena, no século XVIII.
Ato I: A princesa Maria-Teresa (sop), chamada "a Marechala", pois é casada com o marechal von Werdenberg, desperta em companhia de Octavian (ms), seu jovem amante. O primo dela, o barão Ochs (b), homem brutal e grosseiro, se faz anunciar. Apressado, Octavian veste as roupas da criada Mariandel. O barão está alegre nesse dia, mas tem o pensamen-

to voltado para outra direção: ele vem pedir à sua prima para designar o Cavaleiro da Rosa que, segundo a tradição, deve transmitir oficialmente seu pedido de casamento, levando à sua noiva, a bela Sofia de Fanimal (sop), uma rosa de prata. A marechala mostra a seu primo um retrato de Octavian, cuja semelhança com Mariandel o perturba: Octavian será o Cavaleiro da Rosa. Ficando só, a marechala se entrega à melancolia: o tempo foge; por quantos anos ainda ela conseguirá reter Octavian?

Ato II: Octavian entrega delicadamente a rosa a Sofia, e eles ficam perdidamente apaixonados um pelo outro. Furioso em saber que sua bem-amada está prometida àquele estúpido barão, ele o provoca a um duelo e o fere. Mas o barão se restabelece depressa: ele recebe um bilhete de Mariandel, marcando-lhe um encontro galante numa estalagem das redondezas...

Ato III: Esse encontro faz parte de um estratagema montado por Octavian e destinado a acabar com o barão. Durante sua corte insistente a Mariandel, o barão é inquietado por estranhas aparições, como sua "viúva" e seus quatro filhos. Tomado de pânico, ele alerta o comissário. Avisado por Octavian, o senhor de Fanimal (bar) chega e constata a prevaricação do barão. A confusão chega ao auge quando a marechala faz sua entrada. O barão está perdido. Demonstrando uma impressionante nobreza de sentimentos, a marechala dá sua bênção aos jovens amantes.

ANÁLISE - *(um turbilhão de música ligeira e brilhante, perpassado por uma sombra melancólica)* Muito diferente de suas "óperas negras" (*Salomé**, *Elektra**), *O Cavaleiro da Rosa* inaugura a série das "óperas rosas" de Strauss. Hesitando entre o drama sentimental e a farsa pura, essa comédia ligeira vira as costas aos arrebatamentos românticos para reencontrar o espírito do século dezoito e, em particular, a graça lúdica, terna e ácida das óperas burlescas de Mozart. O encanto excepcional dessa obra popular e refinada se deve em primeiro lugar à osmose da música e do texto, graças ao encontro entre um compositor de gênio e um verdadeiro escritor: a preciosidade do estilo de Hoffmannsthal, somada a um agudo senso de teatro, combina perfeitamente com a exuberância um pouco amaneirada ("rococó") da escrita musical.

O cômico, fundado principalmente nos qüiproquós e nos lances teatrais, procede com freqüência do *vaudeville* (a chegada do barão, no primeiro ato, a conversa entre o barão e Mariandel, no terceiro). Vemos com satisfação ressurgir personagens arquetípicos da comédia: o odioso e grotesco barão Ochs pertence à família dos grosseirões libidinosos (Osmin em *O Rapto do Serralho**), enquanto Fanimal lembra os pais tirânicos e sedentos de promoção social que freqüentam as peças de Molière. A barafunda no final do segundo ato, a confusão do terceiro, são piscadelas de olho à tradição da *opera buffa* italiana e a seus *finales* movimentados. Strauss reencontra a veia paródica própria a essa forma de ópera: ele mistura os gêneros, pasticha seus predecessores (Wagner, Mozart, Verdi, Massenet...), parodia o *bel canto* italiano (a ária do tenor no primeiro ato). Com uma nostalgia um pouco irônica, coloca a ópera sob o signo da valsa (a célebre valsa do barão), chegando a imitar o estilo das operetas de seu ilustre homônimo, Johann Strauss. Ressuscita assim uma atmosfera tipicamente vienense, mundana, brilhante e capitosa.

Com efeito, trata-se de uma ópera fortemente impregnada de sensualidade e mesmo de erotismo. A cortina se levanta sobre uma cena galante muito típica do século dezoito: a marechala está na cama com seu jovem amante, e o ardor da música sugere claramente a natureza de suas relações. O barão Ochs, paquerando sucessivamente Sofia e Mariandel, encarna uma sexualidade grosseiramente masculina, apressada e obscena. A ambigüidade do travesti, artifício prezado das comédias barrocas, fornece à intriga um condimento mais sutil: Octavian-Mariandel, jovem disfarçado de mulher e tomado por uma mulher, lembra o Querubim de *As Bodas de Fígaro**. Herdeiro de Wagner e de Mozart, Strauss não omite a vertente sublime do amor. O encontro dos jovens se inscreve na grande tradição operística: quando Octavian, no início do segundo ato, entrega a rosa de prata a Sofia e os dois se olham com deslumbramento, pensamos no êxtase de Tristão e Isolda, depois que Isolda estende a taça a Tristão (em *Tristão e Isolda**), ou na feérica paixão súbita de Tamino e Pamina em *A Flauta Mágica**..., com a diferença de que a revelação aqui é apenas fascinação carnal.

A música é ao mesmo tempo mais rica e mais simples que em suas óperas precedentes. No interior de uma estrutura clássica, Strauss introduz alguns procedimentos modernos. Os *leitmotive* associados às personagens, às situações (temas da marechala, do barão Ochs, de Sofia, tema do amor, da ruptura...), não são submetidos a transformações complexas como em *Salomé** ou *Elektra**. Strauss retorna à tradicional divisão da ópera em "números" e aos conjuntos vocais: o duo da marechala e Octavian no primeiro ato, o magnífico trio final ("Hab'mir's gelobt, ihn lieb zu haben in der richtigen Weis", Eu me vangloriei de ser capaz de amá-lo de maneira correta), seguido pelo duo entre os dois jovens ("Ist ein Traum, kann nicht wirklich sein", Isso é um sonho, não pode ser verdade). Mas ele substitui a *aria* clássica, que fixa a psicologia das personagens, por um recitativo maleável, cheio de frescor, que traduz a mobilidade natural dos seres. Com isso confere uma verdade comovente às personagens, restituindo suas contradições, seus impulsos e suas oscilações. Essa "conversação musical", aliás, não faz senão desenvolver um estilo de canto que Mozart havia inaugurado em *As Bodas de Fígaro**.

Pois essa "mascarada vienense", que multiplica as referências, tampouco cede ao academismo. Sua riqueza humana é digna do modelo mozartiano. Todas as personagens são expressivas e nuançadas, mesmo o barão. Como em *As Bodas de Fígaro** ou em *Cosi fan tutte**, a comédia, na verdade, não é senão uma tragédia superada. A generosa renúncia da marechala dá um ressaibo amargo à euforia dos jovens, que doravante sabem da cruel fragilidade do amor. Essa educação sentimental repousa essencialmente sobre a consciência do tempo: o tempo que destrói o corpo, muda os desejos e transforma perpetuamente as identidades. O belo monólogo da marechala, no primeiro ato, indica o verdadeiro tema da ópera: inclinada sobre seu espelho, essa mulher de trinta e dois anos, cujo amante tem apenas dezessete, cogita, com uma ponta de angústia, que sua juventude logo irá embora enquanto seu coração permanece o mesmo. Diante do inelutável, ela decide "fazer das tripas coração". Essa personagem de mulher que amadurece (e que lembra a condessa das *Bodas de Fígaro**) é uma das mais comoventes heroínas do teatro lírico. Por causa dela, uma sombra de melancolia perpassa o turbilhão alegre da música. Mas, graças a ela, a alegria se torna sabedoria, e a superficialidade, uma forma de elegância moral.

GRAVAÇÃO RECOMENDADA - EMI Studio. 7493542: Orquestra Filarmônica. Dir. Herbert von Karajan. Elizabeth Schwarzkopf (a marechala), Christa Ludwig (Octavian), Otto Edelmann (o barão), Teresa Stich-Randall (Sofia), Eberhard Wächter (Fanimal).

O CASTELO DE BARBA-AZUL

ÓPERA HÚNGARA DO SÉCULO XX
DE BÉLA BARTOK (1881-1945)

Ópera em um ato
Poema húngaro de Béla Balazs (baseado no conto de Perrault e no drama de Maeterlinck)
estréia em 1918 em Budapeste

O COMPOSITOR - *(um músico original, poderoso e atormentado!* Marcada pela influência de compositores alemães – Beethoven, Liszt, Strauss – e sobretudo franceses, como

Debussy, a música de Bartok se enraíza no folclore magiar. Com efeito, juntamente com seu compatriota Kodaly, Bartok estudou cientificamente as melodias populares da Europa oriental, em particular húngaras e romenas.

As mais célebres de suas obras instrumentais são seus quartetos de cordas, seus concertos, e sobretudo a extraordinária *Música para Cordas, Celesta e Percussão*. Compôs dois balés, *O Príncipe de Madeira* e *O Mandarim Maravilhoso*. Sua única ópera, *O Castelo de Barba-Azul*, figura entre as obras-primas deste século. O estilo atormentado de Bartok, de uma violência aguda e refinada, se caracteriza por sua intensidade. Ele é o único compositor realmente moderno a conquistar uma popularidade internacional.

ORIGEM E ACOLHIDA - A história de Barba-Azul já havia sido musicada por um compositor francês, Paul Dukas, a partir de um poema de Maeterlinck: essa ópera, criada em 1907, se intitula *Ariane et Barbe-Bleue* (Ariana e Barba-Azul). Em 1910, o escritor húngaro Balazs publicou *O Castelo do Duque Barba-Azul*, dedicado a Bartok e Kodaly. Bartok, que conhecia bem a obra de Dukas, resolveu compor uma nova ópera sobre o tema. Submeteu-a ao júri de um concurso, que a recusou. Foi só em 1918 que a Ópera Real de Budapeste veio a representá-la. Essa ópera considerada "irrepresentável" obteve inicialmente apenas um sucesso de estima, para se tornar com os anos uma das mais célebres do século vinte. Em sua estréia, o compositor Kodaly já afirmava: "temos aqui uma obra-prima, um vulcão musical que faz erupção durante sessenta minutos de tragédia condensada e que nos deixa com um único desejo: o de ouvi-la de novo".

RESUMO - *(conto alegórico)*
No grande salão do castelo de Barba-Azul.

O duque Barba-Azul (bar-b) introduz sua nova mulher, Judith (sop), no salão de seu castelo. Esse salão escuro e úmido contém sete portas fechadas. Judith quer iluminar o salão e exige de Barba-Azul as chaves. Ela abre a primeira porta, de onde sai uma luz vermelha: é a câmara de tortura de Barba-Azul. No segundo quarto, ela descobre armas ensangüentadas. No terceiro, jóias manchadas de sangue. A quarta peça lhe revela o jardim secreto de Barba-Azul, mas as rosas também estão manchadas de sangue. A quinta se abre para os domínios de Barba-Azul, mas no céu passam nuvens cor de sangue. Na sexta ela vê um lago imenso: Barba-Azul lhe explica que são lágrimas. Enfim, ela abre a sétima porta e descobre as três ex-mulheres de Barba-Azul, ainda vivas. Elas representam a Manhã, o Meio-dia e o Entardecer de Barba-Azul: Judith será a Noite. Barba-Azul diz às três mulheres que continua a amá-las. A seguir, fecha a porta sobre Judith e volta a ficar só em seu castelo escuro.

ANÁLISE - *(uma linguagem muito moderna para uma obra alucinada)* Em *O Castelo de Barba-Azul*, a ação, muito estática, se reduz a um confronto psicológico entre duas personagens. No entanto, a ópera de Bartok é de uma intensidade dramática quase terrificante. Embora seja muito curta (dura menos de uma hora), sua matéria musical e simbólica é tão densa quanto a de um sonho.

Inspirada no conto de Perrault e marcada pela influência dos simbolistas franceses, essa obra se apresenta como uma fábula alegórica. O castelo representa a alma de Barba-Azul, cujos segredos Judith, em nome do amor, revela ao abrir as sete portas. Os quartos simbolizam as zonas de sombra que constituem a face oculta da vida de um homem: os sofrimentos infligidos ou sofridos (câmara de tortura e vale de lágrimas), o gosto pela beleza artificial ou natural (as jóias, as rosas), o desejo de poder (as armas) ou de posse (as riquezas, os domínios), e finalmente os segredos mais íntimos e mais duradouros (as mulheres amadas). A aspiração à liberdade e ao conhecimento, encarnada por Judith, se opõe à inviolabilidade do segredo das almas, representada por Barba-Azul: "Nada iluminará minha morada". Essa alegoria da condição humana é também uma tragédia da solidão. Com efeito, o doloroso confronto entre o homem e a mulher (traduzido pela oposição entre a soprano e o barítono-baixo) revela a incompreensão trágica entre dois seres radicalmente diferentes: o primeiro pertence à Noite, enquanto a outra reivindica a Luz. Dilacerando a obscuridade com seu timbre agudo e luminoso, Judith dilacera a si mesma, já que descobre estar a alma de seu marido manchada pelo sofrimento e o mal (o sangue). Por seu lado, a voz grave de Barba-Azul exprime uma esperança ansiosa, depois uma dor surda, e sua repetida advertência ("Judith!") retorna como um encantamento febril e desesperado. No final, a lei do segredo prevalece, e a noite envolve novamente o castelo, como para significar que a luz do amor é impotente para curar as misteriosas chagas da alma.

A música vigorosa e colorida de Bartok dá a esse drama uma extraordinária força sugestiva. Sua linguagem, desembaraçada de toda a ênfase romântica, revela-se de uma novidade total. Bartok transfigura ao mesmo tempo a música popular húngara, o recitativo debussysta e a sonoridade habitual dos instrumentos. A introdução e a conclusão se inspiram num motivo tirado do folclore transilvânio, uma balada que inscreve a obra sob o signo do lamento. Simultaneamente livre e melódico, o recitativo acompanha as inflexões naturais da língua falada, como em Debussy (*Pelléas et Mélisande**), e redescobre certos ritmos das melodias populares húngaras. A partitura orquestral combina harmonias sutis com a violência das percussões, obedecendo a uma estética expressionista. Assim, o angustiante *leitmotiv* do sangue, tocado pelos instrumentos de sopro, infiltra-se gradativamente por toda a partitura. A abertura da quinta porta é particularmente impressionante. Após um violento martelar dos timbales (espécie de tambor), as cordas vêm tiritar sobre os acordes dos trombones: o deslumbramento de Judith se transforma em pavor. As bruscas mudanças de ritmo e de intensidade sonora, características do estilo contrastante do compositor, traduzem o combate travado entre as duas personagens. Enfim, a sonoridade estranha e irreal dos instrumentos cria uma atmosfera propriamente onírica. O bramido dos violoncelos faz a pele arrepiar, assim como os suspiros do órgão e das clarinetas ou o lamento dos violinos. Nessa obra alucinada, a música exprime o tormento infinito das criaturas.

GRAVAÇÃO RECOMENDADA - DECCA 4141672: Orquestra Sinfônica de Londres. Dir. Istvan Kertesz. Christa Ludwig (Judith), Walter Berry (Barba-Azul).

KATIA KABANOVA
ÓPERA TCHECA DO SÉCULO XX
DE LEOS JANACEK (1854-1928)

Ópera em três atos
Libreto tcheco de Cervinka (baseado em *A Tempestade*, de Ostrovski)
estréia em 1921 em Brno

O COMPOSITOR - *(um músico original e interessante)* Com Smetana e Dvorak, Janacek é o terceiro compositor nacional tcheco. Escreveu nove óperas. *Katia Kabanova*, *A Raposinha Astuta*, *Jenufa* e *Da Casa dos Mortos* são obras de uma grande intensidade dramática. Janacek começou muito tarde sua carreira de compositor. Seu estilo, influenciado pelo folclore de sua região natal mas também pela música ocidental, impressiona por sua originalidade e sua expressividade. Ele foi comparado a Bartok (*O Castelo de Barba-Azul**).

ORIGEM E ACOLHIDA - Aos sessenta e três anos de idade, Janacek se apaixonou por Kamila Stösslova, jovem casada, de vinte e cinco anos. Esse amor tardio transformou sua vida e inspirou a maior parte de suas obras. *Katia Kabanova* é dedicada à sua musa. Em sua ópera *Jenufa*, Janacek já havia tratado das relações entre uma sogra e uma nora.

RESUMO - *(tragédia realista e romanesca)*
　　Na pequena cidade de Kalinov, às margens do Volga, por volta de 1860.

Ato I: Boris (t), sobrinho do rico comerciante Diko, está enamorado de Katia (sop), casada com o camponês Tikhon Kabanov (t). Katia, perseguida por sua sogra, Kabanicha (contr), lamenta sua juventude e sua liberdade perdidas. Ela é tentada pelo pecado. Ora, Tikhon deve partir para Kazan. A pedido de sua mulher, ele a faz jurar não ver outros homens.

Ato II: Kabanicha continua a perseguir Katia. Esta cede à tentação e se encontra com Boris. Eles se atiram nos braços um do outro, enquanto Varvara, a filha adotiva dos Kabanov, reencontra seu amante, Kudrjas.

Ato III: Tikhon está de volta. Durante uma tempestade, Katia, quase enlouquecida, lhe confessa seu adultério. Ele fica arrasado; sua mãe triunfa. Saem em busca de Katia, que fugiu. Ela erra junto às margens do Volga e lá encontra Boris. Diz-lhe adeus e se lança no rio. Tikhon acusa sua mãe de tê-la matado, mas Kabanicha preocupa-se apenas em saudar vizinhos que passam.

ANÁLISE - *(uma obra dolorosa, concisa e sutil) Katia Kabanova* é uma tragédia da vida cotidiana. A peça de Ostrovsky, *A Tempestade*, tem um parentesco com *Madame Bovary*, de Flaubert, mas sem a ironia do romancista francês; descreve a vida insípida e opressiva dos comerciantes, caracterizada pelo materialismo, o respeito às tradições, o peso da família e dos preconceitos. Ao lado do rico comerciante Diko, que se revela um homem brutal e hipócrita, a terrível sogra Kabanicha encarna a tirania do matriarcado e, mais profundamente, a ditadura obscurantista do poder czarista, enquanto Tikhon, seu filho apagado, representa a submissão cega do povo russo. Em oposição, a sonhadora Katia assemelha-se a um passarinho na gaiola. Prisioneira do sistema moral e social cujo símbolo é Kabanicha, ela ilustra as frustrações e as neuroses que desenvolve essa sociedade de costumes rígidos. Incapaz de astúcia ou de compromisso, Katia morre de culpabilidade. Essa tragédia obedece a uma filosofia idealista e desesperada: se a única forma de Katia preservar sua verdade é morrer, a única preocupação da sociedade (no caso, Kabanicha) é preservar as aparências.

O realismo do tema podia reclamar uma estética verista. Ora, Janacek usa uma linguagem expressiva mas concisa, pudica e quase distanciada. A música, densa e inflamada, restitui a atmosfera de um dia de tempestade. Como Katia, Janacek não consegue se encerrar num sistema: ele suprime os coros, funde os elementos de folclore (o duo entre Varvara e Kudrjas) no discurso musical, e utiliza um recitativo muito livre que, da cantilena à salmodia, se adapta ao caráter das personagens, acompanhando as vibrações das emoções e do pensamento: o canto de Katia jorra como uma fonte pura, o de Kabanicha é pedregoso e contrastante. Encontramos monólogos, mas nenhuma ária propriamente dita: no primeiro ato, o monólogo exaltado em que Katia evoca a felicidade da infância e suas visões místicas na igreja. A orquestra está integrada ao canto. Numerosos *leitmotive* percorrem a ópera: o mais importante é o tema nobre e terno de Katia, que aparece desde o prelúdio e retorna em toda a ópera. A transformação incessante dos temas traduz a turbulência interior da heroína, enquanto o procedimento do *ostinato* sugere o peso da fatalidade. Com efeito, a música se desenvolve em torno dos dois grandes eixos temáticos da obra: o esmagamento do indivíduo pela sociedade e a espontaneidade das emoções.

A tragédia se concentra em momentos breves e intensos. Assim, após o duo de amor do segundo ato, que reúne dois casais muito diferentes – um, plebeu e tranqüilo, o outro, apaixonado e infeliz – Boris e Katia retornam à cena: a orquestra exprime então em algumas rajadas toda a força contida da paixão dos dois. No terceiro ato, após o doce êxtase do duo final, a orquestra conclui de maneira fulgurante, sobre o suicídio de Katia e umas poucas palavras de Kabanicha. É uma música que nos eleva e nos remexe por dentro.

GRAVAÇÃO RECOMENDADA - DECCA 4218522: Orquestra Filarmônica de Viena. Dir. Charles Mackerras. Elisabeth Söderström (Katia), Petr Dvorski (Tikhon), Nededza Kniplova (Kabanicha).

O AMOR DAS TRÊS LARANJAS

ÓPERA FRANCESA DO SÉCULO XX
DE SERGEI PROKOFIEV (1891-1953)

Ópera em um prólogo e quatro atos
Título original: L'Amour des Trois Oranges
Libreto francês de Prokofiev e Vera Janacopoulos (baseado numa fábula teatral de Carlo Gozzi)
estréia em 1921 em Chicago

O COMPOSITOR - *(um músico cosmopolita, popular e original)*
Virtuoso pianista, Prokofiev deixou a Rússia após a Revolução em troca dos Estados Unidos e da França. Voltou quinze anos mais tarde à URSS para se dedicar à composição. Considerado por muito tempo como compositor oficial, foi posteriormente atacado por seu "formalismo burguês", embora a crítica nova-iorquina tivesse denunciado o "bolchevismo" de *O Amor das Três Laranjas*! Entre suas oito óperas, é preciso reter *O Jogador*, *O Anjo de Fogo*, *Guerra e Paz*. Mas Prokofiev compôs também uma abundante obra para piano, sete sinfonias, concertos, música de câmara, balés, músicas de filmes (*Alexandre Nevski*, *Ivan o Terrível*, para Eisenstein), e uma obra pedagógica destinada às crianças, *Pedro e o Lobo*. Marcada por três influências sucessivas, americana, parisiense e soviética, sua música permanece sempre vigorosa e original: o estilo de Prokofiev, de uma simplicidade provocante e original, se reconhece imediatamente.

ORIGEM E ACOLHIDA - Essa ópera, a primeira de Prokofiev, traz a marca das idéias modernistas de um grande homem de teatro que o compositor freqüentava na Rússia: Meyerhold. Numa revista intitulada *"O Amor das Três Laranjas"*, Meyerhold atacava a corrente naturalista encarnada por Stanislavski, pregando o retorno à magia estilizada da *commedia dell'arte* italiana, cujo clima de fantasia desenfreada lhe parecia próximo do espírito do surrealismo. Prokofiev compôs *O Amor das Três Laranjas* nos Estados Unidos. Recebeu uma acolhida entusiástica em Chicago, mas foi duramente criticado nos jornais de Nova York, que falaram de "quinze minutos de jazz com variações bolchevistas", e além disso denunciaram a encenação, "cara por unidade de laranja"!

Essa ópera, difícil de encenar, é a mais célebre de Prokofiev, certamente por causa da suíte sinfônica que dela extraiu.

RESUMO - *(fábula maluca)*

Prólogo: Várias personagens, encarnando diferentes gêneros teatrais, discutem entre si. Mas anuncia-se um tema totalmente insólito: "o amor das três laranjas".

Ato I: O filho (t) do Rei de paus (b) está doente. Para curá-lo, é preciso fazê-lo rir. O bufão Truffaldino (t) decide organizar festas. O bom mágico Tchélio (c) cuida do príncipe. Mas Clarissa (contr), a sobrinha do rei, planeja casar com Leandro (bar), um protegido da feiticeira Fata Morgana (sop), e matar o príncipe a golpes de prosa trágica.

Ato II: Os gracejos de Truffaldino não conseguem alegrar o príncipe. Mas, vendo Fata Morgana cair, ele explode numa gargalhada. Furiosa, a feiticeira lança-lhe uma maldição: ele se apaixonará por três laranjas. O príncipe parte imediatamente em busca dessas laranjas, escoltado por Truffaldino.

Ato III: As três laranjas estão guardadas no deserto por uma terrível cozinheira, Creonte (b). Tchélio dá uma fita mágica ao príncipe e ele furta as laranjas. Truffaldino, que tem sede, abre duas laranjas, de onde saem duas princesas, Linetta e Nicoletta. Elas ficam tão sedentas que morrem imediatamente. Assustado, Truffaldino foge. O príncipe abre a terceira laranja, de onde sai uma bela princesa, Ninetta (sop). Para evitar sua morte, os espectadores encontram um balde d'água num camarote. Mas Fata Morgana substitui Ninetta por uma negra, Esmeraldina, e transforma a princesa numa ratazana.

Ato IV: Graças a Tchélio, os maus são punidos e as maldições conjuradas: o príncipe e a princesa se casam numa alegria geral.

ANÁLISE - (*uma ópera engraçada e refrescante, que se reconcilia com a commedia dell'arte*) Com essa ópera, Prokofiev buscou apenas oferecer ao público "um espetáculo divertido". Desde o início o argumento assim se resume: o príncipe se aborrece e é preciso fazê-lo rir. Do mesmo modo, a ópera de Prokofiev busca fazer rir espectadores que ele imagina cansados da ópera tradicional. *O Amor das Três Laranjas* se apresenta, com efeito, como uma sátira das formas teatrais clássicas e das convenções da ópera. Assim, à guisa de abertura, o Prólogo nos mostra a querela de um pseudocoro, composto de personagens alegóricas (os Trágicos, os Cômicos, os Líricos, os Cabeças Vazias, os Ridículos). A ópera sublinha ironicamente o perigo da "prosa trágica", alimento tão prezado do gênero. Prokofiev acumula as citações paródicas, musicais e literárias. As "rimas fétidas" que Truffaldino descobre com horror na escarradeira do príncipe se referem às querelas teatrais do século dezoito. As óperas de Wagner são parodiadas em diversos momentos. A própria intriga é construída com base no esquema clássico dos libretos de óperas: um jovem é submetido a todo tipo de provações para obter aquela que ele ama. A malvada Fata Morgana e o bom Tchélio se opõem como a Rainha da Noite e Sarastro em *A Flauta Mágica**, de Mozart, e o jovem príncipe definha no início da ópera como Violetta em *La Traviata**, de Verdi...

Mas estamos longe aqui da imitação verista, longe também de todo simbolismo metafísico. Diante de nós se agitam puras máscaras de teatro. As personagens saem de um jogo de cartas ou de uma laranja, e o dragão que o herói enfrenta não passa de uma gorda cozinheira armada de uma concha. Nessa série de *sketches* burlescos, reencontramos a atmosfera em parte feérica, em parte trivial da antiga farsa à italiana, fundada na improvisação dos atores: a *commedia dell'arte*. A música de Prokofiev, cheia de reviravoltas, imita o ritmo desbragado da farsa. Assim, o célebre *scherzo* do terceiro ato traduz a velocidade com que o príncipe e Truffaldino são transportados. As árias e os conjuntos, que arriscariam retardar a ação, são sacrificados em proveito de cenas coletivas (das quais os espectadores às vezes participam), de pantomimas e de danças. A orquestra, sempre brilhante (a marcha do segundo ato e a marcha final são trechos célebres), é suficientemente transparente para valorizar um recitativo próximo da declamação natural. Essa ópera cheia de malícia e animação, que elimina as efusões sentimentais, contém no entanto um momento de verdadeiro lirismo: o duo de amor entre Ninetta e o príncipe, que anuncia o duo de Romeu e Julieta.

Embora reatando com a *commedia dell'arte*, Prokofiev desejou que *O Amor das Três Laranjas* estivesse de acordo com seu século: "hoje reclamamos – em música como em todas as outras coisas – velocidade, energia, movimento..." A música de Prokofiev evoca a arte do desenho animado: viva, colorida e expressiva, faz desfilar imagens constantemente renovadas. Essa ópera insólita, em que a música parece rebentar de rir a cada nota, pouco foi imitada, e é uma pena: no universo patético e solene no qual se compraz com freqüência a ópera, essas laranjas têm uma virtude refrescante.

GRAVAÇÃO RECOMENDADA -Virgin Classics 791084-2: Coros e Orquestra da Ópera de Lyon. Dir. Kent Nagano. Gabriel Bacquier (o Rei de Paus), Jean-Luc Viala (o Príncipe), Hélène Perraguin (Clarissa), Catherine Dubosc (Ninetta), Georges Gautier (Truffaldino).

A CRIANÇA E OS SORTILÉGIOS

ÓPERA FRANCESA DO SÉCULO XX
DE MAURICE RAVEL (1875-1937)

"Fantasia lírica" em duas partes
Título original: *L'Enfant et les Sortilèges* (poema francês de Colette)
estréia em 1925 em Monte Carlo

O COMPOSITOR - *(um virtuose de estilo muito pessoal)* O autor do célebre *Boléro* escreveu duas óperas cheias de fantasia e de humor: *L'Heure Espagnole* (A hora espanhola) e *A Criança e os Sortilégios*. Sua obra compreende, além disso, muitas melodias, peças para piano, como *La Pavane pour une Infante Défunte* (Pavana para uma recém-nascida morta) e um magnífico balé, *Daphnis et Chloé*. Ravel pertence à mesma família musical que Debussy, mas seu estilo é muito pessoal. Nele, o virtuosismo se apóia numa extrema precisão, o humor protege uma sensibilidade que se manifesta, tanto em sua obra como em sua vida, no gosto pela infância, pelos brinquedos mecânicos e pelos gatos.

ORIGEM E ACOLHIDA - A pedido de Jacques Rouché, diretor do Opéra, a escritora Colette havia escrito um libreto destinado a tornar-se um balé-fantasia, intitulado "Divertimento para minha filha". Ravel, vários anos depois, foi solicitado para musicá-lo. *A Criança e os Sortilégios* é a segunda ópera de Ravel. Ele obteve grande sucesso, e a obra permanece ainda hoje muito célebre, embora pouco representada devido à dificuldade de encená-la de maneira convincente.

RESUMO - *(fantasia animalista e animista) Primeira parte*: A Criança (sop) não quer fazer seus deveres. Sua mãe (contr) a pune, obrigando-a a ficar sozinha no quarto até o jantar. A Criança se enfurece e põe-se a destruir tudo: quebra a chaleira, lacera o papel de parede, desmonta o mecanismo do relógio, puxa o rabo do gato, espeta o esquilo em sua gaiola, rasga os livros e os cadernos. Acalmado seu furor, ela está para se jogar no Sofá (b) quando este... esboça um movimento de lado! Começam então os sortilégios: o Relógio (bar) soa feito louco percorrendo a peça, a Chaleira inglesa (contr) e a Taça chinesa (t) dançam um foxtrote, o Fogo (sop) ameaça queimá-la, os pastorezinhos do papel de parede entoam um coro lamentoso, a bela Princesa (sop) surge do livro de contos, o terrível velho Aritmético (t) a fustiga com seus algarismos. O gato preto lhe arranha o rosto, depois sai ao encontro da gata branca no jardim. A Criança o segue...

Segunda parte: ...mas se vê cercada de plantas e animais que lhe reprovam suas crueldades passadas. Ela se amedronta e chama a mãe em sua ajuda. Os animais lutam entre si e a derrubam. Nesse tumulto, um pequeno esquilo se fere, que a Criança se apressa em socorrer antes de tornar a cair sem forças. Os outros animais, confundidos por tanta bondade, lhe trazem a mãe, que ela chamava.

ANÁLISE - *(um coquetel bizarro e maravilhoso)* Ao musicar essa fantasia animalista e animista, Ravel parece ter encontrado grande satisfação. Quer se trate de restituir o universo fantasmagórico da criança, com sua perversidade, seu gosto pela brincadeira e a zombaria, seus medos e seus maravilhamentos, ou de dar vida aos objetos, de fazer as plantas e os animais falarem, seu humor impertinente e terno se presta a todas as metamorfoses.

A Criança e os Sortilégios não dura mais que uma hora, mas é extremamente movimentada. Apresenta-se como uma sucessão descosida de pequenas cenas estranhas e bizarras. Para figurar o desregramento onírico de um mundo de repente dominado pelos objetos e os animais, Ravel justapõe, com uma vivacidade ímpar, os estilos mais diversos, do mais antigo ao mais moderno. Toda a história da ópera e da música desfila resumidamente, de Bach ao *ragtime*, passando por Monteverdi, Lully, Massenet, Mussorgsky, Verdi, Debussy, Puccini... Ravel retoma a tradição da ópera-balé francesa, mas as danças (barrocas, galantes, românticas, jazzísticas...) não são entreatos decorativos, elas fazem parte integrante da ação: minueto majestoso e grotesco do Sofá com a Bergère, foxtrote lascivo da Taça chinesa e da Chaleira inglesa, ginga endiabrada do Fogo, balé melancólico dos pastorezinhos, polka demoníaca do velho Aritmético e sua corte de algarismos, valsa lenta da Libélula, dança de roda dos morcegos, dança das rãs-verdes... Esse coquetel musical, composto "no espírito da opereta americana" (Ravel), é ao mesmo tempo homenagem e paródia. Colette considerou-o muito a seu gosto: "Que uma terrível rajada de *music-*

hall tire a poeira da Ópera!" De fato, esse anticonformismo musical traduz a rebelião da Criança, cujo furor destrutivo provoca por sua vez a revolta dos animais. Muito rapidamente, o pesadelo impõe suas leis à partitura, martelada pelas percussões, invadida pelas dissonâncias. Aos golpes desordenados do Relógio ("Ding, ding, ding") responde o pipilar obsessivo do Aritmético ("Tique tique tique"), os miados amorosamente enfurecidos dos gatos ("Mornau! Minhau!"). A violência atinge o auge na marcha guerreira dos animais ("Ah! C'est l'Enfant du couteau!", Ah! é a criança da faca!)

Travessos e brincalhões, Colette e Ravel se divertem em multiplicar as gags. O diálogo é salpicado de termos de gíria, escritos de maneira fonética ("Kek-ta-foutuh d'mon Kaoua?"), de anglicismos e orientalismos altamente fantasistas ("Black and costaud... I boxe you, I marm'lad'you... Keng ça fou, Mahjong... ça-orâ toujours l'air chinoâ"). Reencontramos o espírito das cançonetas da infância ("Deux robinets coulent dans un réservoir... Millimètre Centimètre Décimètre...", Duas torneiras enchem um tanque... Milímetro Centímetro Decímetro..."). O uso da reiteração silábica, saborosa e inquietante ("Una paysanne, zanne, zanne, zanne", Uma camponesa, esa, esa, esa, "Je ne connais pas la ca-ca-ca-cage", Não conheço a ja-ja-ja-jaula), se refere à ópera-cômica francesa (ver *A Bela Helena**). No entanto, a paródia não se limita a imitações burlescas. Ravel inventa aqui uma espécie de naturalismo fantástico. Assim, o célebre duo de amor dos gatos, feito apenas de miados, é tão espantosamente verdadeiro que foi acusado de obscenidade no dia da estréia. O interlúdio orquestral que liga as duas partes da ópera evoca com uma precisão maravilhosa o ambiente sonoro de um jardim ao anoitecer: "música de insetos, de rãs, de sapos, de risos de corujas, de murmúrios de brisa e de rouxinóis", escreve Colette. Crepitando como os insetos, coaxando como os sapos, a música cumpre a mesma função imitativa que as onomatopéias imaginadas pela escritora para traduzir a linguagem dos animais ("kekekekecekça?", "ploc!", "tsk tsk", "heu heu"). Ao utilizar como instrumentos objetos de timbres insólitos (chicote, ralador de queijo!), Ravel prefigura a música concreta contemporânea.

Essa "fantasia lírica" delirante e engraçada é também muito comovente. A orquestra, brilhante mas discreta, valoriza a voz, que se expande num canto muito expressivo, ora sarcástico, ora intensamente lírico. Ravel utiliza todos os modos de canto: recitativo *parlando* moderno (a Criança), *recitar cantando* monteverdiano (o gemido da Árvore), *coloraturas* belcantistas (o Fogo), mas também revoadas líricas à maneira de Puccini: a melodia melancólica da Princesa, a elegia da Criança ("Tu, le coeur de la rose", Tu, o coração da rosa"), a queixa melodramática do Morcego, o arrazoado do esquilo, têm a ternura e o patetismo vibrante das efusões puccinianas. Por trás do humor onipresente, percebe-se aqui o amor de Ravel pelos pequenos e os fracos. A ópera inteira descreve uma progressão para a ternura. Já a passagem da casa ao jardim, "paraíso de ternura e de alegria animais", prepara o retorno à harmonia, à paz, à fusão original. Pouco a pouco, a cólera se dissipa; a gritaria, os berros e os gritos heteróclitos dão lugar aos cochichos e aos suspiros; o coro final, em forma de fuga, culmina progressivamente nesse apelo crescendo, cantado em uníssono pelos animais e retomado timidamente pela Criança: "Ma-mãe!" Após ter cedido à tentação da revolta, da violência, do individualismo, a Criança e a Música se reconciliam com suas origens: mamãe / a polifonia. Essa regressão corresponde a uma redenção: a criança malvada é salva porque demonstra compaixão: "Ela é boa, a Criança, ela é sábia..." Como num sonho, os fantasmas expulsos se dissolvem ao despertar. Como num conto de fadas, a crise se resolve numa iniciação moral.

A Criança e os Sortilégios continua sendo uma exceção no repertório lírico. Representa um pouco o equivalente musical do romance de Lewis Carroll, *Alice no País das Maravilhas*. Perito em sortilégios, Ravel anima sua arte com uma espécie de varinha mágica: sua música veste o belo texto de Colette com tanta delicadeza e invenção que dá a essa modesta ópera o brilho de um poema surrealista.

GRAVAÇÃO RECOMENDADA - Deutsche Grammophon 423 718-2. Orquestra Nacional da RTF (Radio Télévision Française). Coros e direção da RTF. Dir. Lorin Maazel. Françoise Ogéas (a Criança), Jeanine Collard (Mamãe, a Taça, a Libélula), Jane Berbié (a Bergère, a Gata, o Esquilo), Sylvaine Gilma (o Fogo, a Princesa, o Rouxinol), Colette Herzog, Heinz Rehfuss, Camille Maurane, Michel Sénéchal.

WOZZECK
ÓPERA ALEMÃ DO SÉCULO XX
DE ALBAN BERG (1885-1935)

Ópera em três atos (quinze cenas)
Libreto alemão do compositor (baseado no drama de Georg Büchner *Woyzeck*)
estréia em 1925 em Berlim

O COMPOSITOR - *(um dos três grandes representantes da Escola de Viena)* Alban Berg, que foi aluno e discípulo de Schönberg (*Moisés e Aarão**), faz parte, com Webern, da Escola de Viena. Escreveu *lieder*, um célebre concerto para violino (*Concerto à Memória de um Anjo*), muita música de câmara e duas óperas. *Wozzeck* ilustra o primeiro período de Berg, caracterizado pelo emprego do atonalismo. As obras de sua maturidade, especialmente sua ópera *Lulu*, exploram o método do dodecafonismo e da música serial. Mas sua música, menos abstrata que a de Schönberg e Webern, transcende essas teorias. Profundamente humanista, o universo de Berg se situa na confluência do naturalismo e do expressionismo.

ORIGEM E ACOLHIDA - Berg ficou perturbado ao assistir, em 1914, o *Woyzeck* de Büchner. Esse drama muito sombrio, inspirado numa crônica policial, se apresenta como uma sucessão de cenas breves e contundentes, que visam a colocar o espectador num estado de desconforto e de choque permanente. A ópera que Berg extraiu da peça, após quatro anos de trabalho, é curta (uma hora e meia apenas), mas renova a concepção do teatro lírico. *Wozzeck* teve uma acolhida triunfal. Sua modernidade, porém, chocou a boa sociedade berlinense, e um pouco mais tarde Berg foi acusado de ser "um judeu tcheco (...) que busca envenenar o povo alemão". Quando a ópera foi encenada em Praga, o prefeito teve uma crise cardíaca, e Berg foi então tratado de "judeu alemão que quer envenenar o povo tcheco"! Hoje ela é uma das óperas mais representadas no mundo inteiro (Rolf Liebermann fez dela inclusive um filme), embora só tenha alcançado a celebridade internacional depois de 1945.

RESUMO - *(fábula trágico-naturalista)*

Ato I: Wozzeck (bar), um pobre soldado maltratado pelo Capitão (t), vive com sua companheira, Maria (sop), e seu filho. Sofre de alucinações por se prestar a experiências dietéticas para o Doutor (b). Maria se deixa seduzir por um esperto Tambor-mor (t).

Ato II: O Capitão zomba de Wozzeck e fala do Tambor-mor. Wozzeck quer bater em Maria, mas ela o impede: "antes uma faca no corpo do que tua mão sobre mim". Wozzeck passa a vigiá-la. Na caserna, ele apanha ao brigar com o Tambor-mor.

Ato III: Maria lê um texto na Bíblia sobre Maria Madalena. Junto a um lago, ao anoitecer, Wozzeck mata Maria com uma faca. Depois ele tenta se distrair numa taberna, mas, obcecado pela faca e o sangue, retorna ao lago, onde lança sua faca e se deixa afogar. O Doutor e o Capitão ouvem o ruído, mas preferem seguir seu caminho. "Tua mãe está morta", gritam crianças ao filho de Wozzeck. O menino continua a brincar tranqüilamente: "Hop, hop, hop, hop".

ANÁLISE - *(uma tragédia expressionista que combina formas antigas e novas) Wozzeck* foi saudada como uma obra decididamente moderna. Entretanto, Berg não buscou revolucionar a ópera. Efetuou uma fusão entre a herança dos antigos e a contribuição dos inovadores, entre a divisão tradicional em "números" e a continuidade wagneriana, entre as diferentes técnicas de canto. Cada um dos quinze quadros possui uma autonomia musical e dramática, mas todos estão integrados num tecido musical coerente, graças a *leitmotive* (como nas óperas de Wagner) e a interlúdios orquestrais que ligam os quadros entre si (como em *Pelléas et Mélisande**, de Debussy). Os dois primeiros atos retomam formas clássicas, eruditas ou populares, mas renovadas, deformadas para se tornarem intensamente expressivas: no primeiro ato se sucedem uma suíte, uma rapsódia, uma marcha militar, uma canção de ninar, uma passacale e um rondó, e o segundo ato se apresenta como uma sinfonia em cinco movimentos. O terceiro ato, finalmente, quando a tensão dramática atinge o paroxismo, se apóia sobre cinco "invenções": invenção sobre um tema, sobre um som (no momento do assassinato de Maria), sobre um ritmo, sobre um acorde (no momento em que Wozzeck se afoga), sobre um movimento perpétuo. Do ponto de vista vocal, *Wozzeck*, como as óperas de Strauss (*Salomé**), exige dos cantores o máximo de suas possibilidades físicas e dramáticas. Berg não desdenha nem as ornamentações do *bel canto*, nem a entoação natural do *parlando*, mas na maioria das vezes recorre a uma espécie de canto nu, o *sprechgesang*: trata-se de uma declamação lírica e rítmica diferente do recitativo tradicional, que se serve da modulação de intensidade para dar a ilusão da palavra falada. Assim, conciliando formas até então consideradas inconciliáveis, Berg resume a história da ópera, ao mesmo tempo em que abre o caminho da modernidade.

Contrariamente ao que se poderia pensar, *Wozzeck* não é uma obra difícil, pois essa música refinada e complexa está sempre a serviço do drama, e prende o ouvinte sem lhe dar descanso. Somos sacudidos pela violência da ação, perturbados por essa fábula terrivelmente pessimista que nos apresenta uma humanidade degradada pela miséria material e moral, a mil quilômetros de distância dos heróis e dos deuses das óperas clássicas. A força expressiva da música eleva a história sórdida do pobre soldado à grandeza do mito. As personagens são símbolos, e sua aventura ilustra uma verdade eterna. Wozzeck, homem do povo, bom e sonhador, mas pobre e analfabeto, explorado por seus superiores e enganado pela companheira, simboliza o mundo dos excluídos, dos incompreendidos e dos perseguidos. Nessa tragédia moderna, a fatalidade adquire o rosto da Sociedade, opressora, indiferente e cruel (o Capitão e o Doutor), mas também superficial, perversa e brutal (o Tambor-mor).

Esse universo dominado pela miséria e o absurdo evoca outras obras do século vinte: *A História do Soldado*, de Ramuz e Stravinsky, o romance *O Bravo Soldado Chveik*, de Hàsek, e os romances de Kafka (*O Processo*). Mas a ópera de Berg se distingue por um expressionismo quase místico. Assim, o drama gradativamente se cristaliza sobre um objeto (a faca) e sobre uma imagem concreta (o sangue), carregados de uma significação simbólica (a violência e o assassinato, a culpa e a mancha). Em conformidade com a estética do teatro expressionista, a ópera se compõe de cenas curtas e violentas, que lembram as "estações" de uma via sacra: a aventura humana é representada como um calvário. De fato, a tragédia de Wozzeck não é apenas social, mas metafísica: Maria, que também aparece como uma vítima da sociedade, encarna, de maneira mais profunda, a fraqueza da carne, assim como Wozzeck encarna a fraqueza do espírito. Deste modo, a emoção que se apodera de nós, ao escutarmos essa ópera que põe em cena uma "pecadora" e um criminoso, não é o horror, mas uma piedade fraterna.

GRAVAÇÃO RECOMENDADA - DG 4235872: Orquestra Filarmônica de Viena. Dir. Claudio Abbado. Franz Grundheber (Wozzeck), Hildegard Behrens (Maria).

A ÓPERA DOS TRÊS VINTÉNS

ÓPERA ALEMÃ DO SÉCULO XX
DE KURT WEILL (1900-1950)

Ópera em um prólogo e três atos
Título original: *Die Dreigroschen oper*
Libreto alemão de Bertolt Brecht (baseado em *The Beggar's Opera* (A ópera dos mendigos) de Gay e Pepusch
estréia em Berlim em 1928

O COMPOSITOR - *(o músico que valorizou Bertolt Brecht)*
Esse compositor berlinense deve sua celebridade ao escritor Bertolt Brecht e às óperas que escreveu em colaboração. Brecht, dramaturgo marxista, rejeita a concepção clássica da ópera, concepção "culinária" que participa, segundo ele, da alienação capitalista. Para Brecht, a música deve servir o drama, e a técnica do "distanciamento" deve favorecer a tomada de consciência: a ópera, em vez de propor uma agradável ilusão, ajuda os espectadores a assumirem suas responsabilidades diante das aberrações sociais.

Brecht desviou Kurt Weill de suas pesquisas expressionistas e vanguardistas, fazendo-o dedicar-se a uma música mais popular e mais engajada. Quando Hitler chegou ao poder, Weill teve que deixar a Alemanha, como Schönberg, e emigrou para Nova York. *A Ópera dos Três Vinténs* é a mais célebre de suas dezesseis óperas.

ORIGEM E ACOLHIDA - Adaptada de *A Ópera dos Mendigos* de John Gay e Pepusch, uma célebre ópera-balada inglesa representada pela primeira vez em 1728, *A Ópera dos Três Vinténs* obteve um grande sucesso em Berlim e em toda a Europa: o público burguês, encantado de se misturar com a canalha a tão baixo custo, não viu que essa obra de um gênero deliciosamente "mau" ocultava uma sátira feroz das taras da boa sociedade. Em 1931, o cineasta Pabst extraiu dela um belíssimo filme.

Resumo - *(parábola pitoresca e satírica)*
Londres, 1837.

Ato I: Polly Peachum (sop) casa com Mackie Messer (Mackie-o-Esfaqueador) (t) sem o conhecimento de seus pais. Quando estes ficam sabendo, se enfurecem, pois Mackie é um notório bandido. Os pais de Peachum decidem fazer com que ele seja preso.

Ato II: Mackie se refugia numa casa de prostitutas. Mas, denunciado por Jenny-dos-Lupanares, é encarcerado. Recebe a visita de Lucy (sop), filha do corrupto policial Tiger Brown, a quem havia prometido casamento. Lucy está magoada com a deslealdade de Mackie. Este nega tudo e convence Lucy a ajudá-lo a fugir. Quando o pai Peachum chega à prisão, pouco tempo depois, encontra a cela vazia. Furioso, ele ameaça fomentar um motim em reação contra a ineficácia da polícia.

Ato III: A mãe Peachum revela à polícia o novo esconderijo de Mackie. Desta vez ele não consegue escapar. É conduzido ao patíbulo. Arrependido, ele pede perdão a Lucy e a todos os outros. No momento em que lhe passam a corda em volta do pescoço, Brown, disfarçado de mensageiro, lhe anuncia que a rainha o indulta e oferece um castelo aos jovens esposos!

Análise - *(uma fábula de bas-fonds, ao mesmo tempo lírica e cáustica)* A *Ópera dos Três Vinténs* é uma saborosa evocação da "corja", um conto de fadas cínico cujos heróis são vadios, mendigos, prostitutas, cáftens, policiais corruptos. Tem por quadro a Berlim dos anos 20, mesmo se é dito que se passa no século dezenove em Londres. Essa ópera alemã se refere, com efeito, a uma antiga ópera inglesa. *A Ópera dos Mendigos*, encenada no começo do século dezoito em Londres, apresentava-se como uma paródia da ópera italiana, então muito em voga na Inglaterra, e como uma sátira política e social: sob pretexto de descrever o mundo da ralé, os autores, Gay e Pepusch, denunciavam a corrupção e a hipocrisia da alta sociedade inglesa. Se Brecht e Weill permaneceram fiéis ao espírito do original, ultrapassaram-no porém em violência e em beleza.

A magia dessa ópera vem da cuidadosa dosagem que Weill efetuou entre as formas clássicas e a música popular, especialmente o jazz. Ele convoca ao nobre palco da ópera instrumentos vulgares (piano mal-afinado, saxofone), e faz os intérpretes dançarem o foxtrote, o charleston ou o shimmy (variedade de foxtrote com contorções do corpo). Como no antigo *singspiel* alemão, as personagens se exprimem ora por falas, ora por um canto declamado; mas o canto assume formas extremamente variadas, que vão da paródia da grande ária romântica (a lamentação de Polly no segundo ato) ao coral luterano (o final), passando pela romança popular. As canções (chamadas *songs* por referência ao modelo inglês da ópera-balada), inspiradas pelas canções de cabaré alemãs, desempenham um importante papel. Em parte faladas, em parte cantadas, essas lengalengas zombeteiras e sentimentais dão à ópera uma forma de lirismo popular que faz pensar em Villon, de quem Brecht, aliás, traduziu alguns poemas para incorporá-los à ópera. Pode-se destacar a canção dos canhões, a canção de Bárbara, a balada da dependência sexual, a célebre balada da "noiva do pirata", a balada da vida fácil, o lamento do cafetão.

Mas *A Ópera dos Três Vinténs* não procede de uma estética naturalista ou mesmo miserabilista: trata-se de uma fábula, de uma parábola contra a sociedade burguesa, que, ao mesmo tempo em que explora a miséria, como Peachum, "o amigo dos mendigos", se vangloria de respeitabilidade. Nenhum populismo nesse panfleto de traços anarquistas: Mackie é amigo de Tiger Brown, o chefe da polícia, os criminosos são coniventes com os defensores da lei, e reencontramos no universo dos mendigos as taras capitalistas, o egoísmo, a hipocrisia, a exploração dos fracos pelos fortes. As intenções satíricas transparecem na música. O uso freqüente das dissonâncias, lembrando as óperas de Berg (*Wozzeck**), visa a criar uma espécie de mal-estar no espectador, convidado a um espetáculo que o coloca em questão. Do mesmo modo, a verdadeira função das canções não é provocar a emoção, mas propor, tendo em vista a ação, uma lição, uma moralidade, por sinal pouco conforme aos preceitos ordinários da moral: construídas sobre ritmos fáceis e agradáveis ao ouvido, as *songs* contêm palavras penetrantes e amargas. A ópera termina com uma espécie de sermão: "Seja bom para o crime já que ele é condenado, e pense na noite fria que envolve este universo danado!" Para evitar qualquer enternecimento romanesco, Brecht utiliza a técnica do distanciamento: impõe às *songs* uma interpretação "inexpressiva", e adverte os espectadores a não se deixarem levar pela ilusão das imagens, mas a prolongarem o espetáculo através de uma reflexão crítica.

Muito intelectual e muito popular ao mesmo tempo, essa ópera nos deixa num paradoxo: concebida senão para desagradar, ao menos para fazer refletir, ela deve seu imenso sucesso ao descaramento refinado das melodias, das danças, da orquestração. Pode-se perguntar se o charme da música não traiu a força corrosiva do texto. Mas quem irá lamentar isso?

GRAVAÇÃO RECOMENDADA - CBS MK 42637: Coro e Orquestra de Berlim. Dir. Wilhelm Brückner-Ruggeberg. Lotte Lenya (Jenny), Willy Trenk-Trebitsch (Mackie), Trude Hersterberg (Polly).

PORGY AND BESS
ÓPERA AMERICANA DO SÉCULO XX
DE GEORGE GERSHWIN (1898-1937)

Ópera em três atos
Libreto inglês de DuBose Heyward e Ira Gershwin (baseado na peça *Porgy,* de DuBose e Dorothy Heyward)
estréia em 1935 em Boston

O COMPOSITOR - *(o primeiro grande compositor americano)* Filho de emigrados russos, nascido no Brooklyn, esse autodidata é um dos maiores compositores americanos. Obteve imediatamente uma glória internacional ao escrever comédias musicais inspiradas no jazz. Suas obras mais famosas são peças para orquestra: *Rapsódia in Blue*, *Um Americano em Paris*. Mas ele queria provar que podia compor uma verdadeira ópera, e tornar-se de certo modo um Verdi americano. *Porgy and Bess* foi o coroamento de sua curta e brilhante carreira.

ORIGEM E ACOLHIDA - Gershwin empreendeu essa ópera quando estava no auge da glória. Entusiasmado pelo romance de Edwin DuBose Heyward, melodrama sentimental inspirado numa crônica policial, fez com que o autor e seu próprio irmão o adaptassem. Em sua estréia, *Porgy and Bess* teve um grande sucesso de público, mas a crítica se mostrou mais reticente, e, curiosamente, a ópera foi mal recebida pelos músicos negros. Em troca, Prokofiev (*O Amor das Três Laranjas**), Ravel (*A Criança e os Sortilégios**) e Schönberg (*Moisés e Aarão**) lhe deram seu apoio incondicional. O filme realizado em 1957 por Otto Preminger, com Sidney Poitier no papel de Porgy, contribuiu para a popularidade dessa ópera.

RESUMO - *("conto popular" que põe em cena negros americanos) Bairro negro de Charleston, na Carolina do Sul, nos anos 30.*

Ato I: Numa noite de verão num bairro negro (Catfish Row), casais cantam e dançam. Clara (sop), mulher do marinheiro Jake, canta uma canção de ninar a seu bebê ("Summertime"). Homens jogam dados; Porgy (bar-b), inválido e mendigo, desloca-se num carrinho puxado por um bode. Bess (sop), por quem Porgy está apaixonado, aparece com seu amante, o estivador Crown (bar). Este quer jogar, mas tendo bebido, e furioso por perder, mata seu colega Robbins. Antes de fugir, ele avisa a Bess que voltará. Sportin'Life (t), fornecedor de cocaína de Bess, a paquera. Ela recusa seu assédio e se refugia na casa de Porgy. Os habitantes de Catfish Row cantam *spirituals* no funeral de Robbins, enquanto Serena (sop), sua viúva, se lamenta.

Ato II: Passou-se um mês. Enquanto os marinheiros se preparam para sair ao mar, Porgy canta sua felicidade de viver com Bess. Sportin'Life continua a rondar nos arredores. Durante um piquenique na ilha de Kittiwah, Crown, surgindo de um matagal, pede a Bess para voltar. Apesar de seu amor por Porgy, ela não consegue resistir aos beijos do ex-amante. Dois dias mais tarde, ouve-se Bess delirar no quarto de Porgy. Arma-se uma tempestade; vendo o barco de Jake soçobrar, Clara parte em seu socorro juntamente com Crown.

Ato III: A comunidade chora a morte de Clara, Jake e Crown. Mas Crown, rastejando na penumbra, se dirige à casa de Porgy. Este, que o espreitava, o apunhala e o estrangula. A polícia o detém. Uma semana mais tarde, Porgy, liberado, retorna a Catfish Row. Mas Bess, sob o domínio da droga, partiu com Sportin'Life para Nova York. Porgy sai em seu carrinho disposto a trazê-la de volta.

ANÁLISE - *(um casamento de amor entre a ópera e o jazz)*
Porgy and Bess é uma das raras óperas verdadeiramente populares, não obstante ser uma obra muito elaborada. Ao tomar por modelos *Carmen** e *Os Mestres Cantores**, o próprio Gershwin definiu sua ambição: exprimir a alma de um povo com uma música digna dos maiores. Como Bizet e Wagner, Gershwin reúne elementos folclóricos e tradicionais numa obra inclassificável, "simultaneamente superficial e séria", que tem a ver ao mesmo tempo com a Grande Ópera, com o drama lírico verista e com a comédia musical: "Creio, dizia Gershwin, que será uma obra jamais concebida antes".

Pela primeira vez, um compositor de ópera põe em cena a vida cotidiana de uma comunidade negra. Expõe-nos cruamente a condição dos negros na América dos anos 30, mostrando um daqueles guetos assolados pela miséria, onde reinam o álcool, o jogo, as brigas e o crime. Mas seu propósito não é nem pitoresco nem político: mais do que um documento realista, trata-se, segundo Gershwin, de um "conto popular". *Porgy and Bess* é uma fábula alegórica que trata das minorias, mas também da dependência, a da droga e a do sexo. A fatalidade das paixões pesa tanto sobre as personagens quanto a injustiça social. Essa tragédia está impregnada de reminiscências bíblicas: o trio formado por Porgy, Bess e Sportin'Life lembra o trio original (Adão, Eva e a serpente). O desafortunado Porgy, negro, inválido e mendigo, se destaca como um símbolo. Terno e solitário, inocente e culpado, representa o mundo dos fracos e dos excluídos, como a Katia de Janacek (*Katia Kabanova**) ou o pobre soldado de Berg (*Wozzeck**).

Para um novo tema, uma música nova: "Porque tem por tema a vida dos negros americanos, *Porgy and Bess* introduz elementos novos na forma tradicional da ópera; procurei utilizar as características dessa raça: seu senso do drama e do humor, suas crenças supersticiosas e seu fervor religioso, seu instinto de dança e sua animação transbordante". Gershwin quer rivalizar com os grande compositores europeus: retira elementos de Debussy ou de Mussorgsky, inspira-se em Wagner (reencontramos grandes conjuntos em forma de coros, como em *Os Mestres Cantores**, e o emprego do *leitmotiv* para caracterizar as personagens). Mas sua grande originalidade consiste na utilização de uma linguagem musical oriunda do folclore negro, e até então reservada ao *music-hall*: o jazz. É ele que dá à ópera aquela atmosfera enfeitiçadora, ao mesmo tempo langorosa e transbordante de vida: nos cantos, mas também na orquestração, redescobre-se o jazz característico dos anos 30 (recriado pelo compositor), o *blues* sob todas as suas formas: *ragtime*, *boogie-woogie*, *negro spirituals*, *gospels*. Mesmo o recitativo, que explora o acento tônico inglês e a pronúncia específicos dos negros, se ajusta ao ritmo sincopado do jazz.

Essa tragédia espetacular é habilmente construída: as cenas coletivas alternam com as cenas intimistas; os confrontos violentos contrastam com as efusões líricas, a precipitação da ação, com o recolhimento da prece; a tragédia individual ecoa o drama coletivo. A multidão é a personagem principal da ópera, o que justifica o papel importante concedido às danças e aos coros, de acordo com a tradição européia da Grande Ópera. Sobretudo, Gershwin consegue maravilhosamente colocar o lirismo espontâneo e poderoso do jazz a serviço da expressão dramática. As grandes árias se inspiram tanto em *arias* clássicas como nas canções das comédias musicais. Entre os trechos mais célebres, pode-se destacar, no primeiro ato, a famosíssima canção de ninar cantada por Clara ("Summertime"), o lamento de Serena ("My man's gone now", Meu homem partiu agora); no segundo ato, a ária de Porgy ("Oh I got plenty o'nuttin'", Oh, tenho quantidades de nada), o duo entre Porgy e Bess ("Bess, you is my woman now", És agora minha mulher, Bess) e as duas árias de Bess ("What you want wid Bess", Que queres de Bess, e "I want to stay here", Quero ficar aqui); no terceiro ato, a ária de Sportin'Life ("There's a boat dat's leavin' soon for New York", Há um barco partindo em breve para Nova York) e o doloroso final, cantado por Porgy e o coro ("Oh, Lawd, I'm on my way", Ó Senhor, estou a caminho).

Porgy and Bess é a ópera nacional americana, assim como *Carmen** é a ópera nacional francesa e *Os Mestres Cantores**, a ópera nacional bávara. É verdade que podemos censurar-lhe veicular clichês do tipo "Cabana do Pai Tomás", dando do negro a imagem de um ser primitivo, simpático mas simplório, exuberante e vaidoso, despreocupado e violento, sensual e supersticioso. No entanto, a emoção é indiscutível: certamente porque, pela primeira vez na ópera, o jazz é utilizado como linguagem musical autêntica, exprimindo a alma de uma coletividade humana – e não de maneira lúdica, como em *A Criança e os Sortilégios** de Ravel. Essa obra calorosa e inovadora permanece única: depois de Gershwin, nenhum compositor se arriscou a casar tão intimamente a ópera e o jazz.

GRAVAÇÃO RECOMENDADA - EMI 7495682: Orquestra Filarmônica de Londres. Coro de Glyndebourne. Dir. Simon Rattle. Willard White (Porgy), Cynthia Haymon (Bess), Harolyn Blackwell (Clara), Damon Evans (Sportin' Life).

PETER GRIMES
ÓPERA INGLESA DO SÉCULO XX
DE BENJAMIN BRITTEN (1913-1976)

Ópera em um prólogo, três atos e um epílogo
Libreto inglês de Montagu Slater (baseado no poema de George Crabbe, *A Vila*)
estréia em 1945 em Londres

O COMPOSITOR - *(o herdeiro moderno de Purcell)* Compositor, mas também regente de orquestra e pianista, Benjamin Britten muito contribuiu para a renovação da música lírica na Inglaterra. Compôs onze óperas, das quais as mais célebres são *Peter Grimes*, *Gloriana*, *A Violação de Lucrécia*, *A Torre de Prisão*. Herdeiro moderno de Purcell (*Dido e Enéias**), Britten é um músico muito original, embora empregue uma linguagem clássica.

ORIGEM E ACOLHIDA - Inspirado no poema do grande poeta inglês George Crabbe, essa ópera, a primeira de Benjamin Britten, estreou logo após a guerra. Teve imediatamente uma acolhida triunfal. *Peter Grimes* marca época na ópera inglesa, pois ressuscita na Inglaterra um gênero abandonado desde Purcell.

RESUMO - *(tragédia realista)*
Costa leste da Inglaterra, numa pequena vila de pescadores, por volta de 1780.

Prólogo: O juiz Swallow (b) investiga as circunstâncias suspeitas nas quais um pescador, Peter Grimes (t), perdeu no mar um jovem aprendiz. Grimes é absolvido, mas o aconselham a ter mais cuidado no futuro. A professora Ellen Orford (sop) o reconforta.

Ato I: É de manhã. A pequena aldeia se anima, mostrando personagens pitorescas. Ned Keene, o farmacêutico, propõe a Peter Grimes um novo aprendiz, que se encontra num asilo. Mas ninguém quer ir buscá-lo. Ellen toma a defesa de Grimes. Uma tempestade se anuncia. Grimes relata ao capitão Balstrode (bar) o terrível dia em que seu aprendiz morreu no mar perto, dele. Na estalagem, enquanto um pescador bêbado discute com Balstrode, Grimes evoca o destino humano, num canto muito poético. Os aldeões, hostis a esse homem que não é como eles, respondem com uma dança de roda. Chegam o carroceiro Hobson e Ellen, trazendo o novo aprendiz de Grimes, John.

Ato II: Enquanto os aldeões estão na igreja, Ellen senta-se ao lado de John junto a um barco, e descobre que ele é maltratado por seu mestre. Ela faz recriminações a Grimes, que bate nela. Os aldeões, indignados, querem matar Grimes. Ameaçadores, eles se aproximam de sua cabana. Grimes manda então que John se refugie no barco, recomendando-lhe cuidado. Mas John cai da falésia. Grimes sai em seu socorro.

Ato III: À noite, os aldeões dançam na rua. Balstrode e Ellen procuram Grimes e John; descobrem a malha de John trazida pela maré. Os aldeões, cheios de ódio, iniciam a caçada. Grimes aparece: exausto, desvairado, não reconhece Ellen. Balstrode aconselha-o a partir em seu barco para escapar da vingança dos aldeões.

Epílogo: Swallow anuncia que um barco perdeu-se no mar. Mas a vila já esqueceu Peter Grimes.

ANÁLISE - *(uma tragédia impressionante, vigorosa e sóbria)* *Peter Grimes* é uma tragédia que põe em cena a perseguição de um marginal. A ópera está centrada em torno de um homem, Peter Grimes, espécie de poeta sob a aparência rude de pescador, que, incapaz de se fundir na massa, é impelido à loucura e à morte. Britten e seu libretista transformaram o vadio do poema de Crabbe num herói romântico, que encarna o divórcio entre o indivíduo e a sociedade. Esse bode expiatório, orgulhoso e rude, situa-se entre o marinheiro maldito de Wagner (*O Navio Fantasma**) e o miserável soldado de Berg (*Wozzeck**). Com um instinto teatral muito seguro, Britten justapõe cenas pitorescas e cenas meditativas, cenas intimistas e cenas coletivas, descrevendo no fundo do drama, por pequenas pinceladas, a vida cotidiana de uma aldeia de pescadores: uma vida dominada por mexericos e tumultos, onde as acusações se alternam com bailes ao luar, os excessos de bebida com as preces. Britten denuncia a mesquinharia dos notáveis, a crueldade da multidão, e descreve, mais além do que isso, uma violência universal: à selvageria da multidão cega, que chega a organizar uma caçada a um homem (os aldeões perseguindo Grimes), responde a brutalidade de um adulto para com uma criança, do homem para com a mulher (Grimes maltratando John e depois Ellen), e, de maneira mais profunda, o desencadeamento indomável dos elementos naturais (o mar).

Sobre esse tema romântico e realista ao mesmo tempo, a escrita musical, poderosa e original, é não obstante clássica. No interior de um discurso contínuo, a ópera se constrói como uma série de quadros separados em cenas autônomas. Britten faz alternar os recitativos, as árias, os conjuntos e os coros, segundo a clássica divisão em "números". A partilha entre a orquestra e o canto obedece a uma estética tradicional: a expressão é confiada à voz, enquanto a orquestra, clara e sutil, tem por tarefa valorizá-la, sobretudo graças a temas recorrentes. Não se trata, porém, de *leitmotive* wagnerianos, mas, segundo Britten, de "motivos separados que cristalizam e retêm a emoção do drama em determinados momentos". No entanto, entre os diferentes episódios vocais, a orquestra assume uma missão mais elevada, descritiva e simbólica. Como Debussy em *Pelléas et Mélisande**, Britten liga as cenas e os atos através de pausas sinfônicas. Os instrumentos revelam o que apenas aflora no canto: o mistério infinito da alma humana, comparável ao do mar. Cenário realista e metafórico, o mar, com efeito, simboliza tanto as agressões exteriores como os tormentos interiores. Assim, os prelúdios e interlúdios orquestrais descrevem também uma paisagem mental: a calma das ondas, o sol sobre o mar, a tempestade, o luar, depois a neblina que sobe do mar e se infiltra aos poucos no espírito de Grimes, torturado por horríveis alucinações...

Britten privilegia a voz, mas seu lirismo sóbrio não faz nenhuma concessão ao *bel canto*. A melodia segue as inflexões da linguagem falada, explorando sua beleza natural: o compositor, com efeito, quis "restituir à musicalidade da língua inglesa o brilho, a liberdade e a vitalidade de que ela se viu completamente privada desde a morte de Purcell". Com isso ele chega a uma espécie de verdade lírica. O monólogo nostálgico de Ellen no terceiro ato ("Embroidery in childhood", O bordado em nossa infância...) traduz a doçura impotente da professora. O canto de Grimes, esfolado e lírico ao mesmo tempo, combina com sua natureza contraditória: desenvolto no belíssimo monólogo do segundo ato ("Now that the Great Bear and the Pleiades...", Agora que a Ursa Maior e as Plêiades...), é quase sempre tenso e contrastado, refletindo sua inadaptação ao mundo, e seu grito final se assemelha ao urro de um animal ferido de morte. É um papel difícil que exige grandes qualidades vocais e dramáticas. O mesmo cuidado com a caracterização se verifica nos conjuntos e nos coros: podemos citar o coro do terceiro ato em que explode o furor histérico da multidão ("Him who despises us we'll destroy", Destruiremos aquele que nos despreza).

Sem recorrer a procedimentos revolucionários, Britten soube exprimir o desespero com uma impressionante lucidez: a bela clareza da linguagem musical de *Peter Grimes* faz sobressair a violência exterior e interior do drama, a solidão trágica daquele sobre o qual pesa a maldição dos excluídos.

GRAVAÇÃO RECOMENDADA - DECCA 414577-2: Orquestra de Covent Garden. Dir. Benjamin Britten. Peter Pears (Grimes), Claire Watson (Ellen).

MOISÉS E AARÃO

ÓPERA ALEMÃ DO SÉCULO XX
DE ARNOLD SCHÖNBERG (1874-1951)

Ópera em três atos
Título original: *Moses und Aron*
Libreto alemão de Arnold Schönberg (baseado no *Antigo Testamento*)
estréia em 1957 em Zurique

O COMPOSITOR - *(o fundador da música moderna)* Esse compositor autodidata, que era também pintor, revolucionou a música ao sistematizar o atonalismo, do qual decorrem o dodecafonismo e a música serial. Em suas obras mais conhecidas, o *Pierrot Lunaire* e os *Gurrelieder*, ele recorre a um novo modo de canto, o *sprechgesang* (literalmente, "falado-cantado"), servindo-se das modulações de intensidade para dar a ilusão da fala. Grande pedagogo, Schönberg fundou a Escola de Viena com seus discípulos Alban Berg (*Wozzeck**) e Anton Webern. A mais célebre de suas quatro óperas é *Moisés e Aarão*.

ORIGEM E ACOLHIDA - Schönberg compôs essa obra entre 1930 e 1935. Mas não conseguiu terminar o terceiro ato, que é representado falado. *Moisés e Aarão*, que deu origem a um filme do cineasta Jean-Marie Straub, é considerada a obra-prima de Schönberg.

RESUMO - *(tragédia metafísica)*
No Egito, numa época imemorial.

Ato I: Antes de partir para o monte Sinai a chamado de Deus, Moisés (b, papel falado) debate com seu irmão Aarão (t) sobre a dificuldade de transmitir a mensagem divina ao povo. Para Moisés, Deus é uma pura idéia e não pode ser representado; para Aarão, ao contrário, a revelação de Deus passa pelas manifestações concretas de sua existência. Ambos se apresentam diante do povo: é Aarão que é acreditado quando realiza milagres que provam o poder divino.

Ato II: Moisés, que deve trazer do Sinai as Tábuas da Lei e conduzir seu povo para a Terra prometida, já partiu há quarenta dias. O povo se impacienta: o deus de Moisés lhes parece uma quimera. Aarão, para exprimir a revolta que cresce, manda buscar ouro para modelar a efígie de um bezerro, afirmando que o ouro, matéria divina, é digno de adoração. A apresentação do Bezerro de Ouro, novo ídolo, dá ensejo a cenas orgiásticas de uma selvageria desenfreada. Moisés surge então, e destrói o Bezerro de Ouro. Mas, tomando consciência de que fracassou na transmissão da mensagem divina, quebra as Tábuas da Lei antes de cair prostrado e desesperado.

Ato III (inacabado): A derrota de Moisés é apenas momentânea. O povo se vingou de Aarão, que o enganou ao lhe apresentar um engodo. Perante seu irmão encadeado, Moisés reafirma sua fé num Deus atemporal e imaterial. Ele concede clemência a Aarão, mas este, no momento mesmo em que se vê livre de suas cadeias, cai fulminado.

ANÁLISE - *(uma Grande Ópera de uma novidade e uma profundidade revolucionárias) Moisés e Aarão* é um vasto afresco que põe em cena um dos maiores episódios da história bíblica: a temporada no deserto do povo hebreu após a saída do Egito e as atribulações de Moisés. Pela titânica amplidão do tema, pela importância da coreografia (a Dança em volta do Bezerro de Ouro) e sobretudo dos coros (meio-coro da Sarça ardente, grande coro em parte falado, em parte cantado dos hebreus), essa ópera retoma a tradição da Grande Ópera à francesa. Mas a imaginação teatral e sonora de Schönberg transcende as convenções desse gênero ultrapassado. Em primeiro lugar, ele renova o tratamento do som, aplicando o método de composição que inventou: o dodecafonismo. Por outro lado, consegue dar a esse drama metafísico uma vida extraordinária: a solenidade de certas passagens (o grande duo no primeiro ato entre Moisés e Aarão, o coro místico no começo do segundo ato) contrasta com a animação e até mesmo o frenesi das cenas de multidão, particularmente sensível na famosa Dança em volta do Bezerro de Ouro, ponto culminante da obra. Ao longo dessa festa desvairada e sinistra se sucedem a dança dos degoladores, o suicídio dos velhos diante do ídolo, a auto-imolação das quatro virgens nuas, em meio a orgias e estupros: cenas furiosas e mudas, unicamente cobertas pelas ondas capitosas da orquestra.

    A predominância da música sobre a voz traduz nesse momento o fracasso de Moisés: o triunfo da matéria sobre a alma, da excitação sensual sobre a elevação espiritual. A ópera repousa, com efeito, sobre a dialética do ideal e do material, do visível e do invisível, do pensamento e da ação. Ela coloca o problema trágico da comunicação necessária e impossível entre o criador e suas criaturas, entre o pensador e o povo: "Sei pensar mas não falar", confessa Moisés. Aarão, designado para ser a "boca" de Moisés, deforma aos poucos o sentido original da mensagem divina: demagogo brilhante e superficial, ele substitui o pensamento puro por representações figurativas que, reduzidas à sua pura materialidade, perdem seu valor simbólico. Schönberg transcreve esse conflito em música: o papel austero de Moisés, confiado a um baixo, é inteiramente falado, segundo a técnica do *sprechgesang*, enquanto o discurso de Aarão se enfeita com as seduções conhecidas do *bel canto*. Ora, somente o canto ornado do tenor é compreendido pelo povo, porque apela à emoção. As últimas palavras de Moisés, no final do segundo ato, exprimem seu desespero : "O Wort, du Wort, das mir fehlt" (Ó palavra, palavra, me fazes falta). Essa ópera visionária profetiza também o corte entre o artista e seu público.

Se *Moisés e Aarão* pode ser considerada como um avatar moderno da Grande Ópera, Schönberg a eleva a uma dignidade e a uma interioridade excepcionais. Essa obra marca um momento capital na história da arte lírica. Schönberg estava consciente de ter feito uma revolução comparável à de Monteverdi, de Gluck ou de Wagner: "Meu mérito é ter escrito uma música verdadeiramente nova que, assim como se originou da tradição, está destinada a tornar-se uma tradição".

GRAVAÇÃO RECOMENDADA - CBS 58 335/6: Coros e Orquestra Sinfônica da BBC. Dir. Pierre Boulez. Günther Reich (Moisés), Richard Cassily (Aarão).

DIÁLOGOS DAS CARMELITAS

ÓPERA FRANCESA DO SÉCULO XX
DE FRANCIS POULENC (1899-1963)

Ópera em três atos (doze quadros e cinco interlúdios)
Título original: *Dialogues des Carmelites*
Libreto francês de Poulenc (baseado na peça de Bernanos)
estréia em 1957 em Milão

O COMPOSITOR - *(um dos mais célebres membros do Grupo dos Seis)* Esse compositor e pianista tipicamente francês pertenceu ao círculo de músicos franceses chamado o Grupo dos Seis que, após a Primeira Guerra Mundial, rejeitava tanto o impressionismo quanto o pós-wagnerismo: entre os mais conhecidos, além de Poulenc, figuravam Darius Milhaud, Arthur Honegger, Georges Auric. Apaixonados pelo jazz, pelo *music-hall* e as canções populares, esses compositores partilhavam também o mesmo cuidado com a elegância, a suavidade, o humor e a espiritualidade. Poulenc escreveu numerosas melodias. Em sua ópera bufa *Les Mamelles de Tirésias* (Os mamilos de Tirésias) e nos *Diálogos das Carmelitas*, sua ópera mais ambiciosa, ele afirma sua originalidade, que consiste numa mistura de naturalidade e classicismo.

ORIGEM E ACOLHIDA - Essa ópera foi encomendada a Poulenc pelo Scala de Milão. Encenada pela primeira vez em italiano, obteve um imenso sucesso. Hoje é representada com bastante freqüência.

RESUMO - *(tragédia histórico-mística)*
Em Paris e Compigne durante os primeiros anos da Revolução Francesa.

Ato I: Em Paris, no momento em que assoma a Revolução, Branca (sop) tem uma iluminação mística: ela anuncia a seu pai, o Marquês da Força, (b) e a seu irmão, o Cavaleiro (t), a decisão de entrar para o Convento das Carmelitas. Branca faz seu noviciado sob a dura autoridade da superiora (contr). Faz amizade com uma outra noviça, Constança (sop), que lhe confia uma visão que teve: elas morreriam juntas. A superiora sente, com terror, chegarem seus últimos momentos, e exprime sua angústia a Branca, impressionada.

Ato II: Após a morte da superiora, Branca e Constança se interrogam sobre o sentido profundo da morte. A nova superiora sublinha a imperiosa necessidade da prece, único verdadeiro dever das carmelitas. Essa é a razão que Branca opõe a seu irmão, o Cavaleiro, quando este tenta em vão retirá-la do convento. A Revolução está no seu apogeu. O exercício do culto é proibido: ameaçadas pela multidão, as carmelitas devem deixar o convento sob pena de morte.

Ato III: As carmelitas permanecem reunidas em sua capela devastada. Fazem o voto de morrerem juntas. Branca, tomada de pânico, foge e volta para casa. Mas se vê sozinha: seu pai foi guilhotinado. Pouco tempo depois, as religiosas são detidas e condenadas à pena capital. No dia da execução, elas sobem o cadafalso cantando *Salve Regina*. Quando chega a vez de Constança, Branca sai da multidão para juntar-se às companheiras e morrer com elas.

ANÁLISE - *(uma meditação espiritual de uma espontaneidade pungente)* Eis aqui uma ópera aparentemente muito austera: se tem por quadro as jornadas mais sombrias da Revolução Francesa, não é ornada de nenhuma daquelas intrigas amorosas, políticas, guerreiras, que invadem comumente a cena lírica. O heroísmo em questão é aqui inteiramente espiritual. Com efeito, a peça de Bernanos, *Dialogues des Carmelites*, é uma meditação sobre a morte. Ao colocar em cena a ascensão mística de uma jovem religiosa, o escritor, católico fervoroso, descreve o itinerário de uma alma que passa da exaltação ao temor, da angústia à serenidade. Ele mostra que o medo da morte remete à solidão fundamental do homem, e que o único meio de superar esse medo é inscrever a morte individual no destino coletivo, morrer com os outros, pelos outros, como fazem as religiosas no final: o martírio, ato supremo de caridade, dá sentido à morte. Sobre esse tema difícil, Poulenc compôs uma obra vigorosa, teatral e pungente, em que a interioridade do drama religioso é expressa com uma naturalidade espantosa.

A força dramática da ópera se deve, antes de tudo, à sua diversidade. Alguns episódios, cheios de ternura e humor ingênuo, mostram as jovens em sua face risonha e infantil. Mas a maior parte das cenas são graves e impressionantes: a cena em que Branca conversa com a superiora sobre o sentido de seu compromisso e a agonia atormentada da superiora, no primeiro ato, o debate entre Branca e Constança sobre o sentido da morte, no segundo. Outros trechos são de um lirismo grandioso, como a sublime *Ave Maria* cantada *a capella*, no segundo ato, e a cena patética em que a nova superiora exorta suas filhas ao martírio, no terceiro. O quadro final (a subida ao cadafalso) poderia ser sinistro: é perturbador, porque Poulenc nos faz ouvir mais do que ver a morte. Destacando-se do coro da multidão, o *Salve Regina* das religiosas se extingue voz por voz, à medida que se sucedem as execuções. Quando Branca junta-se às companheiras, ela entoa o *Veni Creator* e sua voz se destaca, por sua vez, sobre o coro das outras jovens, antes de dar lugar ao silêncio, à morte, ao mistério.

O estilo de Poulenc concilia rigor e espontaneidade. A importância atribuída às vozes e à prosódia testemunha a preocupação escrupulosa em restituir cada palavra, cada inflexão do texto; a música consagra e vivifica o drama ao lhe dar ao mesmo tempo a naturalidade de uma conversa e a intensidade de uma conversão. Afastando-se da antiga divisão em "números" da ópera tradicional, mas também do sinfonismo wagneriano, Poulenc se situa antes na esteira de Debussy (*Pelléas et Mélisande**). Fluida, liberta tanto das coerções como da ênfase, a linha de canto, que vai do recitativo ao *arioso*, acompanha os meandros do texto. A orquestra, clara e discreta, permanece a serviço das vozes sem assumir o menor tema melódico. No entanto, os interlúdios orquestrais que ligam os atos não são passatempos: exprimem debates inconscientes das personagens e anunciam, com violência e sobriedade, suas mudanças interiores.

Contrariamente a Schönberg, que, na mesma época, teve representada uma ópera revolucionária (*Moisés e Aarão**), Poulenc não é um inovador. Deve muito a Debussy ou Puccini, e se refere explicitamente a Monteverdi, Verdi e Mussorgsky. Sua elegância, sua pureza e sua precisão fazem dele um representante da tradição musical francesa. Mas ao tratar do mistério da morte e da fé com essa simplicidade tocada pela graça, Poulenc arranca a ópera de seus desvios mundanos e nos traz de volta à concepção primitiva do teatro lírico, que quer que a música seja a alma do texto, o prolongamento sensível e espiritual do verbo.

GRAVAÇÃO RECOMENDADA - EMI 7493312: Orquestra do Teatro Nacional da Ópera de Paris. Dir. Pierre Dervaux. Denise Duval (Branca), Régine Crespin (Madame Lidoine), Denise Charley (Madame de Croissy), Liliane Berton (Constança).

GLOSSÁRIO

ABERTURA. Peça instrumental que "abre" a ópera. A abertura teve por muito tempo uma função de preenchimento e de disciplina: permitia aos espectadores se acomodarem, canalizando ao mesmo tempo sua atenção. Não tinha então nenhuma relação direta com o drama que precedia: simples *toccata* em *Orfeo**, de Monteverdi, "abertura à francesa" estabelecida por Lully no século dezessete (*adagio-allegro-adagio*), sinfonia italiana definida por Alessandro Scarlatti (*allegro-largo-vivace*). A partir do final do século dezoito, sob o impulso de Gluck e de Mozart, a abertura se integra cada vez mais à ópera: em *Don Juan**, ela anuncia os dois grandes motivos do drama. A abertura romântica vai mais longe ainda, apresentando uma espécie de resumo da ação (*Der Freischütz**, de Weber). No entanto, essa "abertura em programa" permanece uma peça dissociada do corpo da ópera. A ópera moderna tende a substituir a abertura por um prelúdio que instaura o clima do drama (o prelúdio de *Tristão e Isolda**, de Wagner), ou por alguns compassos significativos (*Tosca**, de Puccini, *Wozzeck**, de Berg).

A CAPELLA. Expressão italiana que significa "num estilo de capela". Designa um canto polifônico de caráter religioso sem acompanhamento instrumental.

ADAGIO. Palavra italiana que significa "tranqüilamente, suavemente". Aplica-se a um movimento lento.

ALLEGRO. Palavra italiana que significa "vivamente". Aplica-se a um movimento musical rápido e alegre.

ALTO. Ver contralto.

ANDANTE. Palavra italiana que significa "andando". Aplica-se a um movimento de velocidade moderada.

ÁRIA. Da palavra italiana "aria". Designa uma melodia vocal isolada, de duração variável, cantada por um solista. De origem religiosa, a *aria* faz parte da ópera desde sua origem (*Orfeo**). Com efeito, Monteverdi queria quebrar a monotonia da recitação musical (*recitar cantando*) pregada pelos artistas florentinos: enquanto o recitativo faz avançar a ação, a *aria* constitui um momento de efusão ou de reflexão. Até o século dezenove, a *aria* obedece ao princípio da *aria da capo* (ária com retomada), inaugurado por Monteverdi (*O Coroamento de Popéia**) e definido pelo compositor Alessandro Scarlatti no início do século dezoito. A melodia é construída em três seções: segundo o esquema ABA, em que a terceira parte consiste numa retomada ornamentada da primeira, ou segundo o esquema ABB (recitativo, *aria*, cabaleta), com a terceira parte retomando a segunda. Wagner foi um dos primeiros a se revoltar contra a tirania da *aria*, que ia de par com a dos cantores, e que lhe parecia trair a verdade dramática: ele funde progressivamente a *aria* ao recitativo numa espécie de *arioso*. Na ópera moderna, a *aria* tende a desaparecer em proveito de uma melodia contínua. Ver também *cavatina*, *romança*.

ARIOSO. Palavra italiana que significa "à maneira de uma *aria*". Forma de canto menos melódico que a *aria*, porém mais elaborado que o recitativo. O *arioso* foi utilizado desde o nascimento da ópera por Monteverdi (*Orfeo**). Mas na ópera clássica, em que reinava a divisão em "números", ele servia sobretudo de transição entre o recitativo e a *aria*. No século dezenove, Wagner o valoriza, instaurando um estilo de canto contínuo, a meio caminho entre melodia e declamação.

ATONAL, ATONALISMO. Do grego *a* (sem) e *tonos* (tom). O atonalismo é um sistema que se apresenta como negação do sistema tonal. O sistema tonal, que serviu de fundamento a toda a música ocidental até o fim do século dezenove, repousa sobre o seguinte postulado: das doze notas da escala cromática, uma (a tônica) é privilegiada. Assim, uma peça em dó maior começa e termina automaticamente pelo acorde de dó. Os outros graus da gama são hierarquizados em relação à tônica. O sistema atonal estabelece que todos os graus da escala cromática são equivalentes: não há mais nota "polar". O sistema atonal é, na verdade, a culminação da evolução do sistema tonal, que empregava cada vez mais freqüentemente notas ditas estranhas (diferentes das sete notas da gama) em direção ao cromatismo. Ver *Wozzeck**, *Moisés e Aarão**. Ver também *cromatismo*, *dodecafonismo*.

BALADA. Do italiano *ballare* (dançar). Designava na Idade Média uma canção para dançar, bem como a dança que ela acompanhava. A balada desenvolveu-se na Inglaterra do século dezoito, até formar um gênero de ópera (a "ópera-balada"), e na Alemanha da época romântica. Embora conservando um fundo popular, ela adquiriu formas musicais refinadas. *A Ópera dos Três Vinténs** se inspira na ópera-balada inglesa.

BALÉ. Do italiano *ballare* (dançar). Espetáculo de dança executado por várias pessoas, e, por extensão, corpo de dançarinos. O balé ocupou por muito tempo um lugar importante na ópera francesa: na ópera-balé (Lully, Rameau) dos séculos dezessete e dezoito, e depois na Grande Ópera, criada por Meyerbeer no século dezenove. Nessa época, ele era imposto à ópera pelo poderoso Jockey Club, cujos membros sustentavam as dançarinas do corpo de baile... No século vinte, os balés, considerados como ornamentos exteriores ao drama, desaparecem da ópera, salvo exceção (*A Criança e os Sortilégios**, de Ravel).

BAIXO. Categoria vocal masculina que se aplica à voz mais grave. Distinguem-se o baixo elevado ou baixo cantante (Mefistófeles em *Fausto**), o baixo bufo (Osmin em *O Rapto do Serralho**), o baixo profundo (Sarastro em *A Flauta Mágica**).

BAIXO OBSTINADO (ou baixo contínuo). No Renascimento, fundo sonoro contínuo, executado pelo órgão ou o violino, que acompanha e sustenta a voz.

BARÍTONO. Do grego *barus* (pesado) e *tonos* (tom). Categoria vocal masculina, mais grave que o tenor, mais aguda que o baixo. Distinguem-se o barítono elevado ou barítono-Martin (Pelléas em *Pelléas et Mélisande**), o barítono-Verdi (Iago em *Otelo**), o barítono-baixo (Boris em *Boris Godunov**).

BEL CANTO (belcantismo, belcantista). Locução italiana que significa "belo canto". Designa uma arte do canto que dá prioridade à beleza do som, à flexibilidade do fraseado, ao virtuosismo dos vocalises, em detrimento da inteligibilidade do texto e da expressão dramática. Nascido na Itália, o *bel canto* não tardou a conquistar toda a Europa. Teve seu apogeu entre 1620 e 1820, no momento em que os castrados reinavam como mestres na ópera, e em que o público se interessava apenas pelas proezas vocais. No início do século dezenove, a ópera evolui para uma maior caracterização dramática. Compositores como Bellini (*Norma**) e Donizetti (*Lúcia de Lammermoor**) tentam conciliar canto ornado e expressividade: é o que se chamou a segunda idade de ouro do *bel canto*, ou *bel canto* romântico. Mas, fundamentalmente, o *bel canto* repousa sobre o princípio de que o canto é um fim em si. Por isso compositores preocupados em colocar a música a serviço do texto, como Wagner ou Verdi, empenhando-se progressivamente em eliminar as exibições gratuitas e os desenvolvimentos autônomos, contribuíram para fazer desaparecer o *bel canto* da ópera.

BLUES. Palavra inglesa que significa "melancolia, idéias sombrias". Música elaborada pelos negros da América, que se apóia numa fórmula harmônica constante e num ritmo a quatro tempos. É uma das principais fontes do jazz.

BOOGIE-WOOGIE. Palavra americana. Forma de *blues* destinado à dança, tocado num ritmo rápido e acompanhado por um baixo constante.

CANTATA. Do latim *cantare* (cantar). Cena lírica de vocação religiosa, que faz alternar os coros e os solos, com um acompanhamento instrumental. Exemplo: a cantata do segundo ato de *Tosca**.

CANTILENA. Do latim *cantare* (cantar). Canção de caráter profano, que tem a simplicidade um pouco monótona da canção de ninar e o andamento da toada melancólica. Ex.: a canção de Mélisande no quarto ato de *Pelléas et Mélisande**.

CÂNTICO. Do latim *cantare* (cantar). Canto religioso. Ex.: o cântico de Natal em *Werther**, de Massenet.

CASTRADO. Do italiano *castrato*. Os castrados italianos eram cantores que haviam sido emasculados antes da puberdade a fim de lhes ser conservada a voz de criança. Essa prática bárbara representava um ganho para a Igreja romana (os castrados substituíam vantajosamente as mulheres, sem acesso à igreja), para a ópera (no final do século dezessete, em Roma, a Igreja proíbe as mulheres de se exibirem em cena), mas também para as famílias pobres, que vendiam seus filhos a congregações religiosas. Os castrados tinham uma voz maravilhosa, mais flexível e mais potente que as mulheres. Desempenhavam raramente papéis de mulheres, mas sobretudo de homens, de heróis e deuses (Orfeu em *Orfeu**, de Gluck). Assim foram rapidamente utilizados na ópera, obtendo em toda a Europa (com exceção da França) um imenso sucesso. Músicos excelentes, verdadeiros instigadores do *bel canto*, reinaram sobre a ópera até o final do século dezoito.

CAVATINA. Do italiano *cavata* (ação de extrair um som). Melodia cantada por um solista, porém mais breve que a *aria*, não comportando retomada. Ex.: a cavatina de Fausto.

CHARLESTON. De Charleston, cidade da Carolina do Sul. Dança dos negros americanos, em moda na Europa dos anos 20, que consiste em remexer as pernas conservando os joelhos estreitados.

COLORATURA. Palavra italiana que significa "coloração". Ornamentação de uma melodia. A palavra *coloratura* se aplica a um tipo de canto muito ornado, que requer uma grande agilidade vocal, um grande virtuosismo. Ex.: o papel da Rainha da Noite em *A Flauta Mágica**, de Mozart. A *coloratura* nem sempre é reservada aos sopranos.

CONJUNTO. Reunião de várias vozes solistas que cantam ao mesmo tempo, em geral sobre um texto diferente. Os conjuntos se encontram com freqüência no final de um ato, sobretudo na *opera buffa*. Pode se tratar de um trio (o trio das máscaras em *Don Juan**, de Mozart); de um quarteto (o quarteto do terceiro ato de *Rigoletto**, de Verdi); de um quinteto (o quinteto do terceiro ato de *Os Mestres Cantores**, de Wagner); de um sexteto (sexteto do segundo ato em *Lúcia de Lammermoor**, de Donizetti).

CONTRALTO (ou alto). Palavra italiana que significa "contra o alto". Categoria vocal feminina que se aplica à voz mais grave. Exemplo: Kabanicha em *Katia Kabanova**.

CORO. Do grego *khoros* (dança coletiva de caráter festivo ou sagrado). Grupo de cantores, e, por extensão, composição musical a ser cantada por um grupo de pessoas. Na tragédia grega, o coro era encarregado de apresentar ou comentar a ação. Na ópera, ele desempenha ora um papel secundário, decorativo (*opera seria*, óperas-balés), ora um papel ativo e até primordial: em *Nabucco*, de Verdi, o coro representa o povo hebreu; em *Boris Godunov**, de Mussorgsky, o povo russo. A Grande Ópera histórica da época romântica atribuía um importante papel aos coros. Em contrapartida, em muitas óperas modernas o coro desaparece totalmente em proveito da interiorização do drama (Ex.: *O Castelo de Barba-Azul**, de Bartok).

CRESCENDO. Palavra italiana que significa "em movimento crescente". Designa um aumento progressivo do som. Esse procedimento foi amplamente utilizado por Rossini para cativar a atenção do público. Ex.: a abertura e a ária da calúnia em *O Barbeiro de Sevilha**.

CROMATISMO. Do grego *chromos* (cor). O cromatismo consiste em utilizar toda a paleta sonora da gama tonal. A gama tonal (ou diatônica) se compõe de sete sons, considerados como notas fundamentais, e cinco semitons, considerados como notas estranhas (alterações), que servem para modular (passar de uma tonalidade a outra). O cromatismo utiliza os doze sons da oitava, multiplicando as modulações. A música se torna mais fluida, mais volúvel; os contornos temáticos são mais vaporosos. O cromatismo, desenvolvido por Wagner em *Tristão e Isolda**, está na base da revolução atonal. Ver *atonalismo*.

DIATÔNICO, DIATONISMO. Do grego *dia* (através) e *tonos* (tom). A gama diatônica consiste numa sucessão hierarquizada de tons e semitons. O diatonismo (ou sistema tonal) caracteriza a escrita musical clássica. Ver *cromatismo*.

DODECAFONISMO. Do grego *dodéca* (doze) e *phonos* (som). O dodecafonismo, que foi definido por Schönberg no começo do século vinte, é historicamente o primeiro sistema atonal. Parte do princípio da equivalência dos doze sons. A base da obra dodecafônica é uma série dos doze sons. Estabelecida a série, nenhuma de suas notas pode reaparecer antes que se tenham ouvido as onze outras. Uma vez tocada a série, a obra se desenvolve por procedimentos de transformação ou variação dessa série: por exemplo, fazer ouvir as notas na ordem inversa, ou tocá-la duas vezes mais depressa, etc. Um exemplo que ilustra bem esse sistema de composição é o *Concerto à Memória de um Anjo,* de Berg. Ver também *atonalismo, serial*.

DUO. Do latim *duo* (dois). Reunião de duas vozes solistas, em geral com acompanhamento. Sua forma mais freqüente é o duo de amor (geralmente entre um tenor e uma soprano). Na ópera tradicional, as duas vozes cantam separadamente e depois se unem (exemplo: o duo final de Aída e Radamés em *Aída** de Verdi). Na ópera contínua moderna, o duo é antes um diálogo, que pode durar muito tempo. Ex.: o duo de amor de *Tristão e Isolda** de Wagner, que ocupa quase todo o segundo ato.

FALSETISTA (ou falsete). Cantor que utiliza a voz de falsete para obter sons muito agudos. Não confundir com castrado (ver essa palavra).

FINALE. Palavra italiana que significa "trecho final". Última parte de um ato ou de uma ópera, em que todas as personagens estão reunidas. Na *opera buffa* italiana, os *finales* são muito importantes. Exemplos: *As Bodas de Fígaro** , *Don Juan** , de Mozart, *O Barbeiro de Sevilha** de Rossini. Ver também *conjunto*.

FLOREIOS. Do italiano *fioritura* (ornamento floral). Ornamentação vocal (trinados, vocalises, saltos). Os floreios constituem um elemento capital do *bel canto*.

FOXTROTE. Do inglês *fox* (raposa) e *trot* (trote). Dança a quatro tempos, que consiste em imitar o trote sofreado e a espreita da raposa, avançando ora para a frente, ora para trás, ora de lado, e detendo-se a cada vez.

GOSPEL. Palavra inglesa que significa "evangelho". Canto sacro cristão dos negros americanos. Ver *negro spiritual*.

GRANDE ÓPERA. Esse termo designa um tipo de ópera muito em voga na França e na Europa na segunda metade do século dezenove. O compositor Meyerbeer é seu representante mais conhecido (ver *Roberto o Diabo**). A Grande Ópera baseia-se na mistura dos gêneros (comédia, tragédia, fantástico...) e na busca de efeitos espetaculares: inspirada num tema histórico ou mitológico, dá destaque às cenas de batalhas, aos coros e aos balés. Esse gênero procede, na verdade, de uma estética ao mesmo tempo romântica e conservadora: põe em cena personagens apaixonadas e violentas, embora se conformando às regras do *bel canto*. A maior parte das obras inspiradas por esse modelo são hoje consideradas como medíocres. No entanto, a Grande Ópera tentou Rossini (*Guilherme Tell**), Puccini (*Turandot**), Schönberg (*Moisés e Aarão**).

GRUPO DOS DOS CINCO. Grupo de cinco compositores russos (Balakirev, Cui, Borodin, Mussorgsky, Rimsky-Korsakov) que se constituiu em meados do século dezenove como reação à influência italiana e alemã. Ver *Boris Godunov**, de Mussorgsky.

GRUPO DOS SEIS. Grupo de seis compositores franceses (Milhaud, Honegger, Durey, Taillefer, Poulenc, Auric) que se constituiu no século vinte, após a Primeira Guerra Mundial, em reação ao wagnerismo. Ver *Diálogo das Carmelitas**, de Poulenc.

INTERLÚDIO. Peça orquestral tocada entre dois atos ou duas cenas cantadas. Exemplos: *Pelléas et Mélisande**, de Debussy, *Peter Grimes**, de Britten.

INTERMEZZO. Palavra italiana que significa "interlúdio". Ex.: o *intermezzo* em *Manon Lescaut**, de Puccini.

LAMENTO. Palavra italiana que significa "lamento, queixa". Ex.: o lamento em *Orfeu**, de Gluck ("Perdi minha Eurídice").

LARGO. Palavra italiana que significa "de maneira ampla". Aplica-se a um movimento amplo, lento e majestoso.

LEITMOTIV. Palavra alemã que significa "motivo condutor". Designa uma breve fórmula musical (melódica, harmônica, rítmica) facilmente identificável, que retorna várias vezes na partitura. O *leitmotiv* está carregado de uma significação dramática: pode caracterizar uma personagem, uma situação, uma idéia, um objeto, um sentimento. A origem do *leitmotiv* é antiga. Encontra-se já esboçado em certos cantos de igreja. Está sugerido em Monteverdi, Rameau, Mozart e, sobretudo, Weber (*Der Freischütz**). Mas foi Wagner, embora não tenha inventado nem a palavra nem o procedimento, que desenvolveu o uso do *leitmotiv*, a ponto de erigi-lo progressivamente em sistema (ver *O Anel do Nibelungo**). Os *leitmotive* wagnerianos não são fixos: aparecem, retornam, se entrelaçam e se transformam para se adaptar à evolução do drama e das personagens. Ao mesmo tempo em que permitem a evolução flexível do discurso, sua função é também exercer um fascínio. Estruturando a "melodia contínua", a rede temática dos *leitmotive* compensa o desaparecimento da construção em "números". Depois de Wagner, muitos compositores recorreram a esse procedimento, tais como Verdi, Mussorgsky, Gounod, Bizet, Puccini, Strauss, Janacek...

Libretista. Autor de um libreto. Ver *libreto*.

Libreto. Do italiano *libretto* (livrinho). Texto de uma ópera, em verso ou em prosa. Na origem, esse texto era impresso num livro vendido aos espectadores. A maior parte dos libretos de ópera são adaptações de peças de teatro (Shakespeare), de romances (Walter Scott), de relatos legendários ou históricos. Os libretos foram às vezes escritos por poetas (Busenello para Monteverdi, Hoffmannsthal para Strauss), mas com maior freqüência por autores especializados, mais ou menos talentosos (Quinault e Metastásio são os mais célebres). As maiores óperas costumam resultar de uma colaboração estreita entre libretista e músico (Da Ponte-Mozart, Boto-Verdi, Illica e Giacosa-Puccini). A partir da segunda metade do século dezenove, os próprios compositores escrevem muitas vezes os libretos de suas óperas (Wagner, Berlioz, Mussorgsky).

Lirismo, Lírico. Derivado da palavra "lira", instrumento de música antigo, espécie de harpa atribuída ao deus da música, Orfeu, cujo canto tinha o poder de amansar os animais selvagens. O adjetivo "lírico" se aplica a um texto destinado a ser cantado, com um acompanhamento instrumental. Por extensão, designa um tipo de poesia particular, que busca comunicar uma emoção de ordem íntima ao ouvinte.

Madrigal. Peça vocal polifônica de caráter profano, herdada das canções dos trovadores. Forma típica da música italiana do Renascimento, o madrigal atingiu um nível de refinamento tal (graças a Monteverdi, especialmente) que evoluiu pouco a pouco para a cantata e a ópera.

MAQUINISMO. Do latim *machina*, engenho. Os maquinismos, inventados na Antigüidade, foram abundantemente utilizados durante os séculos dezessete e dezoito no teatro e na ópera. Tratava-se de gruas movidas por roldanas, que permitiam fazer descer os cenários, bem como o ator que desempenhava o papel de deus providencial (procedimento do *deus ex machina*).

MÁSCARA (*mask*). Palavra inglesa de origem francesa. Gênero de espetáculo compósito, que mistura teatro, dança e canto. A máscara deve sua origem aos espetáculos ingleses do Renascimento, da *mascherata* italiana e do balé de corte francês. Esse gênero triunfou nos palcos ingleses dos séculos dezesseis e dezessete. O maior autor de máscaras foi o poeta Ben Johnson. Durante a ditadura de Cromwell e dos Puritanos, a máscara conheceu um certo eclipse. Carlos II, que queria rivalizar com seu colega francês Luís XIV, voltou a favorecê-lo. Depois ele foi lentamente suplantado pela ópera italiana, cujo estilo se impôs na Inglaterra até o século vinte. Ver *Dido e Enéias**, de Purcell.

MELODRAMA. Do grego *melos* (música) e *drama* (ação). O "melodrama" italiano é sinônimo de ópera. Mas essa palavra designa também uma cena falada acompanhada pela orquestra. Os compositores extraem desse procedimento efeitos impressionantes. Ex.: a cena da prisão em *Fidelio**, de Beethoven, a cena do Desfiladeiro-dos-Lobos em *Der Freischütz**, de Weber.

MELOPÉIA. Do grego *melos*, canto acompanhado. Melodia repetitiva e monótona.

MEZZO-SOPRANO. Categoria vocal feminina mais grave e mais redonda que o soprano, mais aguda que o contralto. Distinguem-se o *mezzo ligeiro* (Querubim em *As Bodas de Fígaro**, de Mozart) e o *mezzo dramático* (Carmen em *Carmen**, de Bizet).

MINUETO. "Passo miúdo". Dança de corte num ritmo a três tempos, de origem francesa, muito em voga no século dezessete.

MODULAÇÃO. Passagem de um tom a outro, ou de um modo a outro. Ver cromatismo. Ver também *Tristão e Isolda**.

MONODIA. Do grego *monos* (sozinho) e *odos* (canto). Canto a uma voz. A monodia acompanhada, da qual procede a ópera moderna, surge como uma reação à polifonia medieval. Ela tomou inicialmente a forma de uma recitação contínua (ancestral do recitativo), mas, a partir de Monteverdi, se desenvolve como *arioso* e *aria*. Ver *Orfeo**. Ver também *recitar cantando*.

MOTETO. Canto polifônico religioso.

NEGRO SPIRITUAL. Do inglês americano ("canto espiritual negro"). Canto religioso dos negros americanos, que constitui uma das fontes do jazz.

NÚMEROS (construção em "números"). É a construção tradicional da ópera, dividida em trechos separados ("números"): árias, duos, conjuntos, ligados por recitativos. No início do século dezenove, Wagner insurgiu-se contra essa fragmentação, prejudicial, segundo ele, ao andamento e à coesão do drama. Progressivamente, ele substituiu o "mosaico napolitano" pela "melodia contínua", na qual a orquestra e o canto se fundem e avançam ao ritmo da ação. O compositor Verdi seguiu uma evolução análoga. A ópera moderna geralmente conservou esse princípio de continuidade. Alguns, no entanto, como Berg em *Wozzeck**, fizeram uma síntese das duas construções.

ÓPERA-BALADA. Forma de ópera inglesa do século dezoito. Ver *balada*.

ÓPERA-BALÉ. Forma de ópera francesa em voga no século dezoito. Ver *balé*. Ver também *Hipólito e Arícia**, de Rameau, *Orfeu**, de Gluck.

ÓPERA BUFA. Convém distinguir a ópera bufa italiana (*opera buffa*) da ópera bufa francesa. Esse termo foi empregado por Offenbach para designar uma forma de ópera fundada na alternância entre passagens faladas e passagens cantadas, porém mais elaborada que a opereta, e de tom mais paródico, mais mordaz que a ópera-cômica. Ver *A Bela Helena**. Ver também *opera buffa, ópera-cômica, opereta*.

ÓPERA BUFFA. Palavras italianas que significam "ópera burlesca". A *opera buffa* nasceu em Nápoles no século dezoito, como reação à *opera seria*. Consistiu inicialmente em um *intermezzo* (entreato paródico, no estilo da *commedia dell'arte*), intercalado na *opera seria*. Pouco a pouco se constituiu como gênero autônomo. Trouxe uma renovação à ópera italiana, pois colocava em cena personagens contemporâneas, freqüentemente tratadas de forma cômica, e não mais graves heróis históricos ou mitológicos; por outro lado, buscava preservar a inteligibilidade da dicção. Embora fosse tão codificada quanto a *opera seria*, marcou um retorno ao natural. A *opera* *buffa* se caracteriza pela importância das cenas de conjuntos, pela vivacidade da música e o tom cômico. Ex.: *O Barbeiro de Sevilha**, de Rossini. Ver também *opera seria*, *Querela dos Bufões*.

Ópera-Cômica. Forma de ópera francesa que faz alternar as passagens faladas e as passagens musicais. A ópera-cômica surgiu no século dezoito, como reação ao teatro e à ópera franceses oficiais. Durante as duas feiras que se realizavam em Paris (a Feira de Saint-Laurent e a Feira Saint-Germain), saltimbancos e feirantes debochavam, em curtas sainetes paródicas, em parte faladas, em parte cantadas, do teatro da *Comédie Française* bem como das "tragédias líricas" apresentadas pela Academia de Música. Esses espetáculos populares deram nascimento a um gênero híbrido no qual continuaram sendo alternadas cenas faladas e passagens cantadas. A ópera-cômica (cujo tom não é necessariamente cômico, mas antes sentimental e ingênuo) conheceu um grande sucesso no século dezenove. Ex.: *Carmen**, de Bizet. Ver também *ópera bufa*, *opera buffa*, *opereta*, *singspiel*.

Opera Seria. Palavras italianas que significam "ópera séria". A *opera seria*, nascida em Nápoles no início do século dezoito, originou-se da ópera veneziana à qual sucedeu. Esse gênero, que dominou por muito tempo o teatro lírico, privilegiava a música, em particular o canto (as *arias*), em detrimento do texto: os libretos, na maioria das vezes baseados na mitologia greco-latina ou na história antiga, submetiam-se inteiramente aos imperativos da divisão em "números". O mais célebre libretista de *opera seria* foi o escritor Metastásio, que definiu suas regras: nada de personagens nem de cenas cômicas, poucos coros e conjuntos, um fim "moral" (muitas vezes fundado no princípio do *deus ex machina*) que exaltasse a justiça divina e da realeza. Concebida para um público aristocrático e versátil, sobretudo ávido de acrobacias vocais, a *opera seria* corresponde à voga dos castrados e do *bel canto*: assim, rapidamente se afogou nas convenções e nos artifícios. Deu origem a seu contrário, a *opera buffa*. No entanto, alguns compositores (Gluck, Mozart, Rossini) reformaram a *opera seria* introduzindo duos e conjuntos, e suprimindo os desenvolvimentos inúteis à ação. Esse gênero subsistiu até a primeira metade do século dezenove, época da *opera seria* romântica. Exemplo: *Lúcia de Lammermoor**, de Donizetti.

Opereta (ou ópera bufa). Pequena ópera (palavra atribuída a Mozart). A opereta francesa é uma forma simplificada da ópera-cómica. Mistura as passagens faladas, as estrofes cantadas ou dançadas. O tom da opereta, contrariamente ao da ópera-cômica, é sempre popular, superficial e alegre, mesmo se inclui elementos paródicos e satíricos. Criada por Hervé, a opereta foi brilhantemente ilustrada por Offenbach (A Bela Helena *). Ver *ópera bufa*, *opera buffa*, *ópera-cômica*, *singspiel*.

ORATÓRIO. Do latim *oro*, rezar. Forma de drama lírico, no mais das vezes religioso, entre a *cantata* e a ópera, que dá um lugar importante aos coros mas também à orquestra.

PARLANDO. Palavra italiana que significa "falando". Designa um estilo de canto que imita a linguagem falada. Ex.: Mussorgsky, Puccini.

PASSACALE. Dança lenta e grave de origem espanhola, de ritmo geralmente ternário, freqüentemente tocada ao teclado (órgão, cravo) e contendo variações. A *passacale* era muito apreciada no século dezessete.

PASTORAL. Do latim *pastor*. Ópera ou peça de ópera cujas personagens são pastores, representados de maneira idílica e não realista.

POLIFONIA. Do grego *polus* (muitos) e *phonos* (som). Combinação de várias linhas melódicas. A música polifônica, de origem religiosa, reinou até o Renascimento. À polifonia se opõe a monodia, canto a uma voz, que triunfa na ópera.

PRELÚDIO. Do latim *praeludium*, prelúdio. Ver abertura.

QUARTETO. Ver conjunto.

QUERELA DOS BUFÕES. Querela que opôs, na França do século dezoito, os partidários da ópera italiana e os da ópera francesa. Ver *Orfeu**, de Gluck, *Hipólito e Arícia**, de Rameau.

QUINTETO. Ver *conjunto*.

RAGTIME. Do inglês *rag* (fragmento) e *time* (tempo). Música de jazz rápida e sincopada, concebida pelos negros americanos nos anos 20.

RAPSÓDIA. Do grego *rhapsodos* (que costura, que ajusta). Na Grécia antiga, seqüência de peças épicas recitadas por um rapsodo. Peça instrumental sem forma definida, de inspiração nacional ou popular.

RECITAR CANTANDO. Locução italiana. Estilo de canto defendido no início do século dezessete pelos humanistas florentinos, para substituir a polifonia. É o antepassado do recitativo moderno. Ver *Orfeo**, de Monteverdi.

RECITATIVO. Do latim *recito*, recitar. O recitativo, oriundo do recitar cantando, consiste numa declamação mais ou menos melódica que procura seguir o ritmo e as entonações da fala. Nas primeiras óperas, ele representava o essencial do discurso vocal. Na ópera em "números" tradicional, opunha-se às partes cantadas (ária, duos, conjuntos, coros) que ele permite associar, fazendo simultaneamente avançar a ação. Distinguem-se o *recitativo secco* (recitativo acompanhado pelo cravo) e o *recitativo accompagnato* (recitativo acompanhado pela orquestra). Sob o impulso de Wagner, o recitativo progressivamente se fundiu ao canto e à orquestra, tornando-se uma "melodia contínua". Por outro lado, os compositores não cessaram de inventar novas formas de recitativo para torná-lo mais vivo: declamação calcada sobre a fala, em Mussorgsky ou Debussy, recitativo cantando, em Verdi, conversação musical, em Puccini e Strauss... Ver também *arioso, parlando, sprechgesang*.

REGISTRO. Amplitude vocal para uma dada categoria de voz.

ROMANÇA. Melodia de caráter sentimental, cantada por um solista, mais próxima da canção que da *aria*. Ex.: a "Romança à estrela" de Wolfram, em *Tannhäuser** de Wagner.

RONDÓ. Palavra que vem do francês *rondeau*. Peça instrumental que serve de *finale* na sonata e na sinfonia clássica, caracterizada pela repetição de uma frase (refrão).

SALMODIA. Do grego *psalmos* (salmo) e *odos* (canto). Maneira de dizer os salmos. Designa um estilo de declamação uniforme, quase sem canto: todas as sílabas são escandidas numa única nota, para depois a frase terminar num arabesco vocal.

SCHERZO. Palavra italiana que significa "brincadeira". Aplica-se a um movimento rápido, vivo e alegre.

SERENATA. Do italiano *serenata* (canto do anoitecer). Concerto amoroso, freqüentemente cantado, dado à noite sob a janela de uma mulher de quem se espera obter os favores. Ex.: a serenata de Almaviva em *O Barbeiro de Sevilha**, de Rossini, no primeiro ato.

SERIAL (música serial). A música serial é a ampliação do dodecafonismo. A série não se limita às notas (altura), mas se estende aos outros parâmetros sonoros: a intensidade (uma mesma nota pode ser tocada forte e depois piano, a seguir pianíssimo e depois medianamente forte...), o timbre (um ou vários instrumentos), a duração (ex.: uma série constituída por mínima, colcheia, semínima...). Ver *atonalismo, dodecafonismo*.

SEXTETO. Do latim *sex* (seis). Ver *conjunto*.

SHIMMY. Termo de gíria americano (deformação da palavra "camisa"). Dança americana em voga nos anos 20, que era acompanhada de uma sacudida de ombros. Ver *A Ópera dos Três Vinténs**.

SINGSPIEL. Palavra alemã que significa "representação cantada, peça cantada". O *singspiel* alemão, que combina a influência da ópera-cómica francesa, da ópera-balada inglesa e da *opera buffa* italiana, desenvolveu-se em Viena desde o século dezessete. Esse gênero popular, que alterna passagens faladas (que substituem os recitativos) e passagens cantadas, põe em cena personagens da vida cotidiana. Os temas são freqüentemente cômicos e realistas, mas podem também comportar uma parte de fantástico. O *singspiel* deu origem à ópera alemã. Ex.: *O Rapto do Serralho** e *A Flauta Mágica**, de Mozart, *Fidelio**, de Beethoven, *Der Freischütz**, de Weber.

SOPRANO. Palavra italiana que significa "em cima". Categoria vocal feminina aplicada à voz mais aguda. Distinguem-se o sopra-no ligeiro (Lúcia em *Lúcia de Lammermoor**, de Donizetti), o soprano lírico (Marguerite em *Fausto**, de Gounod), o soprano dramático (Violetta em *La Traviata**, de Verdi, Brunilde em *O Anel do Nibelungo**, de Wagner).

SPRECHGESANG. Palavra alemã que significa literalmente "falado-cantado". Forma de recitativo. Ver *Wozzeck**, de Berg, *Moisés e Aarão**, de Schönberg.

TENOR. Do italiano *tenore* (que sustenta). Na origem, o tenor "sustentava" o cantochão. Categoria vocal masculina que corresponde à voz mais aguda. Distinguem-se o tenor ligeiro (Tamino em *A Flauta Mágica**, de Mozart), o tenor bufo (Mime em *O Anel do Nibelungo** de Wagner), o tenor lírico (o duque em *Rigoletto**, de Verdi), o tenor dramático (Enéias em *Os Troianos**, de Berlioz), o tenor heróico wagneriano (*Heldentenor*), como Tannhäuser ou Siegfried.

TESSITURA. Do italiano *tessitura* (trama). Parte do registro vocal na qual um cantor está mais à vontade. A tessitura de um papel ou de uma ária é a zona média de sons definida pelo compositor.

Timbre. Do grego *tumpanon* (tímpano). Qualidade específica dos sons de um instrumento ou de uma voz (sem relação com sua intensidade ou sua altura).

Toccata. Palavra italiana que significa "tocada". Peça instrumental escrita para teclado (cravo, órgão), de forma bastante livre, mas que repousa sobre um movimento perpétuo. Pode servir de prelúdio numa ópera. Ex.: *Orfeo**, de Monteverdi.

Travesti (em inglês *trouserrole*, em alemão *hosenrolle*, papel com calças femininas). Papel feminino interpretado por um homem (castrado, falsetista) ou, na maioria das vezes, papel masculino interpretado por uma mulher com voz de mezzo-soprano ou contralto. A ópera barroca era apaixonada pelos travestis. Ex.: Querubim em *As Bodas de Fígaro**, de Mozart, Octavian em *O Cavaleiro da Rosa**, de Strauss.

Trio. Ver *conjunto*.

Verismo. Do italiano *verismo* (de vero, verdadeiro). Movimento literário e musical realista que se desenvolveu na Itália no final do século dezenove. Ver *Cavalleria Rusticana**, de Mascagni. Ver também as óperas de Puccini.

Vivace. Palavra italiana que significa "vivamente". Aplica-se a um movimento animado, rápido.

Vocalises. Do latim *vox* (voz). Figuras melódicas ornamentais desdobradas a partir de vogais, destinadas a valorizar o virtuosismo de um cantor. Alguns cantos religiosos da Idade Média comportavam já vocalises. Na época barroca (idade de ouro do *bel canto*), os vocalises adquiriram uma importância considerável, por vezes excessiva, no canto da ópera. Traduzem com freqüência uma espécie de transbordamento passional. Ex.: os vocalises da Rainha da Noite em *A Flauta Mágica**, de Mozart.

Zauberoper. Palavra alemã que significa "ópera feérica, mágica". *Zauberoper* consistia num grande espetáculo feérico, realçado por maquinismos grandiosos. Conheceu uma grande voga em Viena no final do século dezoito e no começo do dezenove. Ex.: *A Flauta Mágica**, de Mozart.

ÍNDICE DE ASSUNTOS

Introdução / 5

Claudio Monteverdi (1567-1643)
Orfeo / 9
O Coroamento de Popéia / 13

Henry Purcell (1659-1695)
Dido e Enéias / 17

Jean-Philippe Rameau (1683-1764)
Hipólito e Arícia / 20

Christoph Willibald Gluck (1714-1787)
Orfeu / 24

Wolfgang Amadeus Mozart (1756-1791)
O Rapto do Serralho / 29
As Bodas de Fígaro / 33
Don Juan / 36
Cosi fan tutte / 42
A Flauta Mágica / 45

Ludwig van Beethoven (1770-1827)
Fidelio / 50

Gioacchino Rossini (1792-1868)
O Barbeiro de Sevilha / 54
Guilherme Tell / 58

Karl Maria von Weber (1786-1826)
Der Freischütz (O Franco-atirador) / 61

Giacomo Meyerbeer (1791-1864)
Roberto o Diabo / 65

Vincenzo Bellini (1801-1835)
Norma / 68

Gaetano Donizetti (1797-1848)
Lúcia de Lammermoor / 71

Mikhail Ivanovitch Glinka (1804-1857)
Uma vida pelo Czar / 74

Richard Wagner (1813-1883)
O Navio Fantasma (O holandês errante) / 77
Tannhäuser / 81
Lohengrin / 85
Tristão e Isolda / 88
Os Mestres Cantores / 92
O Anel do Nibelungo (A Tetralogia) / 96
I. O Ouro do Reno / 97
II. A Valquíria / 99
III. Siegfried / 100
IV. O Crepúsculo dos Deuses / 102
Parsifal / 108

Giuseppe Verdi (1813-1901)
Rigoletto / 114
Il Trovatore / 119
La Traviata / 122
Aída / 126
Otelo / 129

Charles Gounod (1818-1893)
Fausto / 133

Jacques Offenbach (1819-1880)
A Bela Helena / 136

Hector Berlioz (1803-1869)
Os Troianos / 139

Modesto Mussorgsky (1839-1881)
Boris Godunov / 143

Georges Bizet (1838-1875)
Carmen / 148

Piotr Ilitch Tchaikovsky (1840-1893)
Eugênio Oneguin / 152

Pietro Mascagni (1863-1945)
Cavalleria Rusticana / 156

Jules Massenet (1842-1912)
Werther / 159

Giacomo Puccini (1858-1924)
Manon Lescaut / 162
La Bohème / 166
Tosca / 169
Madame Butterfly / 173
Turandot / 177

Claude Debussy (1862-1918)
Pelléas et Mélisande / 181

Richard Strauss (1864-1949)
Salomé / 187
Elektra / 190
O Cavaleiro da Rosa / 193

Béla Bartok (1881-1945)
O Castelo de Barba-Azul / 197

Leos Janacek (1854-1928)
Katia Kabanova / 201

Sergei Prokofiev (1891-1953)
O Amor das Três Laranjas / 204

Maurice Ravel (1875-1937)
A Criança e os Sortilégios / 207

Alban Berg (1885-1935)
Wozzeck / 212

Kurt Weill (1900-1950)
A Ópera dos Três Vinténs / 216

George Gershwin (1898-1937)
Porgy and Bess / 219

Benjamin Britten (1913-1976)
Peter Grimes / 224

Arnold Schönberg (1874-1951)
Moisés e Aarão / 227

Francis Poulenc (1899-1963)
Diálogos das Carmelitas / 230

Glossário / 234

Índice de Assuntos / 249

Coleção **L&PM** POCKET (Lançamentos mais recentes)

205. **Você deve desistir, Osvaldo** – Cyro Martins
206. **Memórias de Garibaldi** – A. Dumas
207. **A arte da guerra** – Sun Tzu
208. **Fragmentos** – Caio Fernando Abreu
209. **Festa no castelo** – Moacyr Scliar
210. **O grande deflorador** – Dalton Trevisan
212. **Homem do princípio ao fim** – Millôr Fernandes
213. **Aline e seus dois namorados** – A. Iturrusgarai
214. **A juba do leão** – Sir Arthur Conan Doyle
215. **Assassino metido a esperto** – R. Chandler
216. **Confissões de um comedor de ópio** – T. De Quincey
217. **Os sofrimentos do jovem Werther** – Goethe
218. **Fedra** – Racine / Trad. Millôr Fernandes
219. **O vampiro de Sussex** – Conan Doyle
220. **Sonho de uma noite de verão** – Shakespeare
221. **Dias e noites de amor e de guerra** – Galeano
222. **O Profeta** – Khalil Gibran
223. **Flávia, cabeça, tronco e membros** – M. Fernandes
224. **Guia da ópera** – Jeanne Suhamy
225. **Macário** – Álvares de Azevedo
226. **Etiqueta na prática** – Celia Ribeiro
227. **Manifesto do partido comunista** – Marx & Engels
228. **Poemas** – Millôr Fernandes
229. **Um inimigo do povo** – Henrik Ibsen
230. **O paraíso destruído** – Frei B. de las Casas
231. **O gato no escuro** – Josué Guimarães
232. **O mágico de Oz** – L. Frank Baum
233. **Armas no Cyrano's** – Raymond Chandler
234. **Max e os felinos** – Moacyr Scliar
235. **Nos céus de Paris** – Alcy Cheuiche
236. **Os bandoleiros** – Schiller
237. **A primeira coisa que eu botei na boca** – Deonísio da Silva
238. **As aventuras de Simbad, o marujo**
239. **O retrato de Dorian Gray** – Oscar Wilde
240. **A carteira de meu tio** – J. Manuel de Macedo
241. **A luneta mágica** – J. Manuel de Macedo
242. **A metamorfose** – Kafka
243. **A flecha de ouro** – Joseph Conrad
244. **A ilha do tesouro** – R. L. Stevenson
245. **Marx - Vida & Obra** – José A. Giannotti
246. **Gênesis**
247. **Unidos para sempre** – Ruth Rendell
248. **A arte de amar** – Ovídio
249. **O sono eterno** – Raymond Chandler
250. **Novas receitas do Anonymus Gourmet** – J.A.P.M.
251. **A nova catacumba** – Arthur Conan Doyle
252. **O dr. Negro** – Arthur Conan Doyle
253. **Os voluntários** – Moacyr Scliar
254. **A bela adormecida** – Irmãos Grimm
255. **O príncipe sapo** – Irmãos Grimm
256. **Confissões e Memórias** – H. Heine
257. **Viva o Alegrete** – Sergio Faraco
258. **Vou estar esperando** – R. Chandler
259. **A senhora Beate e seu filho** – Schnitzler
260. **O ovo apunhalado** – Caio Fernando Abreu
261. **O ciclo das águas** – Moacyr Scliar
262. **Millôr Definitivo** – Millôr Fernandes
264. **Viagem ao centro da Terra** – Júlio Verne
265. **A dama do lago** – Raymond Chandler
266. **Caninos brancos** – Jack London
267. **O médico e o monstro** – R. L. Stevenson
268. **A tempestade** – William Shakespeare
269. **Assassinatos na rua Morgue** – E. Allan Poe
270. **99 corruíras nanicas** – Dalton Trevisan
271. **Broquéis** – Cruz e Sousa
272. **Mês de cães danados** – Moacyr Scliar
273. **Anarquistas – vol. 1 – A idéia** – G. Woodcock
274. **Anarquistas – vol. 2 – O movimento** – G Woodcock
275. **Pai e filho, filho e pai** – Moacyr Scliar
276. **As aventuras de Tom Sawyer** – Mark Twain
277. **Muito barulho por nada** – W. Shakespeare
278. **Elogio da loucura** – Erasmo
279. **Autobiografia de Alice B. Toklas** – G. Stein
280. **O chamado da floresta** – J. London
281. **Uma agulha para o diabo** – Ruth Rendell
282. **Verdes vales do fim do mundo** – A. Bivar
283. **Ovelhas negras** – Caio Fernando Abreu
284. **O fantasma de Canterville** – O. Wilde
285. **Receitas de Yayá Ribeiro** – Celia Ribeiro
286. **A galinha degolada** – H. Quiroga
287. **O último adeus de Sherlock Holmes** – A. Conan Doyle
288. **A. Gourmet em Histórias de cama & mesa** – J. A. Pinheiro Machado
289. **Topless** – Martha Medeiros
290. **Mais receitas do Anonymus Gourmet** – J. A. Pinheiro Machado
291. **Origens do discurso democrático** – D. Schüler
292. **Humor politicamente incorreto** – Nani
293. **O teatro do bem e do mal** – E. Galeano
294. **Garibaldi & Manoela** – J. Guimarães
295. **10 dias que abalaram o mundo** – John Reed
296. **Numa fria** – Charles Bukowski
297. **Poesia de Florbela Espanca** vol. 1
298. **Poesia de Florbela Espanca** vol. 2
299. **Escreva certo** – E. Oliveira e M. E. Bernd
300. **O vermelho e o negro** – Stendhal
301. **Ecce homo** – Friedrich Nietzsche
302(?). **Comer bem, sem culpa** – Dr. Fernando Lucchese, A. Gourmet e Iotti
303. **O livro de Cesário Verde** – Cesário Verde
305. **100 receitas de macarrão** – S. Lancellotti
306. **160 receitas de molhos** – S. Lancellotti
307. **100 receitas light** – H. e Â. Tonetto
308. **100 receitas de sobremesas** – Celia Ribeiro
309. **Mais de 100 dicas de churrasco** – Leon Diziekaniak
310. **100 receitas de acompanhamentos** – C. Cabeda
311. **Honra ou vendetta** – S. Lancellotti
312. **A alma do homem sob o socialismo** – Oscar Wilde
313. **Tudo sobre Yôga** – Mestre De Rose
314. **Os varões assinalados** – Tabajara Ruas
315. **Édipo em Colono** – Sófocles
316. **Lisístrata** – Aristófanes / trad. Millôr
317. **Sonhos de Bunker Hill** – John Fante
318. **Os deuses de Raquel** – Moacyr Scliar
319. **O colosso de Marússia** – Henry Miller

320. As eruditas – Molière / trad. Millôr
321. Radicci 1 – Iotti
322. Os Sete contra Tebas – Ésquilo
323. Brasil Terra à vista – Eduardo Bueno
324. Radicci 2 – Iotti
325. Júlio César – William Shakespeare
326. A carta de Pero Vaz de Caminha
327. Cozinha Clássica – Silvio Lancellotti
328. Madame Bovary – Gustave Flaubert
329. Dicionário do viajante insólito – M. Scliar
330. O capitão saiu para o almoço... – Bukowski
331. A carta roubada – Edgar Allan Poe
332. É tarde para saber – Josué Guimarães
333. O livro de bolso da Astrologia – Maggy Harrisonx e Mellina Li
334. 1933 foi um ano ruim – John Fante
335. 100 receitas de arroz – Aninha Comas
336. Guia prático do Português correto – vol. 1 – Cláudio Moreno
337. Bartleby, o escriturário – H. Melville
338. Enterrem meu coração na curva do rio – Dee Brown
339. Um conto de Natal – Charles Dickens
340. Cozinha sem segredos – J. A. P. Machado
341. A dama das Camélias – A. Dumas Filho
342. Alimentação saudável – H. e Â. Tonetto
343. Continhos galantes – Dalton Trevisan
344. A Divina Comédia – Dante Alighieri
345. A Dupla Sertanojo – Santiago
346. Cavalos do amanhecer – Mario Arregui
347. Biografia de Vincent van Gogh por sua cunhada – Jo van Gogh-Bonger
348. Radicci 3 – Iotti
349. Nada de novo no front – E. M. Remarque
350. A hora dos assassinos – Henry Miller
351. Flush - Memórias de um cão – Virginia Woolf
352. A guerra no Bom Fim – M. Scliar
353. (1). O caso Saint-Fiacre – Simenon
354. (2). Morte na alta sociedade – Simenon
355. (3). O cão amarelo – Simenon
356. (4). Maigret e o homem do banco – Simenon
357. As uvas e o vento – Pablo Neruda
358. On the road – Jack Kerouac
359. O coração amarelo – Pablo Neruda
360. Livro das perguntas – Pablo Neruda
361. Noite de Reis – William Shakespeare
362. Manual de Ecologia – vol.1 – J. Lutzenberger
363. O mais longo dos dias – Cornelius Ryan
364. Foi bom prá você? – Nani
365. Crepusculário – Pablo Neruda
366. A comédia dos erros – Shakespeare
367. (5). A primeira investigação de Maigret – Simenon
368. (6). As férias de Maigret – Simenon
369. Mate-me por favor (vol.1) – L. McNeil
370. Mate-me por favor (vol.2) – L. McNeil
371. Carta ao pai – Kafka
372. Os vagabundos iluminados – J. Kerouac
373. (7). O enforcado – Simenon
374. (8). A fúria de Maigret – Simenon
375. Vargas, uma biografia política – H. Silva
376. Poesia reunida (vol.1) – A. R. de Sant'Anna
377. Poesia reunida (vol.2) – A. R. de Sant'Anna
378. Alice no país do espelho – Lewis Carroll
379. Residência na Terra 1 – Pablo Neruda
380. Residência na Terra 2 – Pablo Neruda
381. Terceira Residência – Pablo Neruda
382. O delírio amoroso – Bocage
383. Futebol ao sol e à sombra – E. Galeano
384. (9). O porto das brumas – Simenon
385. (10). Maigret e seu morto – Simenon
386. Radicci 4 – Iotti
387. Boas maneiras & sucesso nos negócios – Celia Ribeiro
388. Uma história Farroupilha – M. Scliar
389. Na mesa ninguém envelhece – J. A. P. Machado
390. 200 receitas inéditas do Anonymous Gourmet – J. A. Pinheiro Machado
391. Guia prático do Português correto – vol.2 – Cláudio Moreno
392. Breviário das terras do Brasil – Assis Brasil
393. Cantos Cerimoniais – Pablo Neruda
394. Jardim de Inverno – Pablo Neruda
395. Antonio e Cleópatra – William Shakespeare
396. Tróia – Cláudio Moreno
397. Meu tio matou um cara – Jorge Furtado
398. O anatomista – Federico Andahazi
399. As viagens de Gulliver – Jonathan Swift
400. Dom Quixote – v.1 – Miguel de Cervantes
401. Dom Quixote – v.2 – Miguel de Cervantes
402. Sozinho no Pólo Norte – Thomaz Brandolin
403. Matadouro 5 – Kurt Vonnegut
404. Delta de Vênus – Anaïs Nin
405. O melhor de Hagar 2 – Dik Browne
406. É grave Doutor? – Nani
407. Orai pornô – Nani
408. (11). Maigret em Nova York – Simenon
409. (12). O assassino sem rosto – Simenon
410. (13). O mistério das jóias roubadas – Simenon
411. A irmãzinha – Raymond Chandler
412. Três contos – Gustave Flaubert
413. De ratos e homens – John Steinbeck
414. Lazarilho de Tormes – Anônimo do séc. XVI
415. Triângulo das águas – Caio Fernando Abreu
416. 100 receitas de carnes – Sílvio Lancellotti
417. Histórias de robôs: vol.1 – org. Isaac Asimov
418. Histórias de robôs: vol.2 – org. Isaac Asimov
419. Histórias de robôs: vol.3 – org. Isaac Asimov
420. O país dos centauros – Tabajara Ruas
421. A república de Anita – Tabajara Ruas
422. A carga dos lanceiros – Tabajara Ruas
423. Um amigo de Kafka – Isaac Singer
424. As alegres matronas de Windsor – Shakespeare
425. Amor e exílio – Isaac Bashevis Singer
426. Use & abuse do seu signo – Marília Fiorillo e Marylou Simonsen
427. Pigmaleão – Bernard Shaw
428. As fenícias – Eurípides
429. Everest – Thomaz Brandolin
430. A arte de furtar – Anônimo do séc. XVI
431. Billy Bud – Herman Melville
432. A rosa separada – Pablo Neruda
433. Elegia – Pablo Neruda
434. A garota de Cassidy – David Goodis
435. Como fazer a guerra: máximas de Napoleão – Balzac

436. Poemas escolhidos – Emily Dickinson
437. Gracias por el fuego – Mario Benedetti
438. O sofá – Crébillon Fils
439. O "Martín Fierro" – Jorge Luis Borges
440. Trabalhos de amor perdidos – W. Shakespeare
441. O melhor de Hagar 3 – Dik Browne
442. Os Maias (volume1) – Eça de Queiroz
443. Os Maias (volume2) – Eça de Queiroz
444. Anti-Justine – Restif de La Bretonne
445. Juventude – Joseph Conrad
446. Contos – Eça de Queiroz
447. Janela para a morte – Raymond Chandler
448. Um amor de Swann – Marcel Proust
449. À paz perpétua – Immanuel Kant
450. A conquista do México – Hernan Cortez
451. Defeitos escolhidos e 2000 – Pablo Neruda
452. O casamento do céu e do inferno – William Blake
453. A primeira viagem ao redor do mundo – Antonio Pigafetta
454. (14). Uma sombra na janela – Simenon
455. (15). A noite da encruzilhada – Simenon
456. (16). A velha senhora – Simenon
457. Sartre – Annie Cohen-Solal
458. Discurso do método – René Descartes
459. Garfield em grande forma – Jim Davis
460. Garfield está de dieta – Jim Davis
461. O livro das feras – Patricia Highsmith
462. Viajante solitário – Jack Kerouac
463. Auto da barca do inferno – Gil Vicente
464. O livro vermelho dos pensamentos de Millôr – Millôr Fernandes
465. O livro dos abraços – Eduardo Galeano
466. Voltaremos! – José Antonio Pinheiro Machado
467. Rango – Edgar Vasques
468. (8). Dieta mediterrânea – Dr. Fernando Lucchese e José Antonio Pinheiro Machado
469. Radicci 5 – Iotti
470. Pequenos pássaros – Anaïs Nin
471. Guia prático do Português correto – vol.3 – Cláudio Moreno
472. Atire no pianista – David Goodis
473. Antologia Poética – García Lorca
474. Alexandre e César – Plutarco
475. Uma espiã na casa do amor – Anaïs Nin
476. A gorda do Tiki Bar – Dalton Trevisan
477. Garfield um gato de peso – Jim Davis
478. Canibais – David Coimbra
479. A arte de escrever – Arthur Schopenhauer
480. Pinóquio – Carlo Collodi
481. Misto-quente – Charles Bukowski
482. A lua na sarjeta – David Goodis
483. O melhor do Recruta Zero (1) – Mort Walker
484. Aline 2 – Adão Iturrusgarai
485. Sermões do Padre Antonio Vieira
486. Garfield numa boa – Jim Davis
487. Mensagem – Fernando Pessoa
488. Vendeta *seguido de* A paz conjugal – Balzac
489. Poemas de Alberto Caeiro – Fernando Pessoa
490. Ferragus – Honoré de Balzac
491. A duquesa de Langeais – Honoré de Balzac
492. A menina dos olhos de ouro – Honoré de Balzac
493. O lírio do vale – Honoré de Balzac
494. (17). A barcaça da morte – Simenon
495. (18). As testemunhas rebeldes – Simenon
496. (19). Um engano de Maigret – Simenon
497. (1). A noite das bruxas – Agatha Christie
498. (2). Um passe de mágica – Agatha Christie
499. (3). Nêmesis – Agatha Christie
500. Esboço para uma teoria das emoções – Sartre
501. Renda básica de cidadania – Eduardo Suplicy
502. (1). Pílulas para viver melhor – Dr. Lucchese
503. (2). Pílulas para prolongar a juventude – Dr. Lucchese
504. (3). Desembarcando o Diabetes – Dr. Lucchese
505. (4). Desembarcando o Sedentarismo – Dr. Fernando Lucchese e Cláudio Castro
506. (5). Desembarcando a Hipertensão – Dr. Lucchese
507. (6). Desembarcando o Colesterol – Dr. Fernando Lucchese e Fernanda Lucchese
508. Estudos de mulher – Balzac
509. O terceiro tira – Flann O'Brien
510. 100 receitas de aves e ovos – J. A. P. Machado
511. Garfield em toneladas de diversão – Jim Davis
512. Trem-bala – Martha Medeiros
513. Os cães ladram – Truman Capote
514. O Kama Sutra de Vatsyayana
515. O crime do Padre Amaro – Eça de Queiroz
516. Odes de Ricardo Reis – Fernando Pessoa
517. O inverno da nossa desesperança – Steinbeck
518. Piratas do Tietê (1) – Laerte
519. Rê Bordosa: do começo ao fim – Angeli
520. O Harlem é escuro – Chester Himes
521. Café-da-manhã dos campeões – Kurt Vonnegut
522. Eugénie Grandet – Balzac
523. O último magnata – F. Scott Fitzgerald
524. Carol – Patricia Highsmith
525. 100 receitas de patisseria – Silvio Lancellotti
526. O fator humano – Graham Greene
527. Tristessa – Jack Kerouac
528. O diamante do tamanho do Ritz – S. Fitzgerald
529. As melhores histórias de Sherlock Holmes – Arthur Conan Doyle
530. Cartas a um jovem poeta – Rilke
531. (20). Memórias de Maigret – Simenon
532. (4). O misterioso sr. Quin – Agatha Christie
533. Os analectos – Confúcio
534. (21). Maigret e os homens de bem – Simenon
535. (22). O medo de Maigret – Simenon
536. Ascensão e queda de César Birotteau – Balzac
537. Sexta-feira negra – David Goodis
538. Ora bolas – O humor cotidiano de Mario Quintana – Juarez Fonseca
539. Longe daqui aqui mesmo – Antonio Bivar
540. (5). É fácil matar – Agatha Christie
541. O pai Goriot – Balzac
542. Brasil, um país do futuro – Stefan Zweig
543. O processo – Kafka
544. O melhor de Hagar 4 – Dik Browne
545. (6). Por que não pediram a Evans? – Agatha Christie
546. Fanny Hill – John Cleland
547. O gato por dentro – William S. Burroughs
548. Sobre a brevidade da vida – Sêneca
549. Geraldão (1) – Glauco
550. Piratas do Tietê (2) – Laerte

551. Pagando o pato – Ciça
552. Garfield de bom humor – Jim Davis
553. Conhece o Mário? – Santiago
554. Radicci 6 – Iotti
555. Os subterrâneos – Jack Kerouac
556. (1).Balzac – François Taillandier
557. (2).Modigliani – Christian Parisot
558. (3).Kafka – Gérard-Georges Lemaire
559. (4).Júlio César – Joël Schmidt
560. Receitas da família – J. A. Pinheiro Machado
561. Boas maneiras à mesa – Celia Ribeiro
562. (9).Filhos sadios, pais felizes – R. Pagnoncelli
563. (10).Fatos & mitos – Dr. Fernando Lucchese
564. Ménage à trois – Paula Taitelbaum
565. Mulheres! – David Coimbra
566. Poemas de Álvaro de Campos – Fernando Pessoa
567. Medo e outras histórias – Stefan Zweig
568. Snoopy e sua turma (1) – Schulz
569. Piadas para sempre (1) – Visconde da Casa Verde
570. O alvo móvel – Ross Macdonald
571. O melhor do Recruta Zero (2) – Mort Walker
572. Um sonho americano – Norman Mailer
573. Os broncos também amam – Angeli
574. Crônica de um amor louco – Bukowski
575. (5).Freud – René Major e Chantal Talagrand
576. (6).Picasso – Gilles Plazy
577. (7).Gandhi – Christine Jordis
578. A tumba – H. P. Lovecraft
579. O príncipe e o mendigo – Mark Twain
580. Garfield, um charme de gato – Jim Davis
581. Ilusões perdidas – Balzac
582. Esplendores e misérias das cortesãs – Balzac
583. Walter Ego – Angeli
584. Striptiras (1) – Laerte
585. Fagundes: um puxa-saco de mão cheia – Laerte
586. Depois do último trem – Josué Guimarães
587. Ricardo III – Shakespeare
588. Dona Anja – Josué Guimarães
589. 24 horas na vida de uma mulher – Stefan Zweig
590. O terceiro homem – Graham Greene
591. Mulher no escuro – Dashiell Hammett
592. No que acredito – Bertrand Russell
593. Odisséia (1): Telemaquia – Homero
594. O cavalo cego – Josué Guimarães
595. Henrique V – Shakespeare
596. Fabulário geral do delírio cotidiano – Bukowski
597. Tiros na noite 1: A mulher do bandido – Dashiell Hammett
598. Snoopy em Feliz Dia dos Namorados (2) – Schulz
599. Mas não se matam cavalos? – Horace McCoy
600. Crime e castigo – Dostoiévski
601. (7).Mistério no Caribe – Agatha Christie
602. Odisséia (2): Regresso – Homero
603. Piadas para sempre (2) – Visconde da Casa Verde
604. À sombra do vulcão – Malcolm Lowry
605. (8).Kerouac – Yves Buin
606. E agora são cinzas – Angeli
607. As mil e uma noites – Paulo Caruso
608. Um assassino entre nós – Ruth Rendell
609. Crack-up – F. Scott Fitzgerald
610. Do amor – Stendhal
611. Cartas do Yage – William Burroughs e Allen Ginsberg
612. Striptiras (2) – Laerte
613. Henry & June – Anaïs Nin
614. A piscina mortal – Ross Macdonald
615. Geraldão (2) – Glauco
616. Tempo de delicadeza – A. R. de Sant'Anna
617. Tiros na noite 2: Medo de tiro – Dashiell Hammett
618. Snoopy em Assim é a vida, Charlie Brown! (3) – Schulz
619. 1954 – Um tiro no coração – Hélio Silva
620. Sobre a inspiração poética (Íon) e ... – Platão
621. Garfield e seus amigos – Jim Davis
622. Odisséia (3): Ítaca – Homero
623. A louca matança – Chester Himes
624. Factótum – Charles Bukowski
625. Guerra e Paz: volume 1 – Tolstói
626. Guerra e Paz: volume 2 – Tolstói
627. Guerra e Paz: volume 3 – Tolstói
628. Guerra e Paz: volume 4 – Tolstói
629. (9).Shakespeare – Claude Mourthé
630. Bem está o que bem acaba – Shakespeare
631. O contrato social – Rousseau
632. Geração Beat – Jack Kerouac
633. Snoopy: É Natal! (4) – Charles Schulz
634. (8).Testemunha da acusação – Agatha Christie
635. Um elefante no caos – Millôr Fernandes
636. Guia de leitura (100 autores que você precisa ler) – Organização de Léa Masina
637. Pistoleiros também mandam flores – David Coimbra
638. O prazer das palavras – vol. 1 – Cláudio Moreno
639. O prazer das palavras – vol. 2 – Cláudio Moreno
640. Novíssimo testamento: com Deus e o diabo, a dupla da criação – Iotti
641. Literatura Brasileira: modos de usar – Luís Augusto Fischer
642. Dicionário de Porto-Alegrês – Luís A. Fischer
643. Clô Dias & Noites – Sérgio Jockymann
644. Memorial de Isla Negra – Pablo Neruda
645. Um homem extraordinário e outras histórias – Tchekhov
646. Ana sem terra – Alcy Cheuiche
647. Adultérios – Woody Allen
648. Playback – Raymond Chandler
649. Nosso homem em Havana – Graham Greene
650. Dicionário Caldas Aulete de Bolso
651. Snoopy: Posso fazer uma pergunta, professora? (5) – Charles Schulz
652. (10).Luis XVI – Bernard Vincent
653. O mercador de Veneza – Shakespeare
654. Cancioneiro – Fernando Pessoa
655. Non-Stop – Martha Medeiros
656. Carpinteiros, levantem bem alto a cumeeira & Seymour, uma apresentação – J.D.Salinger
657. Por que não sou cristão – Bertrand Russell
658. Melhor de Hagar 5 – Dik Browne
659. Primeiro amor – Ivan Turguêniev
660. A trégua – Mario Benedetti
661. Um parque de diversões da cabeça – Lawrence Ferlinghetti
662. Aprendendo a viver – Sêneca
663. Garfield 9 – Jim Davis